D1754876

Thomas Schmitt

SAP/.NET Prozessintegration

Thomas Schmitt

SAP/.NET Prozessintegration

Business-Lösungen mit Microsoft .NET 3.0 und SAP NetWeaver

entwickler.press

Thomas Schmitt: SAP/.NET Prozessintegration
Business-Lösungen mit Microsoft .NET 3.0 und SAP NetWeaver
ISBN: 978-3-86802-011-3

© 2008 entwickler.press
Ein Imprint der Software & Support Verlag GmbH

Bibliografische Information Der Deutschen Bibliothek
Die Deutsche Bibliothek verzeichnet diese Publikation in der Deutschen
Nationalbibliografie; detaillierte bibliografische Daten sind im Internet über
http://dnb.ddb.de/ abrufbar.

Ihr Kontakt zum Verlag und Lektorat:
Software & Support Verlag GmbH
entwickler.press
Hauptstr. 8b
82008 Unterhaching
Tel: +49 (0)89 66 55 76 10
Fax: +49 (0)89 66 55 76 11
lektorat@entwickler-press.de
http://www.entwickler-press.de/

Korrektorat: mediaService, Siegen
Satz: mediaService, Siegen
Titelgrafik: Caroline Butz
Umschlaggestaltung: Maria Rudi
Belichtung, Druck & Bindung: M.P. Media-Print Informationstechnologie GmbH,
Paderborn

Alle Rechte, auch für Übersetzungen, sind vorbehalten. Reproduktion jeglicher Art
(Fotokopie, Nachdruck, Mikrofilm, Erfassung auf elektronischen Datenträgern oder
andere Verfahren) nur mit schriftlicher Genehmigung des Verlags. Jegliche Haftung für
die Richtigkeit des gesamten Werks kann, trotz sorgfältiger Prüfung durch Autor und
Verlag, nicht übernommen werden. Die im Buch genannten Produkte, Warenzeichen
und Firmennamen sind in der Regel durch deren Inhaber geschützt.

Inhaltsverzeichnis

V	Vorwort	9
E	**Einleitung**	**11**
E.1	Motivation	11
E.2	Zielgruppe	11
E.3	Ziel und Aufbau des Buches	12
1	**Grundlagen**	**15**
1.1	Microsoft .NET Framework 3.0	15
	Windows Presentation Foundation (WPF)	16
	Windows Workflow Foundation (WF)	16
	Windows CardSpace (WCS)	16
	Windows Communication Foundation (WCF)	16
1.2	SAP NetWeaver 2004s	17
	Service-orientierte Architektur (SOA)	18
	SAP Enterprise Resource Planning (ERP) 6.0	18
1.3	Protokolle und Beschreibungssprachen	19
	XML	19
	XML Schema	27
	HTTP	39
	SOAP	41
	WSDL	42
1.4	Webservices	45
	Aufrufmechanismen	46
	WCF Webservice	47
	Serialisierungsmethoden	53
1.5	WS-Erweiterungs-Spezifikationen	54
	WS-Addressing	54
	WS-Security	55
	WS-Reliable-Messaging	55
	WS-Secure-Conversation	55
	WS-Policy	56
	WS-Trust	56
1.6	Message-orientierte Middleware (MOM)	56

Inhaltsverzeichnis

2	**Schnittstellen und Kommunikationsarten**	**59**
2.1	Generelle Einschränkungen	59
2.2	SAP-Schnittstellen	60
	Intermediate Document (IDoc)	60
	Remote Function Call (RFC)	61
	Business Application Programming Interface	61
	Webservices via SOAP	62
	Enterprise service-orientierte Architektur	62
2.3	Kommunikationsarten	64
	Übersicht	64
	SAP .NET Connector 2.0	65
	Webservice-Aufruf über .NET 3.0 Proxy	68
	SAP Exchange Infrastructure 7.0	69
	Microsoft BizTalk Server 2006	71
3	**Praxis**	**75**
3.1	Installation und Konfiguration	75
	SAP .NET Connector 2.0	75
	Webservice-Aufruf über .NET 3.0 Proxy	76
	SAP Exchange Infrastructure 7.0	76
	Microsoft BizTalk Server 2006	83
3.2	Verwendung	91
	SAP .NET Connector	91
	Webservice-Aufruf über .NET 3.0 Proxy	95
	SAP XI Szenario erstellen	96
	Microsoft BizTalk Szenario erstellen	110
	.NET-Client-Anwendung	126
4	**.NET-SAP-Tool**	**131**
4.1	Technologien	131
	.NET	131
	SAP	131
	Verwendete Programme	132
4.2	Anwendungsfälle	132
	Anwendungsfall 1: Übertragen kleiner Datenpakete	132
	Anwendungsfall 2: Übertragen großer Datenmengen	133
	Anwendungsfall 3: Offene Verbindungen	134
	Anwendungsfall 4: Dauertest	134
4.3	Dokumentation	136
	DOTNET_SAP_Tool	136
	Computer Usage Rate Monitoring Webservice	140

4.4	Konfigurieren des .NET-SAP-Tools	142
	Voraussetzungen	142
	SAP ERP 6.0	143
	SAP XI 7.0 Szenarien	145
	BizTalk Server 2006 Szenarien	147
	Konfigurieren des Computer Usage Rate Monitoring Service	149
	Konfigurieren des DOT_NET_SAP Tools - Visual Studio Projekt	150
5	**Typische Probleme und Lösungen**	**151**
5.1	Generelle Probleme	151
	SAP HTTP Webserver Timeout	151
	Ausführungsfehler am SAP-System	151
5.2	SAP .NET Connector 2.0	151
	SAP .NET Connector funktioniert nicht mit dem Visual Studio .NET 2005	151
	Authentifizierungsprobleme	152
5.3	Visual Studio 2005 generierter Proxy	152
	Authentifizierungsprobleme	152
	Inkompatibilitäten zwischen SAP XI und Microsoft .NET	152
5.4	ServiceModel Metadata Utility Tool	153
	Limit der maximalen Nachrichtengröße	153
5.5	SAP Exchange Infrastructure 7.0	154
	Probleme mit nicht qualifizierten Elementen	154
	Probleme mit erstellten Datentypen (Teil 1)	155
	Probleme mit erstellten Datentypen (Teil 2)	158
	Probleme mit erstellten Datentypen (Teil 3)	159
	Kein voller Zugriff auf Header-Informationen und keine Unterstützung von Message-Parts	160
5.6	Microsoft BizTalk Server 2006	161
	Verschiedene Spracheinstellungen beim RFC-Adapter	161
	Probleme beim Zugriff auf die Datenbank	162
	Probleme mit Visual Studio	162
	Deployment scheitert	162
	WSDL kann nicht vom BizTalk Webservice empfangen werden	162
5.7	Computer Usage Rate Monitoring Webservice	163
	Probleme mit den Ausführungsrechten	163
	Session Timeouts	163
5.8	.NET Client	163
	Probleme mit asynchronen Aufrufen	163

6	**Evaluation der Kommunikationsarten**	**165**
6.1	Beteiligte Systeme	165
6.2	Evaluationskriterien	166
	Performance	166
	Stabilität	181
	Zuverlässige Nachrichtenübermittlung	183
	Sicherheit	197
	Komplexität / Kosten	221
6.3	Vor- und Nachteile	223
	SAP .NET Connector 2.0	223
	Webservice-Aufruf über .NET 3.0 Proxy	224
	SAP Exchange Infrastructure 7.0	224
	Microsoft BizTalk Server 2006	225
6.4	Übersicht der Kommunikationsarten	226
	Evaluationskriterien	226
	Liste der Fähigkeiten	227
7	**Zusammenfassung**	**229**
A	**Literaturverzeichnis**	**231**
	Stichwortverzeichnis	**233**

Vorwort

Zum Autor

Thomas Schmitt, geboren am 17.08.1984

Gründete im Jahr 2003 ein Kleinunternehmen, das sich mit der Entwicklung von Windows-Applikationen in den Programmiersprachen Delphi und C# .NET beschäftigt. (*http://www.ts-tune.de*).

Er erlangte den akademischen Grad „Diplom-Informatiker (FH)" im Jahre 2007. Im Zuge dessen schrieb er seine Diplomarbeit zum Thema Kommunikation zwischen .NET und SAP.

Seit Anfang 2007 arbeitet er für evosoft GmbH und beteiligt sich am weltweit größten e-Business-Projekt für die Firma Siemens AG im Bereich Integration von .NET 3.0 und SAP NetWeaver 2004s.

Dank

Vielen Dank an meinen Tutor Prof. Dr. Rainer Weber an der Georg-Simon-Ohm-Fachhochschule in Nürnberg.

Mein besonderer Dank gilt den beiden SAP Basis Experten Wolfgang Roth und Philipp Dosch, die mich jederzeit mit Rat und Tat unterstützten.

Dank an alle, die mir bei der Erstellung dieses Buches behilflich waren...

- Korrektor der deutschen Fassung: Hans-Peter Schmitt
- Korrektor der englischen Fassung: Tobias Papsthard
- Technischer Zweitleser: Philipp Dosch

Beiliegende CD

Dem Buch wird eine CD mitgeliefert, die ein .NET Windows Tool enthält, welches Performance- und Stabilitätsmessungen durchführen kann. Es ermöglicht den numerischen und grafischen Vergleich der verschiedenen Kommunikationsarten zwischen .NET und SAP. Zudem werden die Quellcodes der RFCs im SAP ERP-System sowie die benötigten Szenarien für das SAP XI-System und dem Microsoft BizTalk Server mitgeliefert. Dadurch ist es möglich, Messungen an den eigenen Systemen durchzuführen, ohne diese manuell konfigurieren zu müssen. Alle Pakete sind einfach zu importieren. Nichtsdestotrotz wird zu allen Programmteilen der Quellcode mitgeliefert, um eigene Änderungen durchführen zu können.

Beschreibung der Verzeichnisse:

- BizTalk_Import_Szenarios – BizTalk-Szenarien als Setup
- BizTalk_Project – Quellcode der BizTalk-Szenarien
- Computer_Usage_Rate_Measurement – Webservice zur Aufzeichnung der CPU- und Speicherauslastung
- DOT_NET_SAP – Tool zur Performance- und Stabilitätsmessung
- Dokumentation – Quellcode-Dokumentation des Tools im HTML- und CHM-Format
- DOT_NET_SAP_Tool – Quellcode des .NET-SAP-Tools
- Generated Proxies – Proxys, die mit dem Svcutil erzeugt wurden
- NET_Connector – Visual Studio .NET 2003 Projekt, das die SAP .NET Connector Proxys erstellt
- Release – Binaries des .NET-SAP-Tools
- SAP_ERP – Transportauftrag zum Einspielen in das ERP-System
- SAP_XI_Import_Szenarios – SAP-XI-Szenarien
- Integration_Directory – Objekte für das Integration Directory
- Integration_Repository – Objekte für das Integration Repository

Zum Buch

Das vorliegende Buch entstand im Zeitraum zwischen Februar 2007 und Dezember 2007. In der englischen Fassung diente es als Diplomarbeit zur Erreichung des Akademischen Grades „Diplom-Informatiker (FH)".

Aufgrund des guten Feedbacks habe ich mich entschieden, diese Arbeit um einen praktischen Teil zu erweitern, auf Deutsch zu übersetzen und zu veröffentlichen.

Das Buch gibt Einblick in Microsofts .NET Framework 3.0 und SAP NetWeaver 2004s Systeme sowie der beteiligten Technologien. Die Interoperabilität zwischen Microsoft und SAP wurde in den letzten Jahren enorm verbessert. Im praktischen Teil dieses Buches wird dargestellt, dass es noch viele Konflikte beim Zusammenwirken dieser beiden Softwaregiganten gibt. Dieses Buch soll Ihnen helfen, im Vorfeld diese Probleme zu analysieren und Fehler zu verhindern.

E Einleitung

E.1 Motivation

Im Laufe der Zeit wurden immer wieder Technologien mit neuen Möglichkeiten veröffentlicht. Die existierenden Alt-Systeme müssen jedoch weiterhin eingesetzt werden, da ihre Entwicklung viel Zeit und Geld gekostet hat. Aus diesem Grund steigt die Heterogenität der Systeme und deshalb wird deren Integration immer wichtiger. Um den Datenaustausch zu ermöglichen, müssen standardisierte Schnittstellen definiert werden.

Es ist nicht nur wichtig, dass verschiedene Systemumgebungen innerhalb einer Firma integriert werden, sondern vor allem auch die Kommunikation Business-to-Business (B2B) ist heutzutage signifikant für ein erfolgreiches Unternehmen. Aus diesem Grund ist es fundamental, dass solche Systeme effizient kommunizieren.

Microsoft und SAP sind Marktführer im Bereich Erstellung von Softwareprodukten. Die Microsoft Cooperation ist weltweit der größte Softwarehersteller, vor allem auch bei Betriebssystemen. Die SAP AG ist führend bei der Erstellung von industrieller Standardsoftware. Deshalb ist es logisch, dass gerade beim Verwenden der Software dieser beiden Hersteller die unterschiedlichsten Integrationsszenarien auftreten.

Dieses Buch beschäftigt sich mit der Prozessintegration zwischen dem Microsoft .NET Framework und der SAP-NetWeaver-Plattform. Der Focus liegt dabei auf der technischen Integration der beiden Systeme.

E.2 Zielgruppe

Das Buch hilft Architekten bei der Entscheidung, welche Kommunikationsmöglichkeit bei der Integration von .NET und SAP unter den gegebenen Umständen am sinnvollsten einzusetzen ist. Entwicklern wird ausführlich erklärt, wie die einzelnen Systeme vor ihrer ersten Benutzung zu installieren und konfigurieren sind. Zudem wird Schritt für Schritt beschrieben, wie die verschiedenen Kommunikationsarten verwendet werden.

Um das Buch allen Lesern verständlich zu machen, wird auf ein sehr detailliertes Grundlagen-Kapitel gesetzt. Dies ist notwendig, damit Sie später die vielen unterschiedlichen Systeme sowie deren Aufgaben und Möglichkeiten leichter verstehen.

E.3 Ziel und Aufbau des Buches

Das Ziel ist, Microsoft .NET Windows- und Webanwendungen mit SAP-NetWeaver-Systemen zu verbinden.

Das nächste Kapitel vermittelt Ihnen die Grundlagen der verwendeten Technologien und Systeme. Sie bekommen einen Einblick in das .NET Framework Version 3.0. Dabei wird vor allem auf die neue Kommunikationsplattform Windows Communication Foundation (WCF) eingegangen. Zudem wird die Integrations- und Kommunikationsplattform SAP NetWeaver 2004s durchleuchtet. Sie ist seit dem Erscheinen der SAP Business Suite zentraler Bestandteil aller SAP-Systeme. Im Speziellen wird SAP ERP verwendet, da es das meist genutzte ERP-System weltweit ist. Sie erhalten einen Einstieg in die Grundlagen von Webservices sowie dem Datenformat XML und der Definitionssprache XML Schema. Zudem bekommen Sie eine Einführung in die Kommunikationsprotokolle HTTP und SOAP sowie der Web Service Definition Language (WSDL). Webservices sind heutzutage die Basis für eine interoperable Kommunikation und spielen eine wichtige Rolle in den darauf folgenden Kapiteln. Für komplexe Kommunikationsszenarien benötigen Sie eine message-orientierte Middleware, deren Funktionsweise in einem weiteren Abschnitt genau beschrieben wird.

Im Kapitel 2 werden Ihnen die standardisierten SAP-Schnittstellen näher gebracht. Der Fokus liegt dabei auf Remote Function Call (RFC) und dem Business Application Programming Interface (BAPI) sowie Webservices. Veraltete Technologien werden nur noch am Rande erwähnt. Sie bekommen einen kleinen Ausblick auf die neue enterprise-service-orientierte Architektur, welche SAP in Zukunft immer weiter ausbauen will.

Sie erhalten Einblick in die folgenden Kommunikationsmöglichkeiten zwischen SAP und Microsoft .NET:

- SAP .NET Connector 2.0
- WCF Webservices
- Middleware-Komponente: SAP XI 7.0
- Middleware-Komponente: Microsoft BizTalk 2006

Anschließend gehen wir in den praktischen Teil über. Das 3. Kapitel beschäftigt sich mit der Installation und Konfiguration der verschiedenen Kommunikationsmöglichkeiten. Danach sehen Sie, wie SAP .NET Connector und WCF Webservices verwendet werden. Sie lernen Schritt für Schritt ein Integrationsszenario mit SAP XI und analog dazu auch mit dem Microsoft BizTalk Server zu erstellen. Dies ermöglicht .NET Anwendungen den Zugriff auf Daten von SAP-NetWeaver-Systemen.

Das .NET-SAP-Tool auf CD ermöglicht die einfache Durchführung von Performance- und Stabilitätstests, um die verschiedenen Möglichkeiten der Kommunikation miteinander zu vergleichen. Kapitel 4 hilft Ihnen dabei dieses Tool einzurichten.

Das komplette 5. Kapitel beschreibt typische Probleme, welche bei der Kommunikation zwischen .NET und SAP auftreten. Hierzu werden dem Entwickler Lösungen und Hilfestellungen aufgezeigt.

Nach Abschluss des praktischen Teils werden die Kommunikationsarten im 6. Kapitel miteinander verglichen. Dies soll Software-Architekten bei der Auswahl der passenden Kommunikationsmöglichkeit helfen. Es wird die Performance, beim Versenden und Empfangen vieler kleiner Pakete sowie bei der Verarbeitung von Massendaten gemessen. Ein 24 Stunden Test und der Aufbau von vielen parallelen Verbindungen werden simuliert, um die Stabilität der verschiedenen Kommunikationswege zu prüfen. Es wird auch untersucht, wie eine zuverlässige Nachrichtenübermittlung gewährleistet werden kann. Zudem ist der Datenschutz mit Hilfe der Kryptographie sicherzustellen. Dies gilt für den Transportkanal und die Dokumente. Abschließend werden Ihnen die Vor- und Nachteile sowie ein Kosten-Nutzen-Vergleich aufgezeigt.

Dieses Buch soll Ihnen vermitteln, welche Kommunikationsart unter welchen Bedingungen am besten geeignet ist, um SAP-NetWeaver-Systeme und Microsoft .NET Applikationen miteinander zu verbinden.

1 Grundlagen

Als Erstes werden Ihnen die verwendeten Technologien und Systeme vorgestellt. Sie erhalten eine Übersicht zur Architektur des .NET Frameworks von Microsoft und der SAP-NetWeaver-Plattform. Um diese beiden Seiten miteinander verbinden zu können, sind standardisierte Spezifikationen und Protokolle nötig. Webservices mit den nötigen Grundlagen spielen in diesem Zusammenhang eine sehr große Rolle.

Im Folgenden werden Ihnen XML, XML Schema, HTTP, SOAP, WSDL und die Funktionsweise von Webservice-Aufrufen erklärt. Zudem werden einige wichtige Webservice-Erweiterungen beschrieben. Falls Sie bereits viel Erfahrung in diesen Technologien haben, können Sie dieses Kapitel auch überspringen. Diese Grundlagen sind jedoch für das Verständnis der nachfolgenden Kapitel notwendig.

1.1 Microsoft .NET Framework 3.0

.NET 3.0 ist ein Entwicklungsframework von Microsoft. Es wurde im November 2006 veröffentlicht und besteht aus zwei Teilen:

1. Kern des Frameworks: .NET-2.0-Bibliotheken
2. Eine Reihe von Erweiterungen - vormals WinFX genannt

Übersicht der einzelnen Teile des .NET Frameworks 3.0:

- **Common Language Runtime (CLR) 2.0** ist die Laufzeitumgebung für .NET Applikationen. Die Runtime ist eine Abstraktionsschicht für die zugrunde liegende Hardware und das Betriebssystem. Der .NET Compiler konvertiert .NET Code in eine Zwischensprache, genannt Common Intermediate Language (CIL). Der CLR just-in-time Compiler generiert den Code für das Betriebssystem.

- Die **Class Library 3.0** besteht aus dem Kern der vorherigen .NET-2.0-Bibliotheken und den Erweiterungen Windows Presentation Foundation (WPF), Windows Communication Foundation (WCF), Windows Workflow Foundation (WF) und Windows CardSpace (WCS).

- **.NET-Programmiersprachen** der zweiten Generation werden unterstützt: z.B. C# 2.0 und Visual Basic 8.0.

1.1.1 Windows Presentation Foundation (WPF)

Die WPF Klassenbibliothek ist Grundlage für die Entwicklung von graphischen Benutzeroberflächen. WPF verwendet die DirectX-Programmierschnittstelle für die Darstellung von 2D- und 3D-Grafiken (Hardwarebeschleunigung der Grafikkarte). Die XML-basierende Sprache XAML beschreibt den Aufbau der Benutzeroberfläche und die Durchführung von grafischen Transformationen.

Beim .NET-SAP-Tool wurde darauf geachtet, Neulingen den Einstieg in das Thema so einfach wie möglich zu gestalten. Deshalb wird WPF im Weiteren nicht verwendet, da es für die Kommunikation nicht benötigt wird und nur die Komplexität des auf CD mitgelieferten Tools erhöhen würde.

1.1.2 Windows Workflow Foundation (WF)

Die WF hilft bei der Definition und der Erstellung von Workflows mit dem .NET Framework 3.0. Der Visual Workflow Designer integriert sich in das Visual Studio und ermöglicht die Entwicklung und Veröffentlichung. Workflows werden mittels XAML (eXtensible Application Markup Language) oder selbst geschriebenem .NET Code festgelegt.

1.1.3 Windows CardSpace (WCS)

WCS dient zur Verwaltung von „Digitalen Identitäten" und unterstützt beispielsweise Single Sign On (SSO) für Web-Applikationen. Die WS-Trust-Spezifikation wurde in WCS implementiert, um den Austausch von Identitäten sicherzustellen.

WCS vereinfacht die Programmierung von Registrierungs- und Login-Mechanismen, um bestimmte Angriffe im Vorfeld zu verhindern (z.B. Phishing oder Cross-Site-Scripting).

1.1.4 Windows Communication Foundation (WCF)

WCF ist eine .NET-3.0-Klassenbibliothek und hilft bei der Erstellung von verteilten Anwendungen. Dadurch wird die Entwicklung einer service-orientierten Architektur erleichtert. WCF unterstützt verschiedene Serialisierungsmethoden und Übertragungsprotokolle.

Verschiedene Kommunikationstechnologien wie zum Beispiel Webservice, Web Service Enhancements (WSE)[1] und Microsoft Message Queuing (MSMQ) können verwendet werden.

---

1. *http://msdn2.microsoft.com/en-us/webservices/aa740663.aspx*

1.2 SAP NetWeaver 2004s

Die SAP-NetWeaver-Plattform ist service-orientiert und Basis für viele SAP-Anwendungen. Sie ermöglicht die Veröffentlichung von neuen Applikationen und die Integration existierender Implementierungen.

Abbildung 1.1 zeigt die vier Bereiche der NetWeaver-2004s-Architektur:

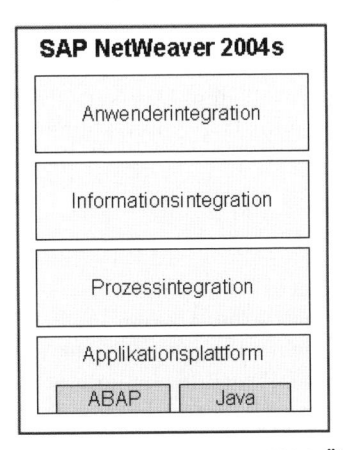

Abbildung 1.1: SAP NetWeaver 2004s Übersicht

- **Anwenderintegration** gestattet autorisierten Personen Zugang zu den entsprechenden Informationen. Mobile Endgeräte, wie Handys und Handhelds, werden mit SAP und nicht-SAP-Anwendungen versorgt. Diese können dabei entweder remote fungieren oder auch offline, das heißt ohne Verbindung zum Server. Normalerweise werden die Applikationen über den integrierten Browser und die Java Laufzeitumgebung des mobilen Gerätes verwendet. Die Firmen können ihre Informationen über das Enterprise-Portal veröffentlichen. Dieses kann individuell an die „Corporate Identity" des Unternehmens angepasst werden. Über die Tools der Kollaborations-Komponente können die Mitglieder eines Teams zusammenarbeiten.

- **Informationsintegration** gibt Zugang zu strukturierten und unstrukturierten Informationen. Die Business Intelligence (BI) Komponente ermöglicht es, Daten für verschiedene Darstellungen und Analysen aufzubereiten. Das Knowledge Management bietet Daten an und verteilt diese beispielsweise an das Enterprise-Portal. Die Stammdaten werden von dem Master Data Management (MDM) konsolidiert, welches eine zentrale konsistente Datenbasis bietet.

- **Prozessintegration** ermöglicht die Interaktion zwischen heterogenen Systemen und die zentrale Definition von Geschäftsprozessen. Die SAP PI, vormals SAP XI, ist eine message-orientierte Middleware. Die Anbindung von heterogenen Komponenten geschieht über spezielle Konvertierungsadapter. Zudem können Integrationsszenarien definiert werden und die XI/PI kümmert sich dann um die Kommunikation der unterschiedlichen Systeme.

- Die **Applikationsplattform** besteht aus dem Web Application Server 7.0, welcher wiederum aus zwei separaten Stacks besteht. Der eine Stack ist für Java-Anwendungen gedacht und der andere bietet die Umgebung für ABAP Programme bzw. Funktionen. Eine spezielle Abstraktionsschicht ermöglicht die Kompatibilität mit verschiedenen Datenbanken und Betriebssystemen.

Das **Composite Application Framework (CAF)** und das **Life Cycle Management (LCM)** tragen einen übergreifenden Teil in allen der vier zuvor genannten Schichten bei. CAF unterstützt die Entwicklung von Applikationen, welche aus verschiedenen Services zusammengesetzt werden können. Mit dem LCM ist es möglich, Anwendungen zu testen, administrieren und während ihrer Verwendung zu kontrollieren. Das NetWeaver Developer Studio dient als grafische Entwicklungsumgebung für Java Applikationen in SAP. Es basiert auf der Open-Source-IDE Eclipse.

1.2.1 Service-orientierte Architektur (SOA)

Die service-orientierte Architektur (SOA) von SAP NetWeaver erlaubt die Integration von Alt-Systemen (Legacy Systeme). Diese können mittels spezieller Adapter integriert werden. Im Vergleich zur Erstellung neuer Systeme und Anwendungen ist dieser Vorgang oftmals kostengünstiger. Neuere Systeme werden ebenfalls nahtlos integriert. Die SAP XI/PI Engine ermöglicht die Kommunikation. Da die Geschäftsprozesse zentral modelliert und konfiguriert werden, ist der Aufwand bei Anpassungen minimal. Einzelne modulare Services können mit Hilfe der SOA zu aufwändigen und komplexen Geschäftsprozessen kombiniert werden. Aufgrund der Autonomie der Services ist die Kopplung zwischen Anbieter und Nutzer lose. Services sind meist grobkörnig, das heißt die Funktionalität ist nach der Fachlichkeit gekapselt. Die Interoperabilität ist durch standardisierte Technologien, wie HTTP, XML, WSDL, SOAP, usw. sichergestellt.

1.2.2 SAP Enterprise Resource Planning (ERP) 6.0

Das SAP ERP-System hilft Firmen bei der effektiven Kalkulation des existierenden Kapitals, der Ressourcen und des Personals. Geschäftsprozesse können dadurch optimiert und der Informationsaustausch automatisiert werden.

SAP ERP gehört zusammen mit dem SAP Customer Relationship Management, SAP Product Lifecycle Management, SAP Supply Chain Management und SAP Supplier Relationship Management zur SAP Business Suite.

Technisch gesehen basiert das SAP ERP 6.0 System, genau wie viele andere SAP-Systeme, auf der NetWeaver 2004s Applikations- und Integrationsplattform. SAP verwendet zunehmend web-basierende Anwendungen. Hierfür wird der Web Application Server 7.0 benötigt, welcher im NetWeaver 2004s integriert ist. Mittels eines Webbrowsers kann plattform-unabhängig auf die Systeme zugegriffen werden.

1.3 Protokolle und Beschreibungssprachen

In diesem Kapitel werden Ihnen die wichtigsten Protokolle und Sprachen erläutert, welche bei der Verwendung von Webservices zum Einsatz kommen.

Das XML-Format stellt Daten strukturiert dar. XML-Dokumente werden bevorzugt zum Datenaustausch zwischen verschiedenen Systemen verwendet. XML Schema definiert Einschränkungen auf die Metasprache XML, um den Aufbau und Inhalt von XML-Dokumenten zu beschreiben.

Die Protokolle HTTP und SOAP werden unter anderem zur Kommunikation zwischen Microsoft .NET-3.0-Anwendungen und SAP ERP-Systemen verwendet. Diese basieren alle auf dem TCP/IP Protokoll. Für die späteren Kapitel dieses Buches sollten Sie wissen, wie diese Protokolle aufgebaut sind und funktionieren.

Die WSDL ist eine Beschreibungssprache für Webservices und wird detailliert erläutert, da sie zusammen mit HTTP und SOAP die Grundlage für Webservices bildet.

1.3.1 XML

Extensible Markup Language (XML) ist inzwischen zum Standard-Austauschformat im Internet avanciert. Sie bildet unter anderem die Grundlage von Webservices. Deshalb wird sie im Folgenden sehr ausführlich behandelt.

Das HTML-Format hat den Informationsaustausch im Internet ermöglicht. Es wurde hauptsächlich für die Darstellung von Daten entwickelt, ist inzwischen aber zu unflexibel für Erweiterungen. Aus diesem Grund wurde XML entwickelt. Die erste Empfehlung (Recommendation) wurde von der Organisation W3C im Februar 1998 veröffentlicht. Seit September 2006 gibt es bereits die vierte Ausgabe von XML.

XML ist eine vereinfachte Ausführung der Standard Generalized Markup Language und hat trotzdem die Vorteile von SGML. Sie ist menschen- und maschinenlesbar sowie leicht zu erlernen. XML hat keinen fest definierten Aufbau, sondern definiert lediglich Regeln zur Erstellung eigener Typdefinitionen. Zusammen mit Document Type Definition (DTD) bzw. XML Schema können eigene Datenformate spezifiziert werden.

So genannte Parser analysieren XML-Dateien und stellen die enthaltenen Informationen zur Verfügung.

Aufbau einer XML-Datei

Ein korrektes XML-Dokument besteht mindestens aus einem Prolog und einem Wurzelelement. Listing 1.1 enthält ein Beispiel für eine wohlgeformte XML-Datei.

```
<?xml version="1.0"?>
<wurzel></wurzel>
```

Listing 1.1: Minimales XML-Dokument

Im Gegensatz zu HTML-Dateien haben XML-Dokumente keine vordefinierten Namen für die Elemente, wie z.B. <html>, <h1>, <p>, usw. Dadurch ist es möglich, mit Hilfe von DTD und XML Schema eigene Datenformate festzulegen.

Prolog bzw. Verarbeitungsanweisung Der Prolog startet immer mit einer Verarbeitungsvorschrift.

```
<?xml ...?>
```

Diese legt fest, dass es sich bei der Datei um ein XML-Dokument handelt. Zudem muss die verwendete XML-Version angegeben werden.

```
<?xml version="1.0"?>
```

Es sollte im Prolog zusätzlich immer der Zeichensatz spezifiziert werden, um Problemen mit der Interpretation der Zeichen vorzubeugen.

```
<?xml version="1.0" encoding="ISO-8859-1"?>
```

Der ISO-8859-1 ist beispielsweise für deutsche Dokumente geeignet, weil er neben den gängigen Zeichen auch die Umlaute „ä", „ö" und „ü", sowie das „ß" enthält. Wird außerdem das Euro-Zeichen benötigt, dann sollte der Zeichensatz ISO-8859-15 verwendet werden.

Ist das Encoding nicht angegeben, dann wird standardmäßig UTF-8 benutzt. Dabei handelt es sich um die am häufigsten verwendete Kodierung für Unicode-Zeichen. Unicode wird stetig weiterentwickelt und beinhaltet alle verfügbaren Zeichen in allen möglichen Sprachen. Dadurch ist die Konvertierung der Zeichensätze nicht mehr notwendig.

Aus diesem Grund sollte im Internet bevorzugt die UTF-8 Kodierung eingesetzt werden.

Elemente Ein XML-Dokument muss immer aus einem einzigen Wurzelelement bestehen. Dieses kann wiederum aus mehreren Unterelementen oder auch einem Textknoten bestehen.

Ein Element besteht immer aus einem Anfangs- und einem Ende-Tag.

```
<element>Text</element>
```

Zudem kann ein Element beliebigen Text und Unterelemente enthalten.

```
<adressverwaltung>
  <adresse>Musteradresse</adresse>
</adressverwaltung>
```

Ausnahme sind dabei leere Elemente. Zur Vereinfachung können diese Elemente auch folgendermaßen geschrieben werden:

```
<element />
```

oder eben

```
<element></element>
```

Dabei ist das Anfangs-Tag auch gleichzeitig Ende-Tag. Listing 1.2 zeigt eine etwas komplexere XML-Datei. Es wird beispielhaft die Speicherung von Adressen aufgezeigt.

```
<?xml version="1.0" encoding="utf-8"?>
<Wurzel>
  <Adresse />
  <Adresse>
    <Anrede>Herr</Vorname>
    <Vorname>Max</Vorname>
    <Nachname>Mustermann</Nachname>
    <Strasse>
      Musterstrasse
      <Hausnummer>1</Hausnummer>
      <Mietshaus />
    </Strasse>
    <PLZ>12345</PLZ>
    <Ort>Musterstadt</Ort>
  </Adresse>
</Wurzel>
```
Listing 1.2: XML-Dokument mit mehreren Elementen

Listing 1.2 enthält ein Wurzelelement, welches eine Liste von Adressen beinhaltet. Die erste Adresse ist in diesem Fall leer. Die zweite Adresse besteht aus einer Reihe von Informationen: Anrede, Vorname, Nachname, Strasse, Hausnummer, Mietshaus, PLZ, Ort.

Attribute Jedes Element kann eine beliebige Anzahl an Attributen beinhalten. Dabei muss jedes Attribut innerhalb eines Elements eindeutig benannt sein.

```
<element attribut1="Wert" attribut2="Wert2"></element>
```

Die Werte des Attributs sind entweder in doppelten oder einfachen Anführungszeichen einzuschließen.

Listing 1.3 zeigt, wie bei der vorherigen Speicherung von Adressen die Attribute eingesetzt werden können. Dabei wurden die Anrede und das Mietshaus von einem Element in ein Attribut ausgelagert.

```
<?xml version="1.0" encoding="utf-8"?>
<Wurzel>
```
Listing 1.3: XML-Dokument mit Attributen

1 – Grundlagen

```
<Adresse />
<Adresse anrede="Herr">
  <Vorname>Max</Vorname>
  <Nachname>Mustermann</Nachname>
  <Strasse mietshaus="ja">
    Musterstrasse
    <Hausnummer>1</Hausnummer>
  </Strasse>
  <PLZ>12345</PLZ>
  <Ort>Musterstadt</Ort>
</Adresse>
</Wurzel>
```
Listing 1.3: XML-Dokument mit Attributen (Forts.)

Bei der Modellierung von XML-Strukturen ist es wichtig zu unterscheiden, ob bestimmte Informationen in einem Element oder einem Attribut abgelegt werden. Normalerweise geben Attribute nur Zusatzinformationen zu einem Element oder definieren bestimmte Namensräume. Sie werden oft eingesetzt, wenn Werte vorgegeben werden sollen. Elemente hingegen beinhalten die eigentlichen Nutzdaten.

Kommentare Kommentare können der XML-Datei hinzugefügt werden. Parser verarbeiten diese nicht. Sie dienen nur der zusätzlichen Beschreibung des XML-Dokuments.

```
<! - Kommentar ->
```

Kommentare sollen im Internet mit Vorsicht verwendet werden, um keine geheimen Informationen versehentlich preiszugeben.

Entitäten Entitäten kapseln eine beliebige Anzahl an Zeichen und können analog zu Konstanten referenziert werden.

```
&entityName;
```

Es gibt bereits vordefinierte Zeichenentitäten für bestimmte Metazeichen:

```
&lt;      <
&gt;      >
&qout;    "
&apos;    '
```

Entitäten können zum Escapen von Steuerzeichen verwendet werden, damit deren Bedeutung aufgehoben wird und diese als normale Textzeichen gelten. Dadurch können so genannte Injection-Angriffe verhindert werden.

Zeichenreferenzen Beziehen sich auf Zeichen im Unicodezeichensatz.

```
&#30;
```

Zeichenreferenzen können eingesetzt werden, wenn die beteiligten Systeme nicht den Unicode-Zeichensatz unterstützen. Können aber auch zum Escaping verwendet werden.

CDATA-Abschnitte CDATA-Blöcke können beliebigen Text beinhalten.

```
<! [CDATA [ beliebiger Inhalt ]]>
```

Der Inhalt wird nicht durch den Parser überprüft und muss deshalb manuell validiert werden. Sollte auf keinen Fall verwendet werden, um Escaping zu verhindern. Dadurch könnten Angreifer beliebige Zeichen in das System einschleusen.

Syntaktisch korrekte XML-Datei Neben der richtigen Verwendung der oben genannten Typen sind folgende Regeln einzuhalten, damit eine XML-Datei syntaktisch korrekt ist:

- Das XML-Dokument muss aus einem Prolog und einem Wurzelelement bestehen.
- Es darf nur ein Element auf oberster Ebene geben (Wurzelelement).
- Steuerzeichen im Text sind entsprechend zu escapen (mit Entitäten oder Zeichenreferenzen).
- Jedes Element muss aus einem Start- und einem Ende-Tag bestehen.
- Die Elemente sind richtig ineinander zu verschachteln. Das zuletzt geöffnete Element muss als Erstes wieder geschlossen werden.
- Die Werte eines Attributs sind in Anführungszeichen zu setzen.
- Jeder Name eines Attributs darf pro Element nur einmal vorkommen.

Wohlgeformte XML-Dokumente

Wenn ein XML-Dokument allen Syntaxregeln entspricht, heißt es **wohlgeformt**. Dies ist bei der Arbeit mit XML-Dokumenten essentiell.

Gültige XML-Dokumente

Ein Dokument ist **gültig**, wenn es wohlgeformt ist und zudem den XML Schema-Definitionen entspricht. Dazu muss es gegen ein XML Schema validiert werden.

Übersicht der Bestandteile eines XML-Dokuments

Zusammenfassung der Markups eines XML-Dokuments:

- Elemente
  ```
  <element>...</element>
  <element/>
  ```
  Jedes wohlgeformte XML-Dokument darf nur genau aus einem Wurzelelement bestehen. Elemente können Text und/oder weitere Unterelemente beinhalten.

- Attribute
  ```
  <element attribut1="Wert" attribut2="Wert2">
  ```
  Elemente können Attribute mit Werten enthalten. Dabei ist jedes Attribut innerhalb eines Elements eindeutig zu benennen.

- Kommentare
  ```
  <! - Kommentar ->
  ```
  Zusatzerklärungen zum Inhalt des Dokumentes. Sollten mit Vorsicht verwendet werden, damit keine geheimen Informationen versehentlich preisgegeben werden.

- Entitäten
  zum Beispiel: &
  Können analog zu Konstanten referenziert werden. & ist beispielsweise das kaufmännische Und-Zeichen.

- Zeichenreferenzen
  zum Beispiel: &#30;
  Referenz auf ein Zeichen im Unicodezeichensatz.

- Verarbeitungsanweisungen
  ```
  <? Anweisung ? >
  ```
  Inhalt ist frei.

- CDATA-Abschnitte
  ```
  <! [CDATA [ beliebiger Inhalt ]]>
  ```
  Inhalt ist frei. Werden nicht durch den Parser überprüft.

Namensräume innerhalb eines XML-Dokuments

Jedes Element und Attribut eines XML-Dokuments kann einem beliebigen Namensraum (englisch: Namespace) zugeordnet werden, um Typen mit der gleichen Bezeichnung unterscheiden zu können.

In einer XML-Instanz können mehrere XML-Dokumente referenziert werden. Enthält beispielsweise das eine Dokument ein Name-Element für Personen und das andere ein Name-Element für Produkte, führt dies ohne Namensräume zu Konflikten.

Namensräume werden durch eine eindeutige URL spezifiziert. Normalerweise sollte diese URL auf eine gültige XML-Schema-Datei zeigen, um die Validierung des XML-Dokuments zu erleichtern. Dies ist aber nicht zwingend notwendig.

Definition von Namensräumen Mit der Angabe von xmlns:präfix-Attributen können Namensräume definiert werden. Elemente und Attribute können diesem Namensraum über Voranstellung des Präfixes zugewiesen werden.

```
<ns1:element xmlns:ns1="http://www.example.com/ns1">...</ns1:element>
```

Hier wird ns1 als Kurzschreibweise (Präfix) für den Namensraum *http://www.example.com/ns1* definiert. Das element wird diesem Namensraum zugeordnet.

Definierte Namensräume stehen auch in den Unterelementen und Attributen zur Verfügung. Jedoch muss jedes Element und Attribut extra diesem Namensraum zugeordnet werden. Die Bindung wird also nicht vererbt.

Qualifizierung von Elementen und Attributen

Ist ein Element oder Attribut einem Namensraum zugeordnet, wird es als **qualifiziert** bezeichnet. Unqualifizierte Elemente und Attribute gehören keinem Namensraum an.

Festlegung von Standard-Namensräumen Damit nicht jedes Element explizit einem Namensraum zugeordnet werden muss, können Standard-Namensräume festgelegt werden. Dies geschieht über die Definition des xmlns-Attributs ohne ein bestimmtes Präfix.

```
<element xmlns="http://www.example.com/ns1">...</element>
```

Diese Anweisung definiert einen Namensraum für das element sowie allen Unterelementen und Attributen. Die Bindung wird in diesem Fall vererbt. Sie kann aber durch eine erneute Definition des xmlns-Attributs für dieses Element und dessen Unterelemente überschrieben und folgendermaßen auch wieder aufgehoben werden.

```
<element xmlns="">...</element>
```

Beispiel für eine XML-Datei mit Namensräumen

```xml
<?xml version="1.0" encoding="utf-8"?>
<Wurzel xmlns:ans="http://www.example.com/addressns">
  <ans:Adresse />
  <ans:Adresse anrede="Herr">
    <ans:Vorname>Max</ans:Vorname>
    <Nachname>Mustermann</Nachname>
    <Strasse xmlns="http://www.example.com/strassens" mietshaus="ja">
      Musterstrasse
      <Hausnummer>1</Hausnummer>
    </Strasse>
```

Listing 1.4: XML-Dokument mit qualifizierten und unqualifizierten Namensräumen

```
    <ans:PLZ>12345</ans:PLZ>
    <ans:Ort>Musterstadt</ans:Ort>
  </ans:Adresse>
</Wurzel>
```

Listing 1.4: XML-Dokument mit qualifizierten und unqualifizierten Namensräumen (Forts.)

In Listing 1.4 gehören die Adresse-Elemente sowie Vorname, PLZ und Ort zum Namensraum *http://www.example.com/addressns*.

Die Elemente Wurzel, Nachname und das Attribut anrede gehören zu keinem Namensraum.

Strasse, Hausnummer und das Attribut mietshaus sind Teil des Namensraums *http://www.example.com/strassens*.

Document Object Model (DOM) Document Object Model ist eine Schnittstelle für den programmatischen Zugriff auf XML-Dokumente. JavaScript verwendet beispielsweise DOM, um den Aufbau einer HTML Datei zu manipulieren.

Jede XML-Datei lässt sich über eine Art Baumstruktur modellieren. Es kann der Zusammenhang zwischen einem XML-Dokument und Objekten einer Programmiersprache hergestellt werden. Dadurch ist es möglich, die Struktur und den Inhalt eines XML-Dokuments zu verändern.

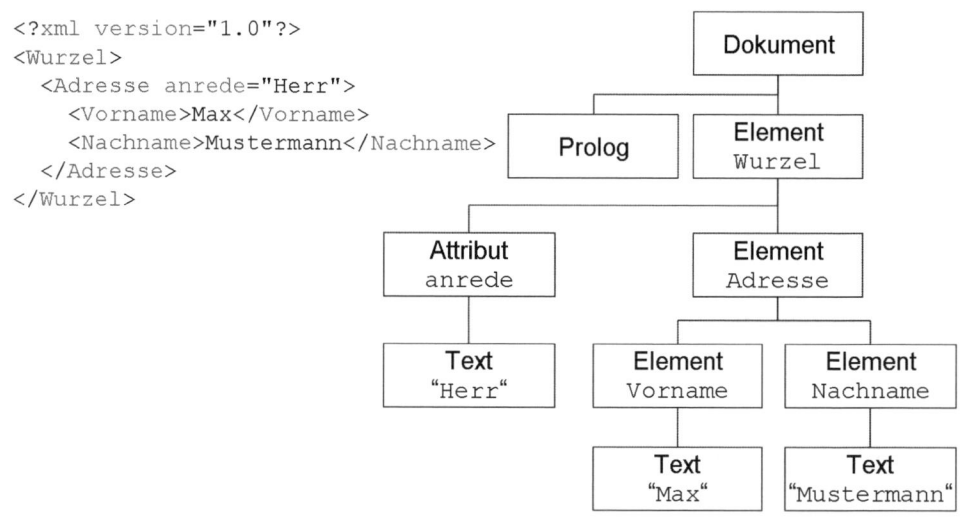

```
<?xml version="1.0"?>
<Wurzel>
  <Adresse anrede="Herr">
    <Vorname>Max</Vorname>
    <Nachname>Mustermann</Nachname>
  </Adresse>
</Wurzel>
```

Abbildung 1.2: XML-Dokument in Document Object Model

Abbildung 1.2 zeigt beispielhaft die Modellierung eines XML-Dokuments als Baum.

Jeder Knoten des Baums ist in der Programmiersprache ein Objekt, welches Eigenschaften wie Bezeichnung, Wert und Verknüpfungen zu Unterelementen besitzt. Dadurch kann beliebig auf die entsprechenden Inhalte zugegriffen werden.

Das komplette Dokument wird im Speicher gehalten. Dies kann bei sehr großen XML-Dateien zu Problemen führen.

Simple API for XML (SAX) Ein SAX-Parser arbeitet XML-Dateien sequentiell durch und löst Ereignisse abhängig vom Aufbau des Dokuments aus. Es gibt zum Beispiel Ereignisse, die beim Start und Ende von Elementen, Texten oder Attributen ausgelöst werden.

Dadurch ist auch die Verarbeitung von großen XML-Dokumenten ohne Speicherprobleme möglich. Es kann aber nicht beliebig auf die Inhalte der XML-Datei zugegriffen werden.

Es ist abzuwägen, welcher der beiden Parser eingesetzt wird. DOM ist zwar wesentlich praktischer, funktioniert aber nicht mit großen XML-Dateien. Dafür hat es bei kleinen XML-Dokumenten mit vielen wahllosen Zugriffen einen Geschwindigkeitsvorteil. SAX ist hingegen bei der Verarbeitung von großen Dokumenten sehr schnell.

1.3.2 XML Schema

Seit Mai 2001 ist XML Schema eine W3C-Empfehlung und in der Version 1.0 verfügbar.

XML Schema dient genauso wie DTD zur Definition des Aufbaus und Inhalts von XML-Dokumenten. XML Schema basiert selbst auf der XML-Syntax. Dadurch kann derselbe Parser zur Validierung von XML- und XML-Schema-Dateien verwendet werden.

Im Vergleich zu DTD ist es mit XML Schema möglich, nicht nur die Struktur der XML-Dokumente zu beschreiben, sondern auch die Inhalte der Felder.

In einem XML-Dokument sind normalerweise alle Textinhalte eines Elements Zeichenketten (Strings). XML Schema kennt viele native Datentypen, um diese Zeichenketten als Zahlen, Datum, URLs, usw. zu interpretieren. Zudem können benutzerdefinierte komplexe Typen angelegt werden.

Anwendungsgebiete von XML Schema

Es gibt mehrere Anwendungsgebiete für XML Schema:

- Hauptsächlich wird XML Schema zur **Validierung der Daten** verwendet, beispielsweise durch reguläre Ausdrücke. Bei Webservices kann die ankommende Nachricht vor dem Eintritt in die Logik vom Parser mit Hilfe der XML-Schema-Datei validiert werden. Deshalb müssen die notwendigen syntaktischen Validierungen nicht mehr selbst implementiert, sondern nur durch XML Schema definiert werden.

- XML Schema legt fest, welche Elemente, Attribute und Werte an welcher Stelle im XML-Dokument erlaubt sind. Editoren können dadurch die Schemas zur **Unterstützung bei der Benutzereingabe** hernehmen.

- Die **Daten** aus XML-Dateien können an **Objekte gebunden** werden, wenn der Aufbau durch eine XML-Schema-Datei definiert wurde.

- Bestimmte **Abfragen** können **beschleunigt** werden, weil die Struktur der Daten bekannt ist.

Inhaltsmodelle

Es gibt in XML für Elemente vier verschiedene Inhaltsmodelle. Diese sind unabhängig von den Attributen.

- **leer**: Leere Elemente
  `<leeresElement />` oder `<leeresElement></leeresElement>`
- **einfach**: Beinhaltet nur Text
  `<einfachesElement>Text</einfachesElement>`
- **komplex**: Beinhaltet nur Unterelemente
  ```
  <komplexesElement>
    <Unterelement1></Unterelement1>
    <Unterelement2></Unterelement2>
  </komplexesElement>
  ```
- **gemischt**: Beinhaltet Text und Unterelemente
  ```
  <gemischtesElement>
    Text
    <Unterelement></Unterelement>
  </gemischtesElement>
  ```

```xml
<?xml version="1.0" encoding="utf-8"?>
<Wurzel>
  <Adresse anrede="Herr">
    <Vorname>Max</Vorname>
    <Nachname>Mustermann</Nachname>
    <Strasse>
      Musterstrasse
      <Hausnummer>1</Hausnummer>
      <Mietshaus />
    </Strasse>
    <PLZ>12345</PLZ>
    <Ort>Musterstadt</Ort>
  </Adresse>
</Wurzel>
```

Listing 1.5: Verschiedene Inhaltsmodelle in einer XML-Datei

In Listing 1.5 sind alle vier möglichen Inhaltsmodelle enthalten. Das Element `mietshaus` besitzt ein leeres Inhaltsmodell. `Vorname`, `Nachname`, `Hausnummer`, `PLZ` und `Ort` sind einfache Inhaltsmodelle. `Wurzel` und `Adresse` sind dagegen komplex. `Strasse` besitzt ein gemischtes Inhaltsmodell.

Elementdefinitionen

In XML Schema wird zwischen zwei verschiedenen Elementdefinitionen unterschieden, **einfache (SimpleType)** und **komplexe Typen (ComplexType)**. Abhängig vom Aufbau der Elemente im XML-Dokument werden diese durch einen der beiden Typen beschrieben.

Jedes Element in einem XML-Dokument wird im XML Schema abgebildet. Abhängig von diesen vier Inhaltsmodellen ergeben sich die entsprechenden Typen im XML Schema:

- SimpleType
  - Elemente mit dem Inhaltsmodell: leer oder einfach
  - Beschreibung von Attributen
- ComplexType
  - Elemente mit komplexem oder gemischtem Inhaltsmodell
  - Elemente mit Attributen (unabhängig vom Inhaltsmodell)

Je nachdem, welches Element beschrieben werden soll, ist abhängig von diesen Kriterien einer der beiden Typen auszuwählen.

In Listing 1.5 wären Vorname, Nachname, Hausnummer, Mietshaus, PLZ und Ort sowie das Attribut anrede durch einen einfachen Typen (SimpleType) zu beschreiben. Wurzel, Adresse und Strasse sind hingegen komplexe Typen (ComplexType).

Typen

Es gibt eine Reihe von nativen Datentypen, die zur Beschreibung von Textknoten innerhalb von Elementen und Attributen dienen:

- string
- integer
- decimal
- float
- boolean
- date
- time

Zudem gibt es noch einige weitere spezifische Typen:

- ID (eindeutiger Wert in einem XML-Dokument)
- IDREF (Referenz auf ID)
- anyURI (beliebige URL)
- language (de-DE, en-US, ...)
- usw.

Sprachelemente

Es sollen nun die wichtigsten XML-Schema-Definitionen erklärt werden, um die Struktur von XML-Dokumenten beschreiben zu können.

Jedes XML Schema ist wie in Listing 1.6 aufgebaut.

```
<?xml version="1.0" encoding="utf-8"?>
<xs:schema xmlns:xs="http://www.w3.org/2001/XMLSchema"
           targetNamespace="http://www.example.com/ns"
           xmlns="http://www.example.com/ns">

  ...

</xs:schema>
```
Listing 1.6: Aufbau von XML-Schema-Dateien

Innerhalb des Wurzelelements `xs:schema` kann die Struktur von XML-Dokumenten definiert werden. `xmlns:xs` ist der Namensraum des XML Schemas und ist immer anzugeben. In diesem Namensraum befinden sich beispielsweise die ganzen Typen (`xs:string`, `xs:integer`, usw.)

Das Attribut `targetNamespace` legt den Ziel-Namensraum fest. Alle deklarierten Elemente werden diesem Namensraum zugeordnet. Für jeden Namensraum ist eine separate XML-Schema-Datei anzulegen. Im Gegensatz zu DTD ist XML Schema für den Einsatz mit Namensräumen konzipiert.

Bei `xmlns` wird der Standard-Namensraum gleich dem Ziel-Namensraum gesetzt. Dadurch können die selbst definierten Typen und Elemente direkt verwendet werden, ohne die Angabe des Namensraums.

Einfacher Typ (SimpleType) Hier wird ein einfaches Element mit Textinhalt beschrieben. Es ist der Datentyp festzulegen.

```
<Nachname>Mustermann</Nachname>
```

(oder Attribute: `Nachname="Mustermann"`)

```
<?xml version="1.0" encoding="UTF-8"?>
<xs:schema xmlns:xs="http://www.w3.org/2001/XMLSchema">
  <xs:element name="Nachname" type="xs:string" />
</xs:schema>
```
Listing 1.7: XML Schema – Einfacher Typ (SimpleType), Zeichenkette

In Listing 1.7 wird ein Element `Nachname` definiert, das eine beliebige Zeichenfolge (String) enthalten darf.

Es ist z.B. auch möglich, Zahlen, ein Datum oder andere Datentypen zu benutzen.

```xml
<Zeitstempel>2008-01-01T10:12:56</Zeitstempel>
```

```xml
<?xml version="1.0" encoding="UTF-8"?>
<xs:schema xmlns:xs="http://www.w3.org/2001/XMLSchema">
  <xs:element name="Zeitstempel" type="xs:datetime" />
</xs:schema>
```
Listing 1.8: XML Schema – Einfacher Typ (SimpleType), Datum und Uhrzeit

Einfacher Typ (SimpleType) mit Einschränkungen XML Schema bietet auch die Möglichkeit, nur fest definierte Werte in bestimmten Elementen eines XML-Dokuments zu erlauben. Diese sind nach der Reihe aufzuzählen.

```xml
<Anrede>Herr</Anrede>
```

(oder Attribute: `Anrede="Herr"`)

```xml
<?xml version="1.0" encoding="UTF-8"?>
<xs:schema xmlns:xs="http://www.w3.org/2001/XMLSchema">
  <xs:element name="Anrede">
    <xs:simpleType>
      <xs:restriction base="xs:string">
        <xs:enumeration value="Herr" />
        <xs:enumeration value="Frau" />
      </xs:restriction>
    </xs:simpleType>
  </xs:element>
</xs:schema>
```
Listing 1.9: XML Schema – Einfacher Typ (SimpleType), Datum und Uhrzeit

Zudem können Zeichenfolgen anhand von regulären Ausdrücken beschrieben werden. Nur wenn der Inhalt des definierten Elements diesem Pattern genügt, wird das Dokument als gültig erachtet.

```xml
<ArtikelNummer>123edf12</ArtikelNummer>   (oder Attribute)
```

(oder Attribute: `ArtikelNummer="123edf12"`)

```xml
<?xml version="1.0" encoding="UTF-8"?>
<xs:schema xmlns:xs="http://www.w3.org/2001/XMLSchema">
  <xs:element name="ArtikelNummer">
    <xs:simpleType>
```
Listing 1.10: XML Schema – Einfacher Typ (SimpleTyp) mit Pattern

```xml
      <xs:restriction base="xs:string">
        <xs:pattern value="[0-9]{3}[A-Za-z]{3}[0-9]{2}" />
      </xs:restriction>
    </xs:simpleType>
  </xs:element>
</xs:schema>
```
Listing 1.10: XML Schema – Einfacher Typ (SimpleTyp) mit Pattern (Forts.)

Mit xs:restriction wird vom Typ im base-Attribut abgeleitet und bestimmte Einschränkungen festgelegt.

Beim Attribut value in xs:pattern können beliebige reguläre Ausdrücke angegeben werden.

Komplexer Typ (ComplexType) mit einfachem Inhalt In diese Kategorie fallen Elemente mit Attributen, die keine Unterelemente enthalten.

`<Nachname anrede="Herr">Mustermann</Nachname>`

Dieses Element kann mit XML Schema, wie in Listing 1.11, definiert werden.

```xml
<?xml version="1.0" encoding="UTF-8"?>
<xs:schema xmlns:xs="http://www.w3.org/2001/XMLSchema">
  <xs:element name="Nachname">
    <xs:complexType>
      <xs:simpleContent>
        <xs:extension base="xs:string">
          <xs:attribute name="anrede">
            <xs:simpleType>
              <xs:restriction base="xs:string">
                <xs:enumeration value="Herr" />
                <xs:enumeration value="Frau" />
              </xs:restriction>
            </xs:simpleType>
          </xs:attribute>
        </xs:extension>
      </xs:simpleContent>
    </xs:complexType>
  </xs:element>
</xs:schema>
```
Listing 1.11: XML Schema – Komplexer Typ (ComplexType) mit einfachem Inhalt

In Listing 1.11 enthält das Element Nachname ein Attribut anrede, welches auf die Werte Herr und Frau eingeschränkt ist.

Mit xs:extension wird vom im Attribut base angegebenen Typ abgeleitet und bestimmte Erweiterungen festgelegt. In diesem Fall wurde das Element um ein Attribut erweitert.

Attribute werden mit dem Befehl xs:attribute definiert.

Komplexer Typ (ComplexType) mit komplexem Inhalt Nachfolgend ist ein Beispiel für ein Element mit Unterelementen aufgezeigt.

```
<Bestellung nummer="1">
  <Name>Mustermann</Name>
  <Produkt>PC</Produkt>
  <Produkt>Kabel</Produkt>
</Adresse>
```

Elemente mit Unterelementen sind wie in Listing 1.12 festzulegen.

```
<?xml version="1.0" encoding="UTF-8"?>
<xs:schema xmlns:xs="http://www.w3.org/2001/XMLSchema">
  <xs:element name="Bestellung">
    <xs:complexType>
      <xs:sequence>
        <xs:element name="Name" type="xs:string"
                    minOccurs="1" maxOccurs="1" />
        <xs:element name="Produkt" type="xs:string"
                    minOccurs="0" maxOccurs="unbounded" />
      </xs:sequence>
      <xs:attribute name="nummer" type="xs:integer" />
    </xs:complexType>
  </xs:element>
</xs:schema>
```

Listing 1.12: XML Schema – Komplexer Typ (ComplexType) mit komplexem Inhalt

Ein komplexer Typ kann verschiedene Definitionen von Unterelementen enthalten:

- xs:sequenz legt die genaue Reihenfolge der Elemente fest. Alle definierten Elemente müssen in der angegebenen Reihenfolge vorkommen.
- Bei xs:all sind alle definierten Elemente in einer beliebigen Reihenfolge zu verwenden.
- xs:choice erlaubt die Auswahl eines der angegebenen Elemente.

Die Elemente innerhalb einer Sequenz haben folgende zusätzliche Attribute:

- minOccurs legt fest, wie oft ein Element mindestens auftaucht (Werte von 0 bis unbounded, Standard 1)
- maxOccurs bestimmt, wie oft ein Element maximal verwendet werden darf (Werte von 0 bis unbounded, Standard 1)

In Listing 1.12 wird eine fest vorgegebene Reihenfolge von Unterelementen angelegt. Das Element Name kommt genau einmal vor. Produkt kann hingegen 0- bis unendlich-mal vorkommen. Zudem ist ein Attribut nummer des Typs xs:integer definiert worden. Die Reihenfolge der Attribute wird durch XML Schema nicht festgelegt.

Einfügen anderer Schema-Dateien Sind die Definitionen der Elemente und Attribute eines Namensraumes auf mehrere Dateien verteilt, dann können diese über xs:include zusammengefügt werden.

```
<?xml version="1.0" encoding="UTF-8"?>
<xs:schema xmlns:xs="http://www.w3.org/2001/XMLSchema">
  <xs:include schemaLocation="http://www.example.com/ns1.xsd" />
</xs:schema>
```
Listing 1.13: XML Schema - Einfügen anderer Schema-Dateien

Importieren von Typen aus anderen Namensräumen Durch xs:import können Typen aus anderen Namensräumen importiert und über ein definiertes Präfix verwendet werden. Das Schema in Listing 1.14 benutzt beispielsweise einen Typ bestellung aus einem anderen Namensraum.

```
<?xml version="1.0" encoding="UTF-8"?>
<xs:schema xmlns:xs="http://www.w3.org/2001/XMLSchema"
        xmlns:ns1="http://www.example.com/ns1">
  <xs:import schemaLocation="http://www.example.com/ns1.xsd"
          namespace="http://www.example.com/ns1" />
  <xs:element name="Bestellung" type="ns1:bestellung" />
</xs:schema>
```
Listing 1.14: XML Schema - Importieren von Typen aus anderen Namensräumen

Modellierungsstile

Es gibt zwei verschiedene Modellierungsstile.

- Bei dem Stil **Russian Doll** sind die Elementdeklarationen ineinander verschachtelt. Dadurch ist die Struktur klar ersichtlich und Elemente mit gleichem Namen können unterschiedliche Typen besitzen. Bei großen XML-Dokumenten werden jedoch sehr tiefe Verschachtelungen erreicht, was die Schemen unübersichtlich macht.

    Folgendes XML-Dokument soll im Russian-Doll-Stil beschrieben werden.

    ```
    <Bestellung>
      <ID>476tzh58</ID>
    </Bestellung>
    ```

Protokolle und Beschreibungssprachen

```xml
<?xml version="1.0" encoding="UTF-8"?>
<xs:schema xmlns:xs="http://www.w3.org/2001/XMLSchema"
           xmlns="http://www.example.com/ns"
           targetNamespace="http://www.example.com/ns">
  <xs:element name="Bestellung">
    <xs:complexType>
      <xs:sequence>
        <xs:element name="ID">
          <xs:simpleType>
            <xs:restriction base="xs:string">
              <xs:pattern value="[0-9]{3}[A-Za-z]{3}[0-9]{2}" />
            </xs:restriction>
          </xs:simpleType>
        </xs:element>
      </xs:sequence>
    </xs:complexType>
  </xs:element>
</xs:schema>
```
Listing 1.15: XML Schema – Modellierungsstil Russian Doll

In Listing 1.15 ist die Struktur des XML-Dokuments sofort ersichtlich. ID ist Unterelement von Bestellung.

- **Venetian Blinds** deklariert hingegen alle Typen global und verwendet diese über Referenzen. Dadurch ergibt sich eine flache Struktur und die Typen können wieder verwendet werden.

  Es wird die gleiche XML-Datei definiert. Diesmal aber im Venetian-Blinds-Modellierungsstil.

```xml
<Bestellung>
  <ID>476tzh58</ID>
</Bestellung>
```

```xml
<?xml version="1.0" encoding="UTF-8"?>
<xs:schema xmlns:xs="http://www.w3.org/2001/XMLSchema"
           xmlns="http://www.example.com/ns"
           targetNamespace="http://www.example.com/ns">

  <xs:element name="Bestellung" type="bestellungTyp" />

  <xs:complexType name="bestellungTyp">
    <xs:sequence>
```
Listing 1.16: XML Schema – Modellierungsstil Venetian Blinds

```
    <xs:element name="ID" type="idTyp" />
  </xs:sequence>
</xs:complexType>

<xs:simpleType name="idTyp">
  <xs:restriction base="xs:string">
    <xs:pattern value="[0-9]{3}[A-Za-z]{3}[0-9]{2}" />
  </xs:restriction>
</xs:simpleType>

</xs:schema>
```
Listing 1.16: XML Schema - Modellierungsstil Venetian Blinds (Forts.)

xs:complexType und xs:simpleType werden bei Venetian Blinds, wie in Listing 1.16, global unter xs:schema definiert und von allen Elementen als Typ verwendet.

Bevor Sie eine XML-Schema-Datei erstellen, sollten Sie sich für einen der beiden Modellierungsstile entscheiden. Vermischen Sie beide Stile dann wird das XML Schema unübersichtlich.

Verwendung von XML Schema

Um XML Schema in einem XML-Dokument zu verwenden, ist dieses über das Attribut xs:schemaLocation zu referenzieren. Der Namensraum und der Pfad der Schema-Datei sind, durch ein Leerzeichen getrennt, in dem Attribut anzugeben. In Listing 1.17 ist ein XML-Dokument abgebildet, das eine XML-Schema-Datei referenziert.

```
<?xml version="1.0" encoding="utf-8"?>
<Bestellung xmlns:xsd="http://www.w3.org/2001/XMLSchema-instance"
            xsd:schemaLocation="http://www.example.com/ns xml_schema.xsd">
  <ID>476tzh58</ID>
</Bestellung>
```
Listing 1.17: XML Schema - Verwendung von XML Schema

Beispiel für die Beschreibung einer XML-Datei mit verschiedenen Namensräumen

In diesem Beispiel soll folgende XML-Datei durch ein XML Schema beschrieben werden. Dabei kommt der Modellierungsstil Venetian Blinds zum Einsatz.

```
<?xml version="1.0" encoding="utf-8"?>
<wurzel xmlns:ns1="http://www.example.com/ns1"
        xmlns:ns2="http://www.example.com/ns2">
  <ns1:element1>String</ns1:element1>
```
Listing 1.18: XML-Datei mit zwei Namensräumen

```
  <ns2:element2 ns2:attribute1="Wert">
    <ns2:element21/>
    <ns2:element22>1234</ns2:element22>
  </ns2:element2>
</wurzel>
```
Listing 1.18: XML-Datei mit zwei Namensräumen (Forts.)

Listing 1.18 enthält ein einfaches XML-Dokument, das Elemente aus zwei Namensräumen benutzt. Der erste Knoten ist Teil des Namensraums ns1 und der zweite gehört zu ns2.

Die Elemente jedes Namensraums sind durch eine separate XML-Schema-Datei zu beschreiben. Dadurch besteht das Schema zur Definition dieser einen XML-Datei aus drei XSD-Dateien (Listing 1.19, Listing 1.20 und Listing 1.21). Listing 1.19 ist dabei die Hauptdatei, welche durch das XML-Dokument referenziert wird. Diese beschreibt den generellen Aufbau der XML-Datei.

```
<?xml version="1.0" encoding="utf-8"?>
<xs:schema xmlns:ns1="http://www.example.com/ns1"
           xmlns:ns2="http://www.example.com/ns2"
           xmlns:xs="http://www.w3.org/2001/XMLSchema">

  <xs:import namespace="http://www.example.com/ns1" schemaLocation="ns1.xsd"/>
  <xs:import namespace="http://www.example.com/ns2" schemaLocation="ns2.xsd"/>

  <xs:element name="wurzel">
    <xs:complexType>
      <xs:sequence>
        <xs:element ref="ns1:element1"/>
        <xs:element ref="ns2:element2"/>
      </xs:sequence>
    </xs:complexType>
  </xs:element>

</xs:schema>
```
Listing 1.19: XML Schema – Zentrale Datei

Das Wurzelelement beinhaltet in einer Sequenz element1 des Namensraums ns1 und element2 des Namensraums ns2. Deshalb werden die beiden Namensräume ns1 und ns2 importiert, welche über separate XML-Schema-Dateien zu beschreiben sind (siehe Listing 1.20 und Listing 1.21).

```xml
<?xml version="1.0" encoding="UTF-8"?>
<xs:schema targetNamespace="http://www.example.com/ns1"
           xmlns:xs="http://www.w3.org/2001/XMLSchema">
  <xs:element name="element1">
    <xs:simpleType>
      <xs:restriction base="xs:string"/>
    </xs:simpleType>
  </xs:element>
</xs:schema>
```
Listing 1.20: XML Schema – Namensraum ns1

```xml
<?xml version="1.0" encoding="UTF-8"?>
<xs:schema targetNamespace="http://www.example.com/ns2"
           xmlns:ns2="http://www.example.com/ns2"
           xmlns:xs="http://www.w3.org/2001/XMLSchema">

  <xs:element name="element22">
    <xs:simpleType>
      <xs:restriction base="xs:integer"/>
    </xs:simpleType>
  </xs:element>

  <xs:element name="element21">
    <xs:complexType/>
  </xs:element>

  <xs:element name="element2">
    <xs:complexType>
      <xs:sequence>
        <xs:element ref="ns2:element21"/>
        <xs:element ref="ns2:element22"/>
      </xs:sequence>
      <xs:attribute name="attribute1" use="required">
        <xs:simpleType>
          <xs:restriction base="xs:string"/>
        </xs:simpleType>
      </xs:attribute>
    </xs:complexType>
  </xs:element>
```
Listing 1.21: XML Schema – Namensraum ns2

```
</xs:schema>
```
Listing 1.21: XML Schema - Namensraum ns2 (Forts.)

> **Pro Namensraum ist eine separate XML-Schema-Datei anzulegen**
>
> Über das Attribut targetNamespace kann der Namensraum definiert werden, dem die deklarierten Elemente angehören. Deshalb ist zur Beschreibung von XML-Dateien für jeden Namensraum eine extra XML-Schema-Datei anzulegen.

Editoren für XML-Dateien

Die Beispiele aus den vorherigen Abschnitten zeigen, dass XML-Schema-Dateien sehr schnell relativ komplex und unübersichtlich werden. Es gibt sehr gute Editoren, welche automatisch Schema-Definitionen aus bestehenden XML-Dokumenten erzeugen. Dort sind nur noch die notwendigen Einschränkungen der erlaubten Wertebereiche zu treffen.

XMLSpy[2] von Altova ist Marktführer im Bereich der XML-Editoren und bietet sehr gute Unterstützung bei der Erstellung von XML-Dateien und der automatischen Generierung von dazugehörigen XML Schema-Definitionen. Durch die grafische Visualisierung der Dateien kann der Überblick bei der Definition von Formaten gewahrt werden.

XMLSpy ist relativ teuer. Es gibt eine Reihe von Freeware und Open-Source-Programmen, die auch eine sehr gute Unterstützung bieten. Zu empfehlen ist hier der XML Copy Editor[3], welcher sich in der Praxis als sehr komfortabel erwiesen hat.

1.3.3 HTTP

Im Jahre 1996 erschien Version 1.0 des Hypertext Transfer Protokolls. Aufgrund einiger Probleme und Einschränkungen wurde ein Jahr später die Version 1.1 veröffentlicht.

HTTP folgt dem Request-Reponse Pattern, das heißt der Client schickt eine Anfrage (Request) an den Server. Der Server verarbeitet die Anfrage und schickt abschließend eine Antwort (Response) zurück zum Client. HTTP wird meistens zur Übertragung von Daten bzw. Webseiten aus dem Internet verwendet. Aber auch Webservices basieren hauptsächlich auf dem HTTP-Protokoll.

Version 1.0 verwendet für jeden Request und Response eine neue TCP-Verbindung. Version 1.1 kann hingegen eine einzelne TCP-Verbindung dazu verwenden, mehrere Requests und Responses zu übertragen. HTTP ist zustandslos und Teil der Applikationsschicht im Open Systems Interconnection Reference Model.

---

2. http://www.altova.com/products/xmlspy/xml_editor.html
3. http://xml-copy-editor.sourceforge.net

HTTP bietet verschiedene Methoden:

- Die Operation **GET** wird beispielsweise verwendet, wenn ein Benutzer einen Link im Webbrowser anklickt. Daten können nur innerhalb der URL an den Server geschickt werden. Das geschieht innerhalb des Querystrings.
  In dem folgenden Beispiel ist eine URL abgebildet:
  http://www.example.com/page.html?user=1234&article=1000
  Der Querystring wurde rot markiert. Bei der HTTP-GET Methode wird die komplette URL an den Server übertragen und kann von diesem interpretiert werden. Dabei werden die gegebenen Parameter zur Ablaufsteuerung bei der Ausgabe einer HTML Datei verwendet.

- Die **POST**-Methode kann im Gegensatz zu GET einen kompletten Datenblock im HTTP-Body enthalten. Dieser wird normalerweise für die Übertragung von Formularen an den Webserver verwendet. Zudem hat sich diese Methode als Standard für Webservices durchgesetzt.

- **HEAD** gibt die Kopfdaten (den Header) eines Dokuments zurück. Wird vor allem beim Caching verwendet, um die Gültigkeit eines Dokuments zu überprüfen.

- Die **PUT**-Operation lädt Dateien auf den Webserver hoch (meist verboten).

- Die **DELETE**-Methode löscht Dateien vom Webserver (meist verboten).

Es gibt noch einige weitere Methoden, welche aber nicht relevant für dieses Thema sind.

Beispiel für die HTTP-POST-Operation

In diesem Beispiel wird der Aufbau einer HTTP-Request- und -Response-Nachricht gezeigt. Dabei handelt es sich um einen exemplarischen Aufruf eines Webservices.

Request:

```
POST /target_url HTTP/1.1
Host: www.example.com
Content-Length: 15

(SOAP-Nachricht)
```
Listing 1.22: HTTP Post - Request

Response:

```
HTTP/1.1 200 OK
Server: Apache/2.2.4
Content-Length: (size in bytes)
Content-Type: text/html
Connection: close

(SOAP-Response-Nachricht)
```
Listing 1.23: HTTP Post - Response

Der Client sendet einen HTTP-Request für die Ziel-URL (in diesem Beispiel: *http://www.example.com/target_url*) an den Server. Normalerweise beinhaltet der Header viele zusätzliche Parameter. Zur Vereinfachung wurden diese jedoch auf das Minimum beschränkt. Der Header ist nur durch eine Leerzeile vom Body getrennt. Wenn mittels des HTTP-Protokolls ein Webservice aufgerufen wird, dann beinhaltet der Body die eigentliche SOAP-Nachricht.

Nach der Verarbeitung der Nachricht durch den Server verschickt dieser einen HTTP-Response zurück zum Client. Dieser beinhaltet einen Response Code. In diesem Fall ist das der Code 200, der einen erfolgreichen Aufruf bedeutet. Der Body enthält dann das angeforderte Ergebnis. Beim Aufruf eines Webservices ist das die SOAP-Response-Nachricht.

HTTP ist also die Grundlage für die Übertragung von SOAP-Nachrichten und wird bei der Übertragung von Webseiten aus dem Internet und in den meisten Fällen auch bei Webservices verwendet.

1.3.4 SOAP

Die Version 1.2 von SOAP ist seit 2003 eine W3C Recommendation. SOAP basiert auf XML und wird beim Datenaustausch und Fernprozeduraufrufen eingesetzt. Deshalb ist SOAP auch Basis für die Kommunikation mit Webservices.

Eine SOAP-Nachricht besteht aus einem Envelope-, Body- und optional aus einem Header- und Fault-Abschnitt. Der prinzipielle Aufbau ist in Abbildung 1.3 ersichtlich.

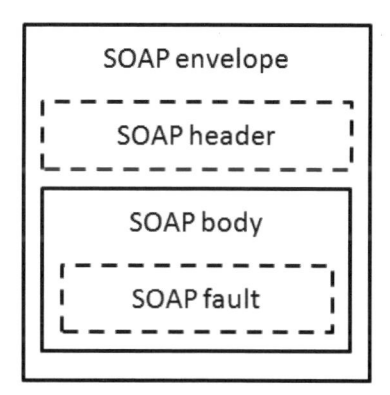

Abbildung 1.3: Aufbau einer SOAP-Nachricht

Envelope ist das Wurzelelement (Root) des XML-Dokuments. Header und Body sind innerhalb des Envelope-Elements. Die Kopfdaten (Header) enthalten Aktions-Definitionen, WS-Security-Spezifikationen, usw. Der Hauptteil (Body) besteht normalerweise aus den Parametern für den Fernprozeduraufruf oder einem XML-Dokument, welches übertragen werden soll. Bei Fehlern bzw. Ausnahmen (Exceptions) wird ein zusätzliches Fault-Element eingeführt, das z.B. einen Fehlercode oder Stack-Trace enthält.

Beispiel für eine SOAP-Nachricht

Listing 1.24 zeigt ein Beispiel für eine SOAP-Nachricht. Der Header besteht aus speziellen Sicherheits-Definitionen für eine Autorisierung mittels Benutzername und Passwort. Der Body definiert die aufzurufende Methode `method1` und die Parameter für den Webservice-Aufruf.

```xml
<env:Envelope xmlns:env="http://www.w3.org/2003/05/soap-envelope">

  <env:Header>
    <wsse:Security xmlns:wsse="http://docs.oasis-open.org/wss/2004/01/
                              oasis-200401-wss-wssecurity-secext-1.0.xsd">
      <wsse:UsernameToken>
        <wsse:Username>BENUTZERNAME</wsse:Username>
        <wsse:Password Type="wsse:PasswordDigest">Ae73k=Q3</wsse:Password>
      </wsse:UsernameToken>
    </wsse:Security>
  </env:Header>

  <env:Body>
    <exns:method1 xmlns:exns="http://www.example.com/namespace">
      <exns:parameter>parameter1</exns:parameter>
    </exns:method1>
  </env:Body>

</env:Envelope>
```

Listing 1.24: Beispiel für eine SOAP-Nachricht

Die TCP- und HTTP-Protokolle sind für die Übertragung von Daten verantwortlich. XML dient zur Darstellung der Daten. SOAP setzt auf diesen Protokollen auf und bildet einen Container für den Austausch von XML-Dokumenten. SOAP definiert das Design von Nachrichten ohne dabei Einfluss auf die anwendungsspezifischen Daten zu nehmen.

Nachdem der Mechanismus zum Datenaustausch mit HTTP und SOAP festgelegt ist, muss es nun eine Möglichkeit geben, die einzelnen Operationen eines Webservices sowie dessen URL zu spezifizieren. Dazu dienen Web Service Description Language (WSDL) Dokumente, auf die im Folgenden näher eingegangen wird.

1.3.5 WSDL

WSDL basiert auf dem XML-Format und dient der Schnittstellenbeschreibung von Webservices. Die Version 1.1 wurde im Jahr 2001 veröffentlicht und seit Juni 2007 ist auch die Version 2.0 eine W3C-Empfehlung (Recommendation).

WSDLs werden zur automatischen Generierung von Proxys auf der Client-Seite und zur Erzeugung des Service Skeletons auf Server-Seite verwendet. Service-Skeleton ist der Rumpf eines Webservices, also leere Methodendefinitionen.

Was ist ein Proxy?

Ein Proxy ist ein lokaler Stellvertreter einer entfernten (remote) Prozedur. Dabei kümmert er sich um das Verpacken der Funktionsparameter und um den Versand. Auf Client-Seite wird der Proxy innerhalb einer Applikation verwendet, um beispielsweise einen Webservice zu konsumieren.

WSDL kann dazu verwendet werden, ein leeres Gerüst für den Service zu erzeugen, welches nur noch mit der Geschäftslogik gefüllt werden muss.

Aufbau einer WSDL-Datei:

- **definitions**
  Das Wurzelelement (Root) eines WSDL-Dokuments.

- **types**
  Beinhaltet die verschiedenen Datentypen, welche der Service verwendet. Sie werden mittels XML-Schema-Definitionen deklariert.

- **message**
  Hier werden die Nachrichten für die einzelnen Operationen beschrieben. Die verwendeten Typen sind entweder native XSD-Datentypen (xs:string, xs:integer, usw.) oder XML-Schema-Definitionen innerhalb des types-Abschnitts.

  Es gibt zwei verschiedene Nachrichtenformate: RPC und Dokument.
  - Wenn der RPC-Stil verwendet wird, dann kann die Nachricht aus mehreren Teilen (Message-Parts) bestehen.
  - Beim Dokumenten-Stil ist nur ein Teil für eine Message erlaubt.

- **portType**
  In diesem Abschnitt werden die einzelnen Nachrichten der Service Operation zugewiesen. Die Operation kann Input-, Output- und Fault-Nachrichten beinhalten.

  Abhängig von der Anordnung der Nachrichten wird der Typ der Operation festgelegt:
  - One-Way
  - Request-Response
  - Solicit-Response
  - Notification

  WSDL 2.0 beinhaltet acht Message-Exchange-Patterns.

- **binding**
  Die Operationen müssen dann zu konkreten Formaten gebunden werden.

  Es gibt zwei verschiedene Kodierungen: Encoded und Literal.
  - Literal bedeutet, dass jeder Datentyp in einen String konvertiert wird.
  - Encoded serialisiert hingegen die Nachricht in einem speziellen Format.

- **service**

  Letztendlich wird der Service dann seiner Endpunktadresse zugewiesen und das verwendete Protokoll wird definiert.

Beispiel für eine WSDL-Datei

```xml
<?xml version="1.0" encoding="UTF-8"?>
<wsdl:definitions targetNamespace="http://www.example.com/webservice"
   xmlns:udws="http://www.example.com/webservice"
   xmlns:soap="http://schemas.xmlsoap.org/wsdl/soap/"
   xmlns:wsdl="http://schemas.xmlsoap.org/wsdl/">

   <wsdl:types>
     <xs:schema xmlns:xs="http://www.w3.org/2001/XMLSchema">
       <xs:import namespace="http://www.example.com/webservice"
                  schemaLocation="xmlschema.xsd"/>
     </xs:schema>
   </wsdl:types>

   <wsdl:message name="method1RequestMessage">
     <wsdl:part element="udws:method1Request" name="part1" />
   </wsdl:message>
   <wsdl:message name="method1ResponseMessage">
     <wsdl:part element="udws:method1Response" name="part1" />
   </wsdl:message>

   <wsdl:portType name="Method1ServicePortType">
     <wsdl:operation name="method1">
       <wsdl:input message="udws:method1RequestMessage" />
       <wsdl:output message="udws:method1ResponseMessage" />
     </wsdl:operation>
   </wsdl:portType>

   <wsdl:binding name="ServiceBinding" type="udws:Method1ServicePortType">
     <soap:binding style="document"
                   transport="http://schemas.xmlsoap.org/soap/http" />
     <wsdl:operation name="method1">
       <soap:operation soapAction="method1" style="document" />
       <wsdl:input>
         <soap:body use="literal" />
       </wsdl:input>
```

Listing 1.25: Beispiel für eine WSDL-Datei

```
    <wsdl:output>
       <soap:body use="literal" />
    </wsdl:output>
  </wsdl:operation>
</wsdl:binding>

<wsdl:service name="Service">
  <wsdl:port binding="udws:ServiceBinding" name="ServicePort">
    <soap:address location="http://www.example.com/testservice" />
  </wsdl:port>
</wsdl:service>

</wsdl:definitions>
```

Listing 1.25: Beispiel für eine WSDL-Datei (Forts.)

Listing 1.25 zeigt die Definition einer Operation „method1". Diese Methode sendet XML-Dokumente beim Request und beim Response. Der Aufbau der Dokumente wird in einer externen XML-Schema-Datei definiert. Das Binding für die SOAP-Nachricht legt fest, dass der Formatstil literal verwendet werden soll. Der Service wird an die Adresse *http://www.example.com/testservice* gebunden und kann über das HTTP-Protokoll aufgerufen werden.

1.4 Webservices

Webservices bieten heutzutage die Grundlage von modernen SOAs (Service-orientierten Architekturen). Sie kapseln in ihrem Interface mehrere Funktionen und sind im Normalfall zustandslos.

Der Client sendet seine Anfrage (Request) an den Webservice, dieser führt den Funktionsaufruf mit den in der Nachricht übergebenen Parametern durch und schickt das Ergebnis im Response an den Client.

Vorteil von Webservices ist, dass sie offene Standards verwenden und somit vollständig kompatibel sind (Interoperabilität). Sie verwenden meist das HTTP-Protokoll und haben dadurch selten Probleme mit Firewalls.

Der Nachteil ist, dass es im Moment noch Schwierigkeiten mit den komplexen Sicherheitsstandards gibt und aufgrund des hohen Mehraufwandes (Overheads) von XML-Dokumenten haben Webservices oftmals große Performanceeinbußen. Overhead sind die Zusatzdaten, die zur Beschreibung des Aufbaus und der Übermittlung nötig sind, jedoch keine Nutzdaten enthalten.

Es gibt zwei Konzepte bei der Erstellung von Webservices.

- Beim **Code-First**-Prinzip wird zunächst eine Klasse im Quellcode erstellt, die alle Methodendeklarationen enthält. Daraus lassen sich die entsprechenden WSDL- und XSD-Dateien erzeugen. Anschließend können diese verwendet werden, um den Proxy am Client zu erzeugen.

- Beim **Contract-First** werden zunächst die Datentypen in XML-Schema-Format definiert und dann die Service-Schnittstellen und -Bindings innerhalb der WSDL. Anschließend ist es möglich, am Server ein Webservice-Gerüst aus der WSDL zu generieren, das letztendlich nur noch mit Logik gefüllt werden muss.

Beim Code-First-Prinzip ist der sofortige Beginn mit der Implementierung möglich und der Service kann umgehend getestet werden. Danach kann erst spät mit der Entwicklung des Clients begonnen werden.

Ein großer Vorteil des Contract-First-Ansatzes ist, dass man im Voraus die Schnittstellen definiert. Während der Service entwickelt wird, kann gleichzeitig schon mit der Erstellung der Clients begonnen werden. Meist ist auch der Code weniger komplex, als bei automatisch generierten WSDL-Dateien. Nachteil ist, dass erst zum Schluss der Service-Test möglich ist und auftretende Probleme später erkannt werden.

1.4.1 Aufrufmechanismen

Um eine Funktion eines Webservices aufzurufen, gibt es zwei verschiedene Arten:

- Bei **synchronen** Aufrufen wartet der Client bzw. der Thread des Clients auf das Ergebnis des Aufrufs. Der Client erhält erst wieder Kontrolle, sobald der Funktionsaufruf am Server abgeschlossen wurde oder ein Fehler bzw. Timeout aufgetreten ist. Dieser Mechanismus ist die einfachste Möglichkeit, um Aufrufe zu tätigen und wird am häufigsten verwendet.
  Es wird für den Request und Response eine einzige HTTP-Verbindung verwendet. Bei langlaufenden Serviceaufrufen gibt es einen Timeout.

- **Asynchrone** Aufrufe blockieren im Gegensatz dazu nicht den Client. Dieser kann die Verarbeitung fortführen. Damit der Client informiert wird, sobald das Ergebnis des Service-Aufrufs zur Verfügung steht, muss er sich für eine so genannte Callback-Funktion registrieren. In diesem Fall können mehrere Aufrufe parallel durchgeführt werden.
  Es wird für jeden Request und Response eine separate HTTP-Verbindung verwendet. Dadurch gibt es bei asynchronen Aufrufen keinen Timeout auf HTTP-Ebene.

Beide Aufrufarten haben ihre Vor- und Nachteile und sollten unter bestimmten Umständen entsprechend eingesetzt werden.

Synchrone Aufrufe sind sehr leicht zu verwenden und unterscheiden sich kaum von normalen Funktionsaufrufen. Es kann höchstens vorkommen, dass die Kommunikation abgebrochen wird, weil etwas mit der Verbindung schief gelaufen ist oder dass der Aufruf in einen Timeout läuft. Ansonsten sind synchrone Aufrufe genauso wie normale Funktionsaufrufe, da die komplette Logik für den Fernprozeduraufruf im Hintergrund abgearbeitet wird.

Asynchrone Aufrufe sind hingegen etwas schwieriger zu handhaben, da zunächst eine Callback-Funktion erstellt und am Proxy registriert werden muss. Sobald das Ergebnis der Methode zur Verfügung steht, wird diese Funktion in einem separaten Thread ausgeführt. Aufgrund dieser Mechanismen ist ein asynchroner Aufruf nicht mehr so transparent.

1.4.2 WCF Webservice

Nachfolgend wird kurz erklärt, wie man einen Windows Communication Foundation Webservice nach dem Contract-First Prinzip erstellt.

Zunächst ist ein Data Contract wie in Listing 1.26 anzulegen. In diesen Klassen werden alle benötigten Datentypen spezifiziert, die mit dem [DataContract()]-Attribut zu kennzeichnen sind. In diesem Beispiel wird ein BusinessObject mit zwei Eigenschaften definiert.

```
using System;
using System.Collections.Generic;
using System.Text;
using System.Runtime.Serialization;

namespace WCF_WebService
{
    [DataContract]
    public class BusinessObject
    {
        string _value1;
        int    _value2;

        [DataContract]
        public string Value1
        {
            get { return _value1; }
            set { _value1 = value; }
        }
        [DataContract]
        public string Value2
        {
            get { return _value2; }
            set { _value2 = value; }
        }
    }
}
```

Listing 1.26: Definition eines Data Contracts

Anschließend müssen nun weitere Klassen für den Message Contract angelegt werden. Diese legen den Aufbau der Requests und Responses der Serviceoperationen fest. Dadurch wird ein Container definiert, der alle benötigten Datentypen enthält. Somit hat jede Operation des Services nur noch einen Parameter, die Request-Nachricht, und nur noch einen Rückgabewert, die Response-Nachricht. Bei Änderung an den Inhalten der Request- und Response-Nachricht ist keine Anpassung der Schnittstellendefinitionen des Services erforderlich.

In Listing 1.27 wird eine Request- und eine Response-Nachricht definiert. Der Request enthält das zuvor im Data Contract spezifizierte BusinessObject und einen weiteren nativen Datentyp. Der Request hat dagegen nur einen Ergebnis-Wert (true/false).

Mit der Angabe des Attributs [MessageHeader()] wird veranlasst, die Daten im SOAP-Header zu übertragen. In Listing 1.27 werden aber alle Daten im SOAP-Body übertragen. Dazu dient das Attribut [MessageBodyMember()].

```csharp
using System;
using System.Collections.Generic;
using System.Text;
using System.Runtime.Serialization;

namespace WCF_WebService
{
    [MessageContract]
    public class RequestMessage
    {
        BusinessObject _bo;
        string _value;

        [MessageBodyMember()]
        public BusinessObject BO
        {
            get { return _bo; }
            set { _ bo = value; }
        }
        [MessageBodyMember()]
        public string Value
        {
            get { return _value; }
            set { _value = value; }
        }
    }
}
```

Listing 1.27: Definition eines Message Contracts

```
[MessageContract]
public class ResponseMessage
{
    bool _result;

    [MessageBodyMember()]
    public bool Result
    {
        get { return _ result; }
        set { _ result = value; }
    }
}
}
```

Listing 1.27: Definition eines Message Contracts (Forts.)

Zum Schluss ist nur noch ein Service Contract festzulegen. Dieser gibt an, welche Operationen der Service anbietet.

In diesem Fall ist das eine „Operation1", welche die zuvor spezifizierten Request- und Response-Nachrichten verwendet.

```
using System;
using System.Collections.Generic;
using System.Text;
using System.ServiceModel;

namespace WCF_WebService
{
    [ServiceContract()]
    public interface IBusinessService
    {
        [OperationContract]
        ResponseMessage Operation1(RequestMessage request);
    }

    public class BusinessService : IBusinessService
    {
        public ResponseMessage Operation1(RequestMessage request)
        {
            // Implementierung...
            // Beispiel: Zugriff auf Wert des BusinessObject's
            // request.BO.value1
```

Listing 1.28: Definition eines Service Contracts

```
        }
      }
    }
```
Listing 1.28: Definition eines Service Contracts (Forts.)

Aus diesen drei Verträgen kann nun der Webservice erzeugt werden. Es ist wichtig zu wissen, wozu diese Contracts benötigt werden. Der Data Contract definiert alle benötigten Datentypen. Falls ein Message Contract spezifiziert wurde, darf jede Operation des Webservices nur aus einem Parameter bestehen. Will man keinen Message Contract verwenden, können auch direkt die Datentypen als Parameter der Operationen verwendet werden, solange diese serialisierbar sind bzw. auch als solche gekennzeichnet sind. Der Service Contract ist das eigentliche Interface des Webservices, somit Aufbau der einzelnen Methoden.

Konfiguriert wird der Webservice über eine web.config. Der Webservice wird mittels eines so genannten ABC Konzepts beschrieben. ABC bedeutet Address, Binding und Contract.

- Der **Contract** spezifiziert die Methoden und Resultate des Services, also dessen Interface. Dabei gibt es drei verschiedene Arten von Verträgen. Der Data Contract beschreibt die verwendeten Datentypen. Der Message Contract legt den Aufbau der Request- und Response-Nachricht fest und der Service Contract bestimmt die eigentliche Schnittstelle des Services.

- Das **Binding** setzt die einzelnen Kommunikationsparameter: das Transportprotokoll, das Encoding und gegebenenfalls genutzte Webservice-Protokolle, wie zum Beispiel WS-Security und WS-RM (Reliable Messaging).

- **Address** beschreibt den Endpunkt, wo der Service verfügbar ist. Die Protokolle HTTP, TCP, Named Pipes, Peer-to-Peer und Microsoft Message Queuing (MSMQ) werden unterstützt.

Beispiel für eine WCF Webservice-Konfiguration:

```xml
<?xml version="1.0" encoding="utf-8" ?>
<configuration>
  <system.serviceModel>

    <behaviors>
      <serviceBehaviors>
        <behavior name="WCF_Service.Service.TestService_Behavior">
          <serviceDebug includeExceptionDetailInFaults="false" />
          <serviceMetadata httpGetEnabled="true" />
        </behavior>
      </serviceBehaviors>
    </behaviors>
```

Listing 1.29: WCF Webservice-Konfiguration

```xml
<bindings>
  <basicHttpBinding>
    <binding name="BasicHttpBinding_ITestService"
             closeTimeout="00:01:00" openTimeout="00:01:00"
             receiveTimeout="00:10:00" sendTimeout="00:01:00"
             allowCookies="false"
             hostNameComparisonMode="StrongWildcard"
             maxBufferSize="65536" maxBufferPoolSize="524288"
             maxReceivedMessageSize="65536"
             messageEncoding="Text" textEncoding="utf-8"
             transferMode="Buffered"
             bypassProxyOnLocal="false" useDefaultWebProxy="true">
      <readerQuotas maxDepth="32" maxStringContentLength="8192"
                    maxArrayLength="16384" maxBytesPerRead="4096"
                    maxNameTableCharCount="16384" />
      <security mode="None">
        <transport clientCredentialType="None" proxyCredentialType="None"
                   realm="" />
        <message clientCredentialType="UserName" algorithmSuite="Default" />
      </security>
    </binding>
  </basicHttpBinding>
</bindings>

<services>
  <service name="WCF_Service.Service.TestService"
           behaviorConfiguration="WCF_Service.Service.TestService_Behavior">

    <endpoint name="BasicHttpBinding_ITestService"
              address=""
              binding="basicHttpBinding"
              bindingConfiguration="BasicHttpBinding_ITestService"
              contract="WCF_Service.Service.ITestService" />

    <endpoint address="mex"
              binding="mexHttpBinding"
              contract="IMetadataExchange" />

  </service>
```

Listing 1.29: WCF Webservice-Konfiguration (Forts.)

```
        </services>

    </system.serviceModel>
</configuration>
```
Listing 1.29: WCF Webservice-Konfiguration (Forts.)

In Listing 1.29 werden zwei Endpunkte für den Service `WCF_Service.Service.TestService` angelegt.

Der eine Endpunkt ist für die Publikation der Metadaten, wie WSDL-Datei und XML-Schema-Definition. Dieser benötigt zusätzlich die Definition eines Service-Behaviors `WCF_Service.Service.TestService_Behavior`.

Der zweite Endpunkt `BasicHttpBinding_ITestService` ist der eigentliche Webservice. Unter `Address` wird der relative Pfad des Webservices angegeben. Über ein HTTP-Binding mit benutzerdefinierten Einstellungen werden bestimmte Transport-Eigenschaften und Sicherheitsmerkmale definiert. `Contract` legt die Service-Schnittstelle fest, welche die Deklaration der Methoden bestimmt.

Beispiel für eine WCF Client-Konfiguration:

```xml
<?xml version="1.0" encoding="utf-8" ?>
<configuration>
  <system.serviceModel>

    <bindings>
      <basicHttpBinding>
        <binding name="BasicHttpBinding_ITestService"
                closeTimeout="00:01:00" openTimeout="00:01:00"
                receiveTimeout="00:10:00" sendTimeout="00:01:00"
                allowCookies="false"
                hostNameComparisonMode="StrongWildcard"
                maxBufferSize="65536" maxBufferPoolSize="524288"
                maxReceivedMessageSize="65536"
                messageEncoding="Text" textEncoding="utf-8"
                transferMode="Buffered"
                bypassProxyOnLocal="false" useDefaultWebProxy="true">
          <readerQuotas maxDepth="32" maxStringContentLength="8192"
                    maxArrayLength="16384" maxBytesPerRead="4096"
                    maxNameTableCharCount="16384" />
          <security mode="None">
            <transport clientCredentialType="None" proxyCredentialType="None"
                    realm="" />
```

Listing 1.30: WCF Client-Konfiguration

```
              <message clientCredentialType="UserName" algorithmSuite="Default" />
            </security>
          </binding>
        </basicHttpBinding>
      </bindings>

      <client>

        <endpoint
          name="BasicHttpBinding_ITestService"
          address="http://localhost:1864/WCF_Service.Host/TestService.svc"
          binding="basicHttpBinding"
          bindingConfiguration="BasicHttpBinding_ITestService"
          contract="WCF_Service.Client.localhost.ITestService" />

      </client>
    </system.serviceModel>
</configuration>
```

Listing 1.30: WCF Client-Konfiguration (Forts.)

Analog zur WCF Service-Konfiguration werden in Listing 1.30 die Einstellungen für den Client angelegt. `Address` ist hier die absolute URL des Services. Das Binding ist wiederum ein benutzerdefiniertes `basicHttpBinding`. Unter `Contract` wird der Namespace und Klassenname des generierten Proxys am Client definiert.

1.4.3 Serialisierungsmethoden

Um Daten zwischen Client und Server zu übertragen, müssen die Objekte in das XML-Format serialisiert werden. Dabei wird jedes Feld eines Objekts auf eine XML-Struktur gemappt. So können komplette Listen, wie in Abbildung 1.4, ganz einfach in eine Datei abgespeichert und geladen werden.

.NET 3.0 unterstützt zwei verschiedene Arten von Serialisierungsmethoden:

- Standardmäßig verwendet WCF den **Data Contract Serializer**. Klassen, die mit dem `DataContract`-Attribut markiert sind, können automatisch serialisiert werden. Jedes Feld der Klasse muss dabei explizit mit dem `[DataMemberAttribut()]` gekennzeichnet sein, um bei der Serialisierung berücksichtigt zu werden. (siehe Abbildung 1.4)

- Der **XML Serializer** unterstützt eine kleinere Anzahl an Datentypen. Per Default werden jedoch alle Felder eines Objekts automatisch serialisiert. Über bestimmte Attribute kann Einfluss auf die Serialisierung genommen werden. Im Vergleich zum Data Contract Serializer unterstützt der XML Serializer mehr XML-Schema-Standards, jedoch können keine DataContract-Typen serialisiert werden. Jede Klasse braucht einen parameterlosen Konstruktor, wenn sie mit dem XML Serializer serialisiert werden soll.

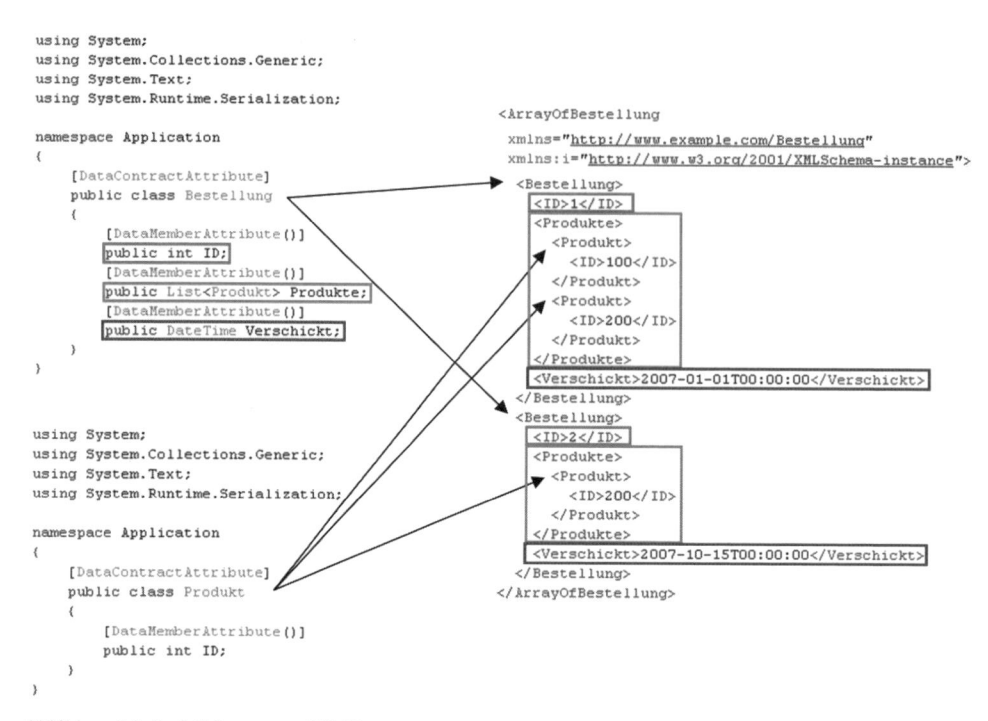

```
using System;
using System.Collections.Generic;
using System.Text;
using System.Runtime.Serialization;

namespace Application
{
    [DataContractAttribute]
    public class Bestellung
    {
        [DataMemberAttribute()]
        public int ID;
        [DataMemberAttribute()]
        public List<Produkt> Produkte;
        [DataMemberAttribute()]
        public DateTime Verschickt;
    }
}
```

```
using System;
using System.Collections.Generic;
using System.Text;
using System.Runtime.Serialization;

namespace Application
{
    [DataContractAttribute]
    public class Produkt
    {
        [DataMemberAttribute()]
        public int ID;
    }
}
```

```xml
<ArrayOfBestellung
  xmlns="http://www.example.com/Bestellung"
  xmlns:i="http://www.w3.org/2001/XMLSchema-instance">
  <Bestellung>
    <ID>1</ID>
    <Produkte>
      <Produkt>
        <ID>100</ID>
      </Produkt>
      <Produkt>
        <ID>200</ID>
      </Produkt>
    </Produkte>
    <Verschickt>2007-01-01T00:00:00</Verschickt>
  </Bestellung>
  <Bestellung>
    <ID>2</ID>
    <Produkte>
      <Produkt>
        <ID>200</ID>
      </Produkt>
    </Produkte>
    <Verschickt>2007-10-15T00:00:00</Verschickt>
  </Bestellung>
</ArrayOfBestellung>
```

Abbildung 1.4: Serialisierung von Objekten

1.5 WS-Erweiterungs-Spezifikationen

Es gibt eine Reihe von Spezifikationen, welche Webservices um bestimmte Funktionalitäten erweitern. Im Moment sind viele Definitionen noch nicht fertig gestellt und unterliegen einem stetigen Wandel. Deshalb gibt es an der einen oder anderen Stelle noch Probleme mit bestimmten Protokollen. Die wichtigsten Spezifikationen sollen nun vorgestellt werden.

1.5.1 WS-Addressing

WS-Addressing stellt einen Mechanismus bereit, um Webservices und deren Operationen zu adressieren. Die Transportprotokolle TCP/IP und HTTP kümmern sich um die Zustellung des Aufrufs an den richtigen Computer. Dieser weiß aber nicht, wie er die Nachricht verarbeiten soll und welche Webservice-Operation aufzurufen ist. Das HTTP-Protokoll kann im Header um ein SOAPAction-Feld erweitert werden, das Namensraum und Webservice-Operation enthält. Da diese Informationen aber rein logisch gesehen in die SOAP-Nachricht gehören, wurde diese Spezifikation erstellt.

Durch WS-Addressing wird die aufzurufende Webservice-Operation im SOAP-Header des Requests festgelegt.

1.5.2 WS-Security

Die WS-Security Spezifikation dient zur Sicherstellung der Vertraulichkeit und Integrität von Nachrichten. Es kann die Identität der beteiligten Kommunikationspartner überprüft werden.

OASIS hat diese Spezifikation im Jahr 2004 unter dem Namen Web Services Security (WSS) veröffentlicht.

Nachrichten können verschlüsselt und signiert werden. Dazu werden die Standards XML Encryption und XML Signature des W3C eingesetzt. Viele andere Spezifikationen setzen auf WS-Security, um bestimmte Sicherheitsmechanismen anzubieten.

Aufgrund der hohen Komplexität dieses Standards wird er immer noch nicht ausreichend unterstützt und eingesetzt. Oft sind die unterschiedlichen Implementierungen unkompatibel.

1.5.3 WS-Reliable-Messaging

WS-Reliable-Messaging dient der zuverlässigen Übertragung von Nachrichten. Dieses Protokoll stellt sicher, dass Aufrufe bei der Übertragung nicht verloren gehen. Dazu wird die Nachricht mit einer eindeutigen ID ausgestattet und so lange gesendet, bis sie am Empfänger ankommt und der Sender eine Bestätigung erhält. Eine doppelte Verarbeitung wird aufgrund dieser eindeutigen ID ausgeschlossen. Ist der Empfänger momentan nicht erreichbar, wird dies dem Sender auf jeden Fall mitgeteilt. Dadurch kann er die Nachricht zu einem späteren Zeitpunkt erneut senden.

Es können vier verschiedene Zustellungsgarantien zugesichert werden:

- Bei **at-most-once** wird die Nachricht maximal einmal zugestellt.
- **At-least-once** bedeutet, dass die Nachricht mindestens einmal beim Empfänger eintrifft. Es können auch Duplikate ankommen.
- Bei **exactly-once** wird die Nachricht genau einmal zugestellt.
- **In-order** bedeutet, dass die Nachrichten in der Reihenfolge am Empfänger verarbeitet werden, wie sie vom Sender verschickt wurden.

WS-Reliable-Messaging (WS-RM) wurde erst im Jahr 2007 als OASIS-Standard verabschiedet und wird deshalb noch nicht überall unterstützt.

1.5.4 WS-Secure-Conversation

WS-Secure-Conversation ist die Grundlage für Sitzungen. Standardmäßig sind Webservices zustandslos. Wenn mehrere Nachrichten ausgetauscht werden, kann der Einsatz von WS-Secure-Conversation sinnvoll sein.

1.5.5 WS-Policy

Mit dieser Spezifikation können Anforderungen und Zusicherungen für einen Webservice festgelegt werden. WS-Security-Policy baut auf WS-Policy auf und ermöglicht die Definition von bestimmten Sicherheits-Richtlinien.

Es kann zum Beispiel definiert werden, dass nur Clients mit Zertifikaten zugelassen sind oder ob eine Nachricht verschlüsselt bzw. signiert sein muss. Zudem ist es möglich festzulegen, welche Algorithmen erlaubt sind.

1.5.6 WS-Trust

WS-Trust ist ein Zusatz zur WS-Security-Spezifikation. Es wird ein Service definiert, welcher sich um die Erstellung von Security-Token kümmert. Zudem bietet WS-Trust Methoden zur Verifizierung der Token an. Durch diese Spezifikation können sichere Verbindungen aufgebaut werden.

Ein Client möchte einen Webservice nutzen. Der Webservice hat als WS-Security-Policy festgelegt, dass er bestimmte Security-Token erwartet. Anfragen ohne das entsprechende Token werden abgewiesen. Der Client kann sich nun an einen Service wenden, um ein entsprechendes Token zu erhalten. Dieser Service überprüft die Identität des Clients und gibt eventuell ein Token aus. Mit diesem kann der Client am Webservice-Aufrufe durchführen.

1.6 Message-orientierte Middleware (MOM)

Eine message-orientierte (Nachrichten-orientierte) Middleware-Komponente kümmert sich um die vollständige Abwicklung von synchronen und asynchronen Nachrichten. Sie bietet die Möglichkeit, verschiedene Systeme miteinander zu verbinden. Die angeschlossenen Systeme müssen dabei nur die MOM kennen, nicht aber die durch die MOM integrierten Systeme. Somit sind die einzelnen Systeme einer Systemlandschaft entkoppelt und werden über eine zentrale Stelle miteinander verbunden. Falls sich die Adresse eines Systems in der Landschaft ändert, ist nur der Eintrag in der MOM anzupassen, damit alle integrierten Systeme ohne weitere Änderungen darauf zugreifen können.

Falls eines der angeschlossenen Systeme beim Aufruf momentan nicht verfügbar ist, bieten message-orientierte Middlewares die Möglichkeit, Nachrichten zwischenzuspeichern und zu einem späteren Zeitpunkt dem Zielsystem zuzustellen. Nachteil ist, dass die MOM dadurch einen Single-Point-of-Failure darstellt. Fällt die MOM aus, so sind alle Applikationen funktionsuntüchtig, welche die MOM nutzen.

Zur internen Nachrichtenverarbeitung verwenden MOMs meist das XML-Format. Über spezielle Adapter können eingehende Dateien in beliebigen Formaten verarbeitet und auch wieder verschickt werden. In den Beispielen aus den nächsten Kapiteln wird hauptsächlich der SOAP-Adapter verwendet, welcher zum einen die am Webservice eingehenden Nachrichten in XML-Dokumente umwandelt und zum anderen die XML-Dokumente über SOAP an die angeschlossenen Systeme verschickt. Eine weitere Möglichkeit wäre die Verwendung des HTTP oder RFC-Adapters.

Message-orientierte Middleware (MOM)

MOMs bieten die Möglichkeit, so genannte Mappings anzulegen. Diese dienen dazu, die Strukturen und Inhalte der Nachrichten zu manipulieren.

Es gibt eine ganze Reihe von unterschiedlichen Middlewares. Die drei Wichtigsten sind:

- Microsoft BizTalk Server
- SAP XI bzw. SAP PI
- IBM WebSphere MQ

Im Folgenden wird sich auf die SAP und Microsoft Middlewares beschränkt, da der IBM WebSphere bei der Integration zwischen .NET und SAP keine wichtige Rolle einnimmt.

2 Schnittstellen und Kommunikationsarten

Im folgenden Kapitel werden zunächst die verfügbaren SAP-Schnittstellen beschrieben. Anschließend werden die Kommunikationsmöglichkeiten zwischen .NET und SAP ERP-6.0 Systemen vorgestellt.

2.1 Generelle Einschränkungen

Aufgrund der Vielfalt an Kommunikationsmöglichkeiten werden zunächst einige Einschränkungen getroffen.

Die Integration auf Präsentationsebene wird nicht untersucht. Hierzu kann der Portal Development Kit (PDK) für .NET benutzt werden. Er wird unter anderem zur Integration von SAP Controls in ASP.NET-Webanwendungen verwendet, so dass SAP-Benutzer auch im .NET-Umfeld ihre gewohnte Umgebung beibehalten können. Im Folgenden werden nur die Integrationsszenarien auf Prozessebene näher betrachtet. Das Buch „Integration von SAP NetWeaver und Microsoft .NET" [RoMeFi06] dient als gutes Nachschlagewerk, um einen Überblick der Integrationsmöglichkeiten auf allen Ebenen zu erhalten.

Der SAP Business Connector (BC) unterstützt den Datenaustausch via XML-Dokumenten. Das ist keine richtige zusätzliche Kommunikationsart, sondern der Business Connector transformiert nur die RFC-, BAPI- und IDoc-Anfragen in XML-Dokumente. Der Business Connector ist eine eigenständige Komponente außerhalb des SAP-Systems. Er wird jedoch im Folgenden nicht weiter betrachtet, da er seit 2003 nicht mehr weiter entwickelt wird. SAP wird in naher Zukunft auch den Support einstellen [Sap571530]. Der BC wurde bis SAP-System Release 4.7 benötigt. Danach wurde die SAP-NetWeaver-Plattform eingeführt, welche die Möglichkeit bietet, Webservices zu verwenden. Aus diesem Grund benötigen neuere SAP-Systeme nicht mehr den Business Connector.

Die folgenden Kommunikationsmöglichkeiten werden untersucht:

Der .NET Connector wird verwendet, um über das RFC- bzw. HTTP- und SOAP-Protokoll mit SAP zu kommunizieren. Zudem kann auch ein normaler Webservice-Aufruf genutzt werden. Der Proxy, welcher dafür benötigt wird, wird beispielsweise mit dem ServiceModel Metadata Utility Tool (svcutil.exe) des .NET Frameworks 3.0 generiert. Zusätzlich kann die message-orientierte Middleware-Komponente von SAP verwendet werden, genannt SAP Exchange Infrastructure (XI) bzw. SAP Process Integration (PI). Auf Microsoft-Seite gibt es den BizTalk Server, um SAP-Systeme zu integrieren.

2.2 SAP-Schnittstellen

Es wird kein direkter Zugriff auf die Datenbank des SAP ERP-Systems gewährt, da die Integrität der Daten nicht nur von dem Datenbankmanagementsystem selbst sichergestellt wird, sondern auch durch die angebundenen Applikationen. Zudem sind bei direktem Zugriff auf die Datenbank die Anwendungen sehr stark von dem SAP-System abhängig und müssen genau wissen, wo ein SAP Release welche Daten ablegt.

Aus diesem Grund bietet SAP bestimmte Schnittstellen an, die über mehrere Releases hinweg konstant sind:

- Das **IDoc-Format** dient zum Datenaustausch zwischen verschiedenen SAP-Systemen. Inzwischen wird es auch von vielen Drittherstellern unterstützt und kann zur Kommunikation mit SAP benutzt werden.
- SAP spezifisches **RFC-Protokoll**, welches es ermöglicht, Funktionen entfernter Systeme aufzurufen.
- **BAPIs** sind standardisierte Schnittstellen für Funktionsmodule.
- **Webservices** bieten einen standardisierten Weg, entfernte Funktionen aufzurufen. Sie setzen dabei normalerweise auf Standards wie HTTP und SOAP.
- **Enterprise SOA** bietet Standard-Geschäftsprozesse an, die über Webservices aufgerufen werden.

2.2.1 Intermediate Document (IDoc)

Generell handelt es sich beim IDoc-Format um normale Textdateien, die Daten in einem definierten Format enthalten. Es wurde von SAP entwickelt, um Daten zwischen verschiedenen SAP-Systemen bzw. Systemen von Drittherstellern auszutauschen. Es gibt eine ganze Reihe von IDoc-Typen, zum Beispiel Bestellung, Kunde, usw. IDocs werden hier nicht weiter betrachtet, da sie inzwischen veraltet sind. Heutzutage werden selbstbeschreibende Formate bevorzugt, wie beispielsweise XML. Intermediate Documents werden meistens über das SAP RFC-Protokoll verteilt. Die EDI- und ALE-Definitionen verwenden auch IDoc als Kommunikationsmittel.

2.1.1 Electronic Data Interchange (EDI)

Ein SAP-System sendet eine Nachricht im IDoc-Format an das EDI-Subsystem. Die Message wird in das EDI-Standard-Format konvertiert und an die Empfänger verteilt. Aufgrund dieses Standard-Formats kann auch mit nicht-SAP-Systemen kommuniziert werden.

2.1.2 Application Link Enabling (ALE)

ALE ermöglicht es, verteilte Systeme zu verwenden. Jedes SAP-System hat seine eigene Datenbank. ALE hilft dabei, die Daten der unterschiedlichen Systeme abzugleichen. Das IDoc-Format und asynchrone TRFC-Methoden werden für den Datenaustausch verwendet.

2.2.2 Remote Function Call (RFC)

Das Remote Function Call (RFC) Protokoll nutzt binäre Daten und baut auf existierenden TCP/IP-Verbindungen auf. Dadurch können alle ABAP-Funktionsmodule aufgerufen werden, sobald diese für eine remote Verwendung gekennzeichnet wurden. Jeder Funktionsblock besteht aus einem Interface, das die Import/Export Parameter, Changing/Table Parameter und Exceptions definiert. Die Parameter werden beim Aufruf an den Funktionsbaustein übergeben und nach der Verarbeitung werden die gewünschten Daten zurückgegeben.

2.2.3 Business Application Programming Interface

Business Application Programming Interfaces (BAPIs) ermöglichen standardisierten Zugriff auf SAP Business-Objekte (BO). Ein BO kapselt bestimmte Geschäftsbereiche. Es gibt zum Beispiel für Business-Objekte wie Kunden, Angestellte, Bestellungen. Die SAP Transaktion „BAPI" startet den BAPI Explorer, welcher alle verfügbaren Geschäftsobjekte auflistet.

Ein Business-Objekt besteht aus vier Schichten, wie in Abbildung 2.1 ersichtlich.

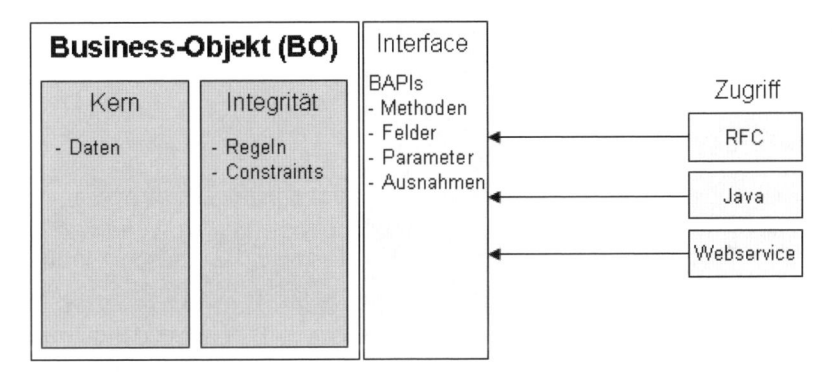

Abbildung 2.1: BAPI-Schichten

- Der **Kern** enthält die Daten des Objekts.

- Die **Integritätsschicht** repräsentiert die Geschäftslogik. Regeln und Einschränkungen können für das Objekt definiert werden.

- Die **Interfaceschicht** nennt man BAPI und sie dient dem einheitlichen Zugriff auf die Business-Objekte.

- Mit der **Zugriffsschicht** ist es möglich, die Business-Objekte über RFC oder Webservices anzusprechen. Unabhängig davon, welches andere SAP-System oder nicht-SAP-System verwendet wird.

Abbildung 2.2 zeigt die zwei unterschiedlichen Wege, um ein Business-Objekt zu verwenden.

Entweder wird der objektorientierte Zugriff über das Interface (BAPI) verwendet, welches den RFC-fähigen Funktionsbaustein nutzt oder es wird direkt das RFC-Modul aufgerufen.

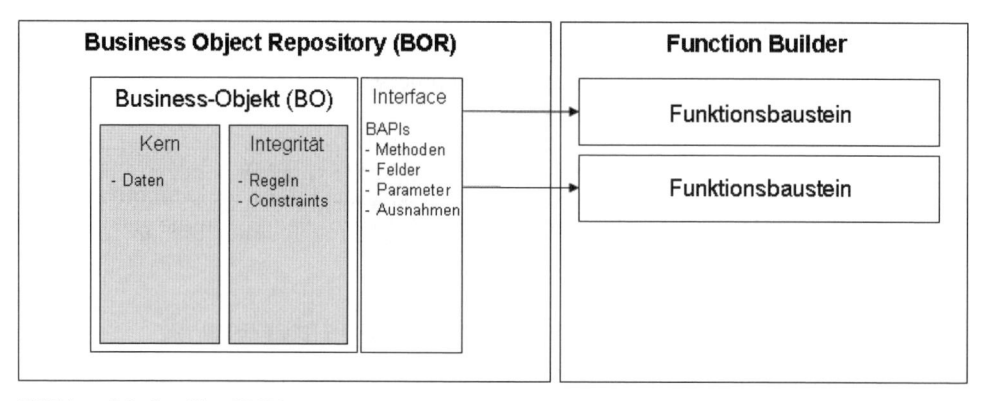

Abbildung 2.2: Zugriff auf BAPI

Die Business-Objekte sind hierarchisch in ihren fachlichen Bereichen (z.B. Personal, Marketing, usw.) im Business Object Repository (BOR) klassifiziert. Das BOR befindet sich innerhalb des SAP Applikationsserver.

BAPIs sollen die unzähligen und nicht standardisierten RFC-fähigen Funktionen abstrahieren und eine feste Schnittstelle über viele SAP Releases hinweg anbieten. Dadurch werden zusätzliche Anpassungskosten vermieden.

2.2.4 Webservices via SOAP

Seit SAP R/3 Release 4.7 ist es möglich, alle RFC-fähigen Funktionen auch über Webservice-Aufrufe anzusprechen, sobald der SAP Webapplikationsserver ab Version 6.20 installiert ist. Die Applikationsprotokolle HTTP und SOAP, sowie die Transport-Protokolle TCP und IP werden in diesem Fall verwendet.

SOAP ist eine XML-Applikation und wird für den Austausch von Daten und den Aufruf von Fernprozeduren verwendet.

Webservice Browser

Der SAP NetWeaver Webapplikationsserver beinhaltet einen integrierten Webservice-Browser, welcher alle Webservices und deren WSDLs auflistet. Der Webservice Browser ist unter der folgenden URL verfügbar:

http://server:80XX/sap/bc/bsp/sap/WebServiceBrowser/search.html?sap-client=YYY

Standardmäßig beginnt der HTTP-Port mit der Nummer 80 gefolgt von der SAP-Systemnummer (XX). Der Mandant (YYY) ist auch in der URL zu spezifizieren.

2.2.5 Enterprise service-orientierte Architektur

SAP-NetWeaver-Plattform und Integration Broker SAP Exchange Infrastructure ermöglichen es, SOAP-basierende Webservices in Form einer Service-orientierten Architektur anzubieten. Nachfolgend wird ein Szenario geschildert, wie eine Bestellung innerhalb einer SAP Enterprise SOA ablaufen könnte.

SAP-Schnittstellen

In Abbildung 2.3 wird exemplarisch gezeigt, wie eine ASP.NET Frontend-Applikation eine Bestellanfrage verarbeiten könnte. Das Frontend ruft diverse Services innerhalb der Process Integration (PI) Engine des SAP NetWeavers auf. Diese Webservices können wiederum andere Services verwenden.

In diesem Beispiel ruft „Erstelle neue Bestellung" die drei Services „Aktualisiere Stückzahl", „Hole Kundendaten" und „Erzeuge Rechnung" auf. Der Service kann mit Hilfe der definierten Schnittstellen auf Daten der Backend-Systeme zugreifen, um die gewünschten Daten auszulesen.

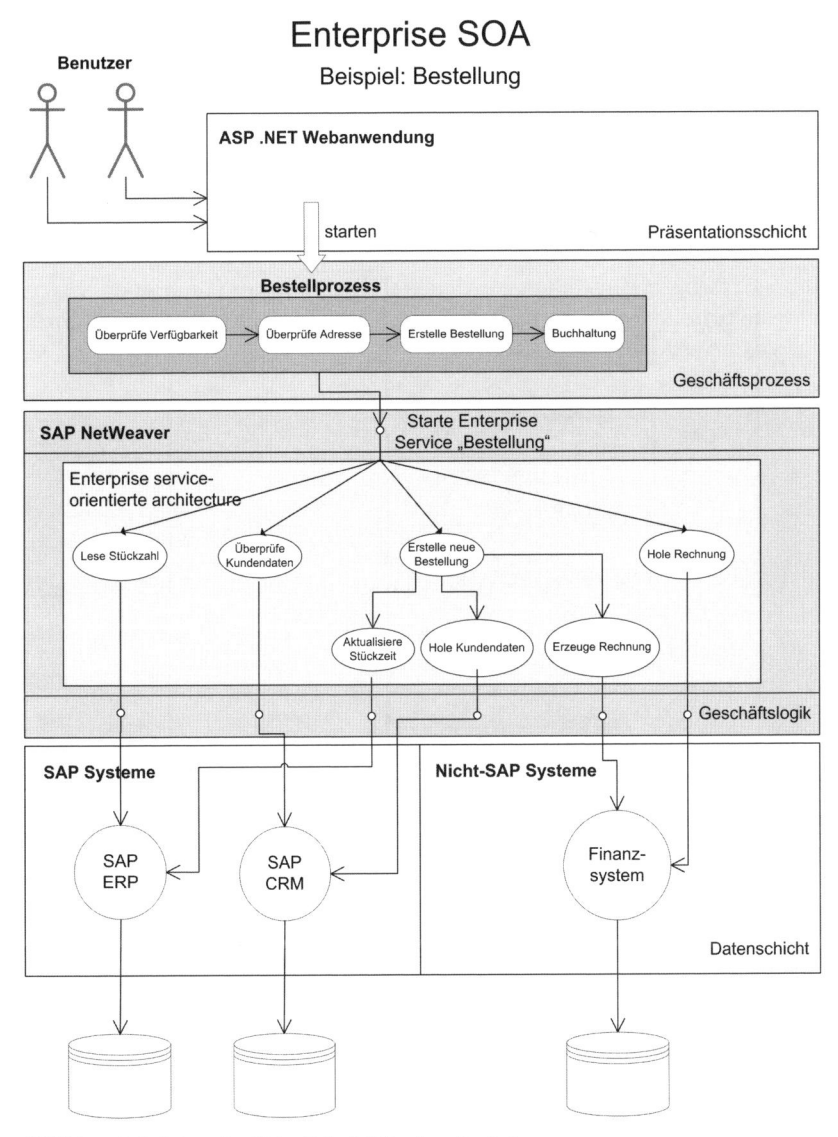

Abbildung 2.3: Enterprise SOA – Beispiel für einen Bestellvorgang

SAP/.NET Prozessintegration

Neben den normalen Webservices können auch so genannte xApps in diese Enterprise SOA eingebunden werden. Es gibt SAP und nicht-SAP-Anwendungen, welche Standard Geschäftsprozesse abbilden und diese über Webservice Schnittstellen zur Verfügung stellen. Im Moment bietet SAP nur sehr wenige Standard-Prozesse als xApps an.

2.3 Kommunikationsarten

Im Folgenden wird eine kurze Übersicht über die Möglichkeiten des Datenaustausches zwischen .NET-Anwendungen und SAP ERP-Systemen gegeben. Es wird beschrieben, wie diese Kommunikationsmöglichkeiten generell funktionieren.

2.3.1 Übersicht

Die folgenden Kommunikationsarten werden näher beschrieben und untersucht:

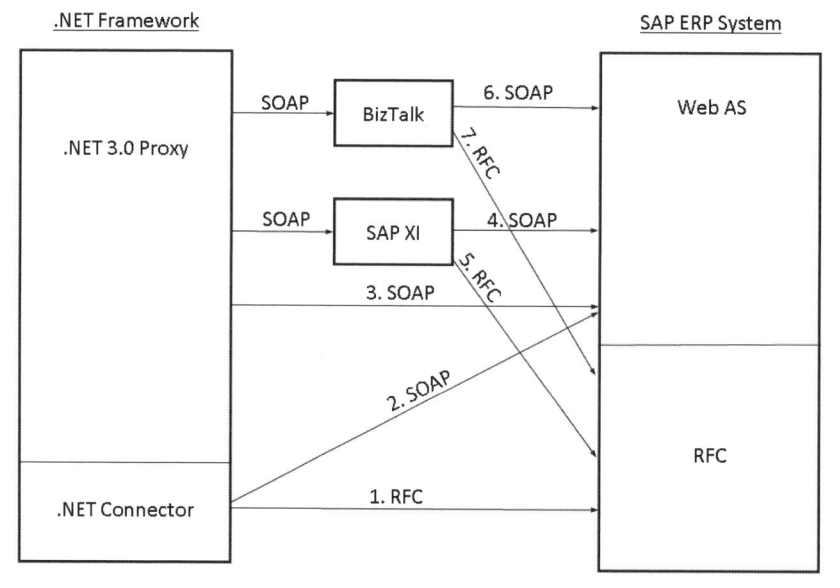

Abbildung 2.4: Kommunikationsmöglichkeiten zwischen .NET und SAP

- **.NET Connector über RFC** verwendet ein binäres Protokoll, um SAP BAPIs und RFC-Module aufzurufen.
- **.NET Connector über SOAP** verwendet Webservice-Aufrufe.
- Webservice-Aufrufe mit **.NET 3.0 WCF Proxys** und den Protokollen HTTP und SOAP.
- **SAP Exchange Infrastructure (XI) 7.0 über SOAP** ruft Webservices am SAP NetWeaver auf.
- **SAP Exchange Infrastructure (XI) 7.0 über RFC** verwendet das SAP-spezifische RFC-Protokoll für den Zugriff auf SAP-Systeme.

- **Microsoft BizTalk Server 2006 über SOAP** ruft Webservices am SAP NetWeaver auf.
- **Microsoft BizTalk Server 2006 über RFC** verwendet das SAP-spezifische RFC-Protokoll für den Zugriff auf das SAP-System.

2.3.2 SAP .NET Connector 2.0

Der .NET Connector von SAP ist der Nachfolger des bereits weit verbreiteten Toolkit SAP DCOM Connector. Der Connector musste komplett neu entwickelt werden, um mit Microsofts .NET Framework zu funktionieren. Es können IDocs ausgetauscht und BAPI- bzw. RFC-Module über das SAP RFC-Protokoll aufgerufen werden. Zusätzlich gibt es die Möglichkeit, Webservices über das SOAP-Protokoll anzusprechen.

Versionsinformation

Version 1.1. des .NET Connectors wurde für die Integration in das Visual Studio .NET 2002 entwickelt und läuft mit der .NET Framework 1.0 und 1.1 Laufzeitumgebung. Der generierte Proxy Code wird in der Programmiersprache C# erstellt.

Version 2.0 integriert sich in das Visual Studio .NET 2003 und kann Quellcode für die .NET-Programmiersprachen C# und Visual Basic erzeugen. Ausführbar ist sie innerhalb des .NET Frameworks 1.0, 1.1 und 2.0. Die Version ist nicht mit der Entwicklungsumgebung Visual Studio .NET 2005 kompatibel. Die Komponenten und Assistenten für die Proxy-Generierung sind dort nicht im Server Explorer verfügbar. Gemäß [Sap943349] kann der Proxy im Visual Studio 2003 erstellt und die erzeugten DLL-Dateien zusammen mit den .NET Connector Laufzeitbibliotheken einem Visual Studio .NET-2005-Projekt hinzugefügt werden. Mit diesem Workaround können immerhin die Proxys zur Laufzeit verwendet und Fernprozeduren aufgerufen werden. Jedoch muss dazu das Visual Studio 2003 verfügbar sein und bei jeder Änderung am Proxy ist die DLL umständlich neu zu erzeugen.

Technologie

Auf der einen Seite integriert sich der SAP .NET Connector in das Visual Studio, um sich zur Entwicklungszeit mit SAP-Systemen zu verbinden und Proxys aus den Funktionsdefinitionen des BOR zu erzeugen. Auf der anderen Seite wird die gewünschte Fernprozedur über das RFC oder SOAP-Protokoll zur Laufzeit aufgerufen.

Entwicklungszeit Nach der Installation des .NET Connectors ist dieser im Visual Studio Server Explorer verfügbar. Damit wird eine Verbindung zum SAP-System hergestellt. Der Proxy Generator erzeugt per Drag & Drop die Proxys für den Zugriff auf BAPIs und RFCs.

2 - Schnittstellen und Kommunikationsarten

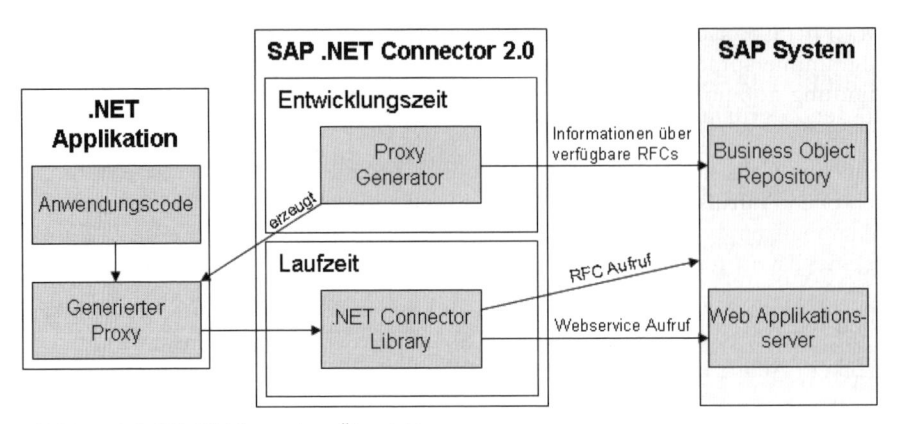

Abbildung 2.5: SAP .NET Connector – Übersicht

Laufzeit Der Proxy (siehe SAP .NET Connector 2.0-Komponente in Abbildung 2.6) ruft abhängig von den gewählten Einstellungen die entsprechenden Bibliotheken auf. Die mitgelieferte RFC-Library und die Webservice-Library des .NET Frameworks wandeln die Aufrufe in das RFC- bzw. SOAP-Protokoll um. Der Server bekommt diese Aufrufe über eine TCP/IP- bzw. HTTP-Verbindung geschickt.

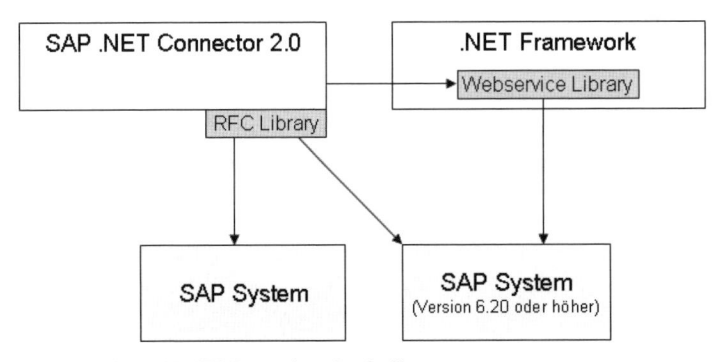

Abbildung 2.6: SAP .NET Connector – Laufzeit

Das SOAP-Protokoll wird seit der Web-AS-Version 6.20 von SAP-Systemen unterstützt. Deshalb sollte das RFC-Protokoll normalerweise nur noch für ältere Systeme verwendet werden.

Nicht-SAP-Systeme können auch integriert werden, solange diese das SOAP-Protokoll unterstützen.

Remote Function Call (RFC)

Im Moment ist das RFC-Protokoll noch eine sehr häufig verwendete Variante, um Daten aus einem SAP-System zu extrahieren. Mit der Einführung des SAP NetWeavers und der Möglichkeit, Webservice-Aufrufe durchzuführen, wird dies vermutlich im Laufe der nächsten Jahre sehr stark abnehmen.

Ablauf Der .NET Connector ruft die SAP DLL „librfc32.dll" auf. Die RFC Library wurde in der Programmiersprache C geschrieben und beinhaltet native Funktionen, um eine RFC-Verbindung aufzubauen. Einzelheiten zu dieser Schnittstelle sind unter [SapRfc] nachzuschlagen.

Remote Function Calls können synchron und asynchron aufgerufen werden. Während eines synchronen Aufrufs ist die .NET Client-Applikation blockiert bis die Antwort des SAP-Systems angekommen ist oder ein definierter Timeout überschritten wurde. Während der Dauer eines asynchronen Aufrufs kann der Client seine Arbeit fortsetzen, solange das SAP-System den Request verarbeitet. Vor dem Aufruf des RFCs ist eine Callback-Funktion am Proxy zu registrieren. Diese wird aufgerufen, sobald das Ergebnis vom SAP-System verfügbar ist. Bei asynchronen Aufrufen wird für den Request und Response jeweils eine eigene HTTP-Verbindung verwendet. Dadurch laufen diese Verbindungen nicht in einen Timeout, wenn die Verarbeitung des Funktionsaufrufs länger dauert.

Es gibt drei verschiedene Arten von Remote Function Calls:

- Ein normaler **RFC** ruft eine Funktion an einem entfernten System auf.
- **TRFC (Transactional RFC)** besitzt eine Transaktions-ID, um eine einmalige Ausführung (exactly-ones) zu garantieren.
  Die Funktion tRfcInvoke kann mit einer bestimmten ID aufgerufen werden.
- **QTRFC (Queued Transactional RFC)** besitzt neben der Transaktions-ID auch einen Queue-Index, um einmalige Aufrufe in einer definierten Reihenfolge (exactly-ones in order) zu garantieren.
  Mit der Funktion qRfcInvoke kann ein Element der Queue ausgeführt werden.

Siehe [SapCon, Seite 14-15].

Der .NET Connector unterstützt alle drei Arten von RFCs in synchronem und asynchronem Modus.

Funktionsweise Nach der Generierung der Proxy-Klassen des entsprechenden Funktionsbausteins ist das Proxy-Objekt zunächst zu initialisieren und der Connection String zu setzen.

ASHOST=saperp.example.com SYSNR=10 CLIENT=800 USER=TSCHMITT PASSWD=***

- ASHOST: DNS oder IP-Adresse des SAP-Systems
- SYSNR: Systemnummer des SAP-Systems
- CLIENT: Mandant des SAP-Systems
- USER: Benutzer, mit dem sich die RFC-Verbindung am SAP-System authentifiziert
- PASSWD: Passwort, mit dem sich die RFC-Verbindung am SAP-System authentifiziert

Nachdem der Connection String gesetzt wurde, ist es möglich, den RFC-Baustein über die generierte Funktion des Proxy-Objekts aufzurufen. Dabei sind bei den Parametern die entsprechenden erzeugten Objekt-Typen zu verwenden.

Webservice-Aufruf über SOAP

In dem vorherigen Abschnitt wurde der Fernprozedur-Aufruf über das SAP RFC-Protokoll beschrieben. Der .NET Connector bietet auch die Möglichkeit, die Webservices eines SAP-Systems aufzurufen.

Funktionsweise Analog zum normalen Aufruf eines RFCs kann der Webservice konsumiert werden. Dazu muss beim Connection String des Proxy Objekts die URL des Web Applikationsservers gesetzt werden.

Beispiel für einen Connection String, um einen Webservice-Aufruf über das SOAP-Protokoll durchzuführen:

http://TSCHMITT:***@saperp.example.com:8010/sap/bc/soap/rfc?sap-client=800

> **HTTP-Port des Webapplikationsservers herausfinden**
>
> Mit der Transaktion „SMICM" öffnet der „Internet Communication Manager-(ICM)-Monitor" des SAP ERP-Systems. Über den Menüeintrag „Services" werden die offenen Ports und aktivierten Services aufgelistet. Hier wird beispielsweise der Port des Web AS angezeigt, welcher für HTTP-Verbindungen geöffnet ist. Webservices können über diesen Port aufgerufen werden.

Connectors anderer Hersteller

Andere Hersteller haben ähnliche Tools wie den SAP .NET Connector entwickelt. Die Firma Theopald Software zum Beispiel verkauft unter dem Namen ERPConnect.NET[1] einen der bekanntesten SAP und Microsoft .NET Connectors.

Der Vorteil ist, dass der Proxy Code on-the-fly zur Laufzeit generiert werden kann. Dadurch ist es möglich, verschiedene SAP Releases ohne Änderung des Programmcodes anzusprechen.

2.3.3 Webservice-Aufruf über .NET 3.0 Proxy

Webservices können nicht nur über die generierten Proxys des .NET Connectors aufgerufen werden, sondern auch mit Hilfe der .NET 3.0 Proxys des ServiceModel Metadata Utility Tool (Svcutil). Es erzeugt die notwendigen Methoden, Events und Delegaten, um synchrone und asynchrone Webservice-Aufrufe tätigen zu können. Das ServiceModel Metadata Utility Tools (Svcutil) ist Teil des Windows SDK[2] und ermöglicht das Generieren von Windows Communication Foundation Proxys, die das .NET Framework 3.0 verwenden.

Das Visual Studio 2003 bzw. 2005 kann auch den Proxy erzeugen. Dazu werden die „Visual Studio 2005 extensions for .NET Framework 3.0 (WCF & WPF)"[3] benötigt. Nach

---

1. *http://www.theopald-software.com/EC_DE/index.php*
2. *https://www.microsoft.com/downloads/details.aspx?familyid=c2b1e300-f358-4523-b479-f53d234cdccf&displaylang=en*
3. *http://www.microsoft.com/downloads/details.aspx?familyid=F54F5537-CC86-4BF5-AE44-F5A1E805680D&displaylang=en*

der Installation ist ein zusätzlicher Menüeintrag ADD SERVICE REFERENCE... verfügbar, der einen WCF Client erzeugt.

Funktionsweise Das ServiceModel Metadata Utility Tool (Svcutil.exe) ist ein Kommandozeilentool, das WCF Proxys aus WSDL-Dateien erzeugen kann. Die WSDL-Dateien bezieht das Tool entweder lokal über das Dateisystem oder lädt sie direkt vom Server herunter. Es können Proxys erstellt werden, die synchrone und asynchrone Aufrufe unterstützen.

2.3.4 SAP Exchange Infrastructure 7.0

SAP Exchange Infrastructure (XI) wird seit der Version 7.0 auch SAP Process Integration (PI) genannt.

XI ist eine Nachrichten-orientierte Middleware-Komponente, die es ermöglicht, komplette Geschäftsprozesse zu definieren. Diese Prozesse können mehrere verschiedene SAP- und andere Systeme ansteuern. Aus Sicht der .NET-Seite muss dafür nur ein einzelner Proxy generiert werden, um Informationen aus mehreren Systemen zu erhalten. Die Logik wird innerhalb des SAP XI-Systems gekapselt. Aufgrund dieser zentralen Verwaltung der Businesslogik müssen Änderungen gegebenenfalls nur im XI-System und nicht bei allen verbundenen Applikationen vorgenommen werden. Wenn beispielsweise ein System unter einer neuen Adresse verfügbar ist, dann muss nur das SAP XI Binding modifiziert werden. Alle anderen Systeme, welche durch XI integriert sind, finden anschließend diese Systeme, ohne Änderungen an ihrer Logik vornehmen zu müssen.

Bis jetzt wurden nur die Integrationsmöglichkeiten betrachtet, wenn die Kommunikationspartner verfügbar sind. Nur in diesem Fall sind synchrone und asynchrone Aufrufe möglich. SAP XI bietet zudem die Möglichkeit, eine Nachricht zwischenzuspeichern, wenn der Partner beim Aufruf nicht erreicht werden konnte. Die Nachricht wird dann zu einem späteren Zeitpunkt zugestellt.

SAP XI 7.0 hat im Vergleich zu XI 3.0 kaum neue Funktionen. Diese neue Version wurde nur von SAP veröffentlicht, um die vielen verschiedenen Versionsnummern zu standardisieren. SAP NetWeaver2004s hat die Version 7.0. Alle dazugehörigen Komponenten sollen dieselbe Versionsnummer besitzen und wurden deshalb auf die Version 7.0 abgeändert.

Funktionsweise Es gibt zwei verschiedene Methoden, um Applikationen in das SAP XI-System einzubinden: Das Outside-In- und Inside-Out-Verfahren.

Bei der **Outside-In**-Methode werden zunächst die Interfaces spezifiziert und zentral im XI-System abgelegt. Anschließend importieren die angebundenen Systeme dieses Interface und implementieren es. Änderungen an dem Interface werden nur zentral im XI durchgeführt.

Das **Inside-Out**-Verfahren wird angewandt, falls ein existierender Webservice bzw. RFC-Modul eines SAP-Systems verwendet werden soll. In diesem Fall importiert SAP XI nur die existierenden Schnittstellendefinitionen der anderen Systeme. Sobald sich dieses Interface ändert, ist es neu in XI zu importieren und das Szenario anzupassen. Das sind vor allem die Message Interfaces und Mappings. Die Inside-Out-Technik wird bei den SAP-XI-Szenarien des praktischen Teils angewendet.

2 – Schnittstellen und Kommunikationsarten

Es gibt zwei Wege, ein SAP-XI-Szenario aufzurufen:
1. Der .NET Client sendet alle Informationen über das Szenario im SOAP-Header.
2. Der .NET Client sendet die Szenario-Informationen in der URL als Query String.

Die erste Option wird standardmäßig verwendet. Alle Informationen, die benötigt werden, um das entsprechende Szenario aufzurufen, werden im SOAP-Header übertragen. Dieses wird zum Integrationsserver *http://sapxi.example.com:80XX/sap/xi/engine?type= entry* geschickt (XX steht für die Systemnummer).

Die zweite Möglichkeit muss in den Parametern des Kommunikationskanals aktiviert werden. Dazu muss die Option „Query String verwenden" eingeschalten werden. Dann muss das SAP XI-System über die folgende URL aufgerufen werden: *http:// sapxi.example.com:800X/XISOAPAdapter/MessageServlet?channel=<PARTY>:<SERVICE>: <CHANNEL>& MessageId=<GUID>&version=3.0*. Alle Informationen über das aufzurufende Szenario werden im Query String übertragen.

Ablauf eines Aufrufs In Abbildung 2.7 ist der Ablauf eines Aufrufs des SAP XI-Systems durch einen .NET Client dargestellt. Das XI-System leitet die Anfrage direkt weiter an ein SAP ERP-System. Dort wird ein Funktionsbaustein aufgerufen und das Resultat wieder über das XI-System an den Client zurückgeschickt.

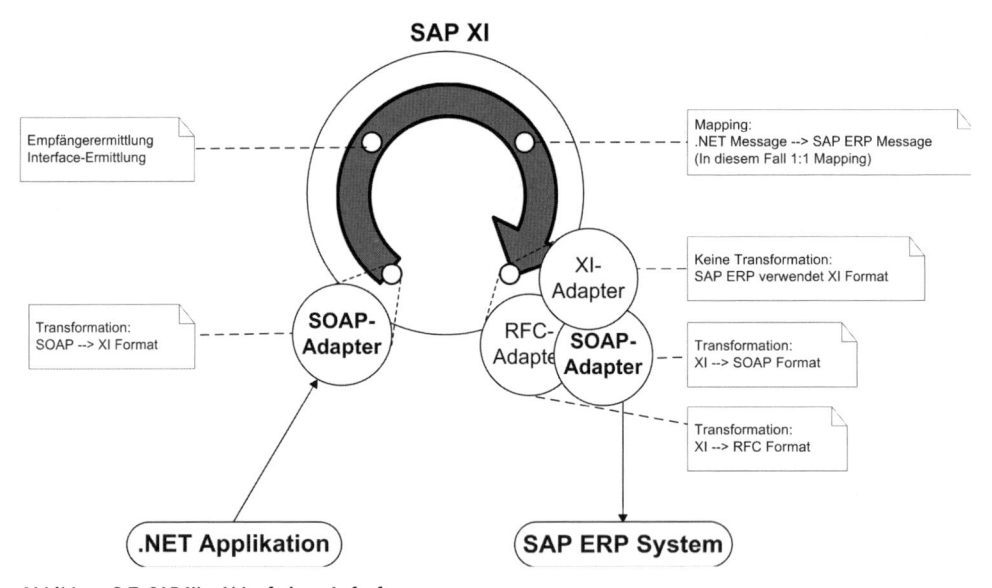

Abbildung 2.7: SAP XI – Ablauf eines Aufrufs

Anfrage (Request)
1. Die .NET-Anwendung ruft den Webservice am SAP XI-System über das HTTP- und SOAP-Protokoll auf.
2. SAP XI konvertiert die SOAP-Nachricht ins XI-Format.
3. Abhängig vom Inhalt der Nachricht wird der Empfänger bestimmt, z.B. das SAP ERP-System.

4. Die Nachricht wird über die definierten Mappings transformiert. Dazu werden XSLT-Transformationen verwendet. In diesem Fall müssen keine Mappings vorgenommen werden, da die Nachricht unverändert an das dahinter liegende ERP-System geschickt wird.
5. Transformation der internen XI-Nachricht in das Format, welches zur Kommunikation mit dem SAP-System verwendet wird, z.B. SOAP, XI, RFC, usw. In diesem Beispiel wird das SOAP-Protokoll verwendet.
6. Aufruf des Webservices am Applikationsserver des ERP-Systems.

Funktion am SAP ERP-System wird aufgeführt.

Antwort (Response)

1. Ergebnis wird in eine SOAP-Nachricht gepackt und zurück an das XI-System geschickt.
2. SAP XI konvertiert den Response ins interne XI-Format.
3. Der Empfänger wird, abhängig vom Inhalt der Nachricht und den definierten Szenarios, bestimmt.
4. Mappings müssen wiederum keine vorgenommen werden.
5. Transformation vom XI-Format zurück ins SOAP-Format.
6. Rückgabe der Nachricht mit dem Return-Wert zum Client.

2.3.5 Microsoft BizTalk Server 2006

Das Gegenstück zum SAP XI-System ist auf Microsoft-Seite der BizTalk Server 2006. Dabei handelt es sich auch um eine Middleware-Komponente, die dazu dient, mehrere unterschiedliche Systeme miteinander zu verbinden. Im Gegensatz zu SAP XI funktioniert der BizTalk Server nur unter dem Betriebssystem Microsoft Windows. SAP XI ist auch für Linux und viele weitere Betriebssysteme verfügbar. Es gibt jedoch einen BizTalk Adapter von Microsoft, um SAP-Systeme über das RFC-Protokoll zu integrieren. Der BizTalk Server 2006 beinhaltet eine Lizenz für den „Microsoft BizTalk Adapter for mySAP Business Suite".

Es gibt vier verschiedene Editionen des BizTalk Servers. Die Standard Edition hat einige Einschränkungen. Es wird zum Beispiel nur eine bestimmte Anzahl an eingehenden und ausgehenden Verbindungen erlaubt und nicht alle vorhandenen CPUs verwendet. Die Branch Edition ist sogar noch weiter eingeschränkt, dafür aber wesentlich günstiger. Die Developer Edition ist nur für Testzwecke gedacht. Im Folgenden wird jedoch die Enterprise Edition des BizTalk Servers 2006 verwendet. Diese bietet die komplette Performance und Funktionalität.

Funktionsweise Das RFC- oder SOAP-Protokoll kann für die Kommunikation mit SAP verwendet werden. Damit der BizTalk Server das RFC-Protokoll unterstützt, benötigt er einen zusätzlichen SAP-Adapter. SOAP-Aufrufe werden ohne die Installation weiterer Module unterstützt.

Mit den vordefinierten Komponenten im Visual Studio sind die BizTalk Szenarien zu erstellen. Prozesse werden mittels einer cleveren und übersichtlich angeordneten Benutzeroberfläche definiert.

Nachdem diese logischen Elemente des Projekts erstellt wurden, ist die „BizTalk Server Administration"-Konsole auszuführen. Dort werden die physischen Ports und Systeme konfiguriert. Falls die BizTalk Plug-Ins korrekt installiert wurden, ist diese Konsole auch im Visual Studio .NET 2005 verfügbar.

Ablauf eines Aufrufs

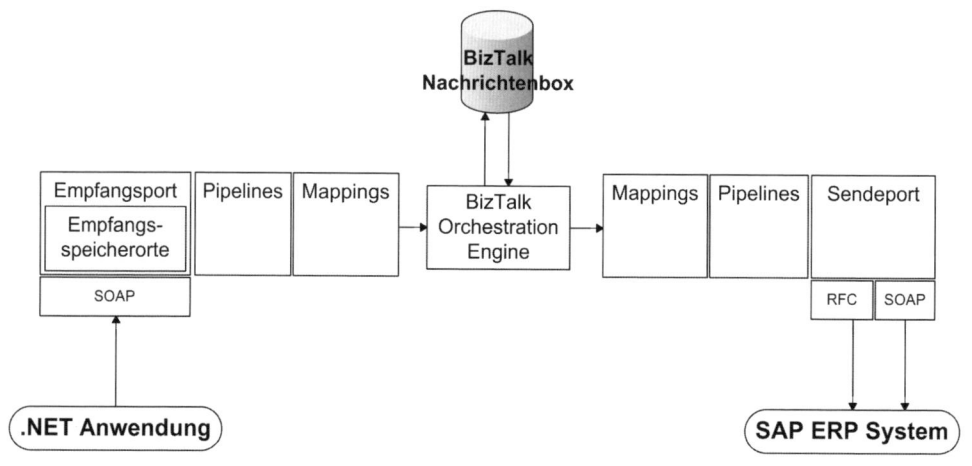

Abbildung 2.8: Microsoft BizTalk – Ablauf eines Aufrufs

Anfrage (Request)

1. Die .NET-Anwendung ruft den Webservice am BizTalk Server über das HTTP/SOAP-Protokoll auf.
2. BizTalk arbeitet intern mit XML-Nachrichten. Deshalb muss der Inhalt der SOAP-Nachrichten nicht weiter konvertiert werden.
3. Der Inhalt und die Struktur der Nachrichten können über Mappings angepasst werden. In diesem Beispiel sind keine Mappings nötig, da die Nachricht nur an das SAP ERP-System weitergeleitet wird.
4. Innerhalb einer Pipeline werden Nachrichten manipuliert, dekodiert oder validiert. In diesem Fall wurden die Standard Pipelines „PassThruReceive" und „PassThruTransmit" von Microsoft verwendet. Diese ändern die Nachricht nicht.
5. Die Nachricht wird in der BizTalk Nachrichtenbox abgelegt. Die Orchestrierungsdateien entscheiden, an welchen Sendeport die Nachrichten weitergeleitet werden.
6. Transformation der internen XML-Nachricht in das entsprechende Format, z.B. SOAP, RFC Format über den mySAP BizTalk Adapter, usw.
7. Aufruf des Webservices im Applikationsserver des SAP ERP-Systems.

Funktion am SAP ERP-System wird ausgeführt.

Antwort (Response)

1. Ergebnis wird in eine SOAP-Nachricht gepackt und zurück an das XI-System geschickt.
2. Durch die Mappings und Pipelines landet die Nachricht wieder in der BizTalk Nachrichtenbox.
3. Die BizTalk Orchestration Engine entscheidet wiederum, an welchen Port die Nachricht weitergeleitet wird.
4. Rückgabe des Ergebnisses an den .NET Client

3 Praxis

In diesem Kapitel wird Ihnen die Installation und Konfiguration der verschiedenen Kommunikationsarten erklärt. Sie erfahren, wie die einzelnen Systeme installiert werden und was Sie bei der Konfiguration beachten müssen.

Danach erhalten Sie ein Schritt-für-Schritt-Tutorial über die Implementierung des SAP .NET Connectors, .NET 3.0 Proxys sowie SAP XI und Microsoft BizTalk Szenarios. Dadurch können Sie mit den entsprechenden Kommunikationsarten eine Verbindung zwischen .NET und SAP herstellen.

Die folgenden Bezeichnungen werden für die einzelnen Systeme verwendet:

- **SAP ERP**: *saperp.example.com*
- **SAP XI**: *sapxi.example.com*
- **Microsoft BizTalk**: *biztalk.example.com*

Diese Einträge müssen Sie durch die entsprechenden Servernamen ersetzen.

3.1 Installation und Konfiguration

Im Folgenden finden Sie einige Informationen zur Installation des SAP .NET Connectors sowie der beiden Middleware-Komponenten SAP XI 7.0 und Microsoft BizTalk 2006. Es wird Ihnen ausführlich erklärt, wie diese Kommunikationsarten vor ihrer ersten Benutzung zu konfigurieren sind.

3.1.1 SAP .NET Connector 2.0

Zu allererst muss der .NET Connector[1] heruntergeladen werden. Um Zugriff auf den SAP Service Marketplace zu erhalten, wird eine S-User-Benutzerkennung benötigt. Ein Benutzerkonto kann nur mit einer gültiger Kunden- und Installationsnummer erstellt werden. Nach dem Herunterladen des .NET Connectors Setups kann dieser installiert werden.

Es wird jedoch das Visual Studio .NET 2003 für die Installation des .NET Connectors 2.0 benötigt.

Nach der Installation ist der SAP .NET Connector in den Server Explorer des Visual Studios .NET 2003 integriert. Kapitel 3.2.1 erklärt, wie der .NET Connector benutzt wird und was dabei zu beachten ist.

---

1. *http://service.sap.com/connectors*

3.1.2 Webservice-Aufruf über .NET 3.0 Proxy

.NET 3.0 Proxys können beispielsweise mit dem Microsoft ServiceModel Metadata Utility Tool erstellt werden. Dieses Programm ist kostenlos und Teil des Windows Software Development Kit (SDK)[2].

Nach der Installation des Windows SDK befindet sich die „svcutil.exe" im Unterordner „Bin" des SDK Installationsverzeichnisses. Das Programm ist ein sehr mächtiges Kommandozeilentool, welches unter anderem WCF Proxys in den Programmiersprachen C# und Visual Basic aus WSDL-Dateien erzeugen kann. Die generierten *cs-* und *config-*Dateien können Sie einem Visual-Studio-Projekt hinzufügen.

Im Punkt 3.2.2 wird beschrieben, wie das Svcutil verwendet wird, um Proxys zu erzeugen.

3.1.3 SAP Exchange Infrastructure 7.0

Im Folgenden wird Ihnen die Installation von SAP XI 7.0 Schritt für Schritt erklärt. Danach bekommen Sie einige Tipps und Hinweise zur korrekten Konfiguration. Ein XI-System aufzusetzen, ist eine komplexe Angelegenheit und es kann durchaus einige Tage dauern, bis es einsatzbereit ist.

Wenn Sie Kunde oder Partner von SAP sind und eine S-User-Benutzerkennung besitzen, haben Sie die Möglichkeit, sich für den Zugang zu einem SAP XI/PI 7.0 System zu registrieren[3]. Dadurch umgehen Sie für Testzwecke den Aufwand eine eigene XI zu installieren und konfigurieren. Über den Enterprise Service Workplace können Sie auf die einzelnen Systeme zugreifen. Näheres dazu finden Sie unter [SapESW].

Möchten Sie ein eigenes lokales XI-System aufsetzen, dann sind die folgenden Schritte notwendig:

- Installieren der Datenbank (Oracle, MS-SQL Server, IBM DB2, Max DB, usw.)
- Installieren von SAP NetWeaver 2004s
  Benötigte Komponenten: Web AS ABAP, Web AS Java und SAP PI

Datenbank

Der Installationsvorgang für die Datenbank hängt vom gewählten Datenbank Management System ab und wird hier nicht weiter beschrieben. Lesen Sie die beiliegenden Installationsanweisungen, um ein Datenbanksystem zu installieren.

---

2. *https://www.microsoft.com/downloads/details.aspx?familyid=c2b1e300-f358-4523-b479-f53d234cdccf&displaylang=en*
3. *https://www.sdn.sap.com/irj/sdn/esareg*

SAP NetWeaver 2004s

XI ist Teil von SAP NetWeaver und kann über die entsprechenden Installations-CDs oder den SAP Support Portal[4] installiert werden. Im Portal kann der NetWeaver unter DOWNLOADS, INSTALLATIONS AND UPGRADES, ENTRY BY APPLICATION GROUP und SAP NETWEAVER heruntergeladen werden.

Es ist wichtig, dass Sie die korrekte SAP Version für die gegebene Prozessorarchitektur und Datenbank wählen.

Zunächst laden Sie den SAP NetWeaver 2004s - Installation Master herunter und starten ihn. Wählen Sie SAP NETWEAVER 2004S, SAP SYSTEMS, (die gewünschte Datenbank, in diesem Fall wurde Oracle ausgewählt), CENTRAL SYSTEM und CENTRAL SYSTEM INSTALLATION.

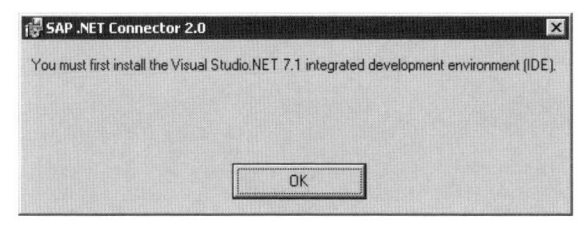

Abbildung 3.1: SAP XI - Installation Master

Im nächsten Formular können Sie die Default-Einstellungen für die Installation spezifizieren. Bevorzugen Sie TYPICAL. CUSTOM ist für Experten mit ausreichenden Vorkenntnissen.

Nun wählen Sie die benötigten Komponenten. Für die Installation von SAP XI sind die Komponenten AS ABAP, AS Java und PI erforderlich.

> **Achtung**
>
> Existierende AS ABAP und AS Java Instanzen können nicht mehr mit PI Komponenten erweitert werden.
>
> Wenn Sie planen PI einzusetzen, dann muss dies in diesem Schritt geschehen. Nachträglich kann diese Komponente nicht mehr hinzugefügt werden.

---

4. http://service.sap.com/support

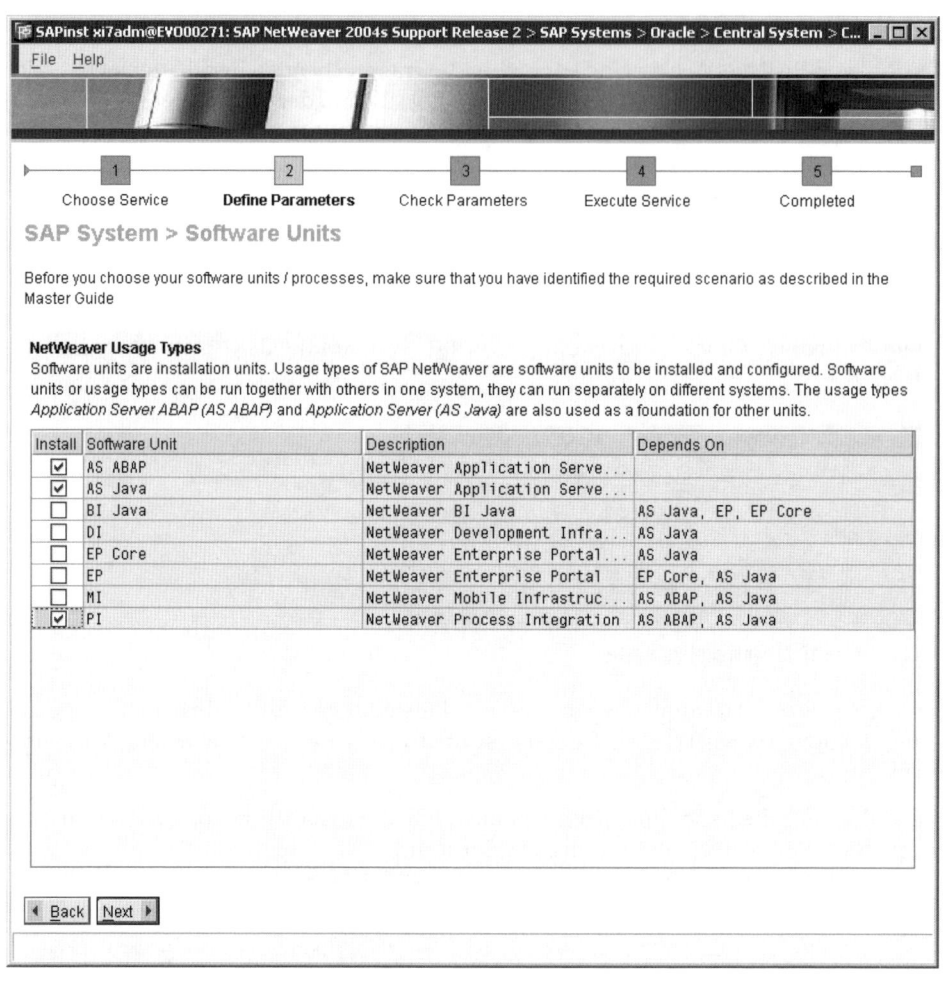

Abbildung 3.2: SAP XI - Installation Master - Komponenten

Die Pfade der Softwarepakete müssen nun gesetzt werden. Wenn Sie NetWeaver von CD installieren, dann muss ein Verzeichnis auf der Festplatte angegeben werden. Die CD wird in dieses Verzeichnis kopiert, damit während der Installation keine CDs gewechselt werden müssen. Die Installation kann mehrere Stunden dauern und diese Vorgehensweise verhindert notwendige Benutzereingaben und -aktionen während der Installation.

Installation und Konfiguration

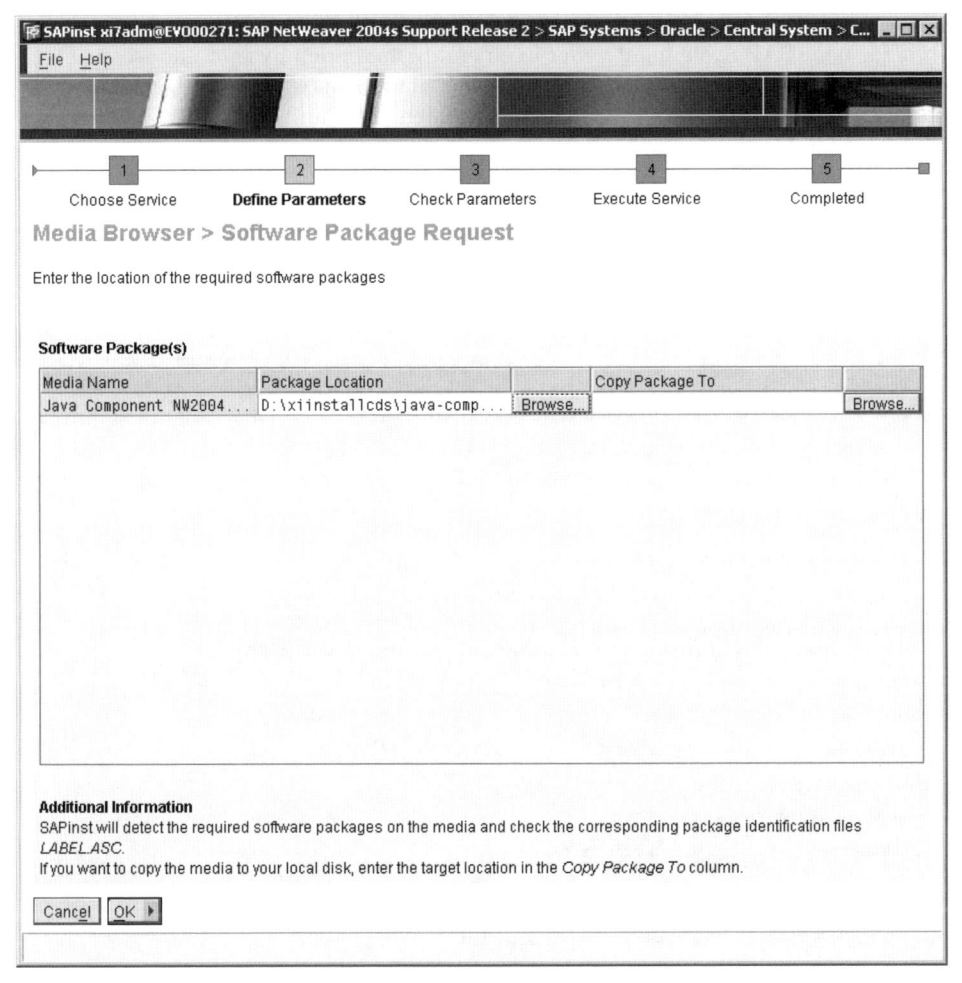

Abbildung 3.3: SAP XI – Installation Master – Softwarepakete

Im nächsten Schritt definieren Sie eine SAP SYSTEM ID. Die ID besteht aus maximal drei Buchstaben. XI7 oder etwas Ähnliches sollten Sie in die Textbox eingeben.

Bei den nächsten beiden Schritten legen Sie Passwörter fest. Zuerst muss das MASTER-PASSWORT angegeben werden. Dadurch wird jeder System-User des neuen SAP-Systems mit diesem Standard-Passwort initialisiert. Danach vergeben Sie Passwörter für den SAP SYSTEM ADMINISTRATOR und SAP SYSTEM SERVICE USER, unter dem die Services des SAP-Systems laufen sollen. Vergessen Sie nicht sich diese Passwörter zu notieren, da diese sehr wichtig sind.

Nachdem Sie auf NEXT klicken, fragt Sie der Installation Master nach der Datenbank-ID, genannt DBSID. Normalerweise sollte die gleiche ID wie beim SAP-System verwendet werden.

Jetzt wird das Setup nach weiteren Installations-CDs fragen.

Nachdem Sie alle Pfade angegeben haben, ist nun das SLD zu konfigurieren. Sie registrieren das neue SAP-System entweder in einem existierenden System Landscape Directory oder legen ein neues lokales SLD bei der Installation an. Abbildung 3.4 zeigt die Einstellungen für die Konfiguration eines existierenden SLDs und Abbildung 3.5 zeigt, wie Sie ein neues SLD anlegen können.

Um ein SAP-System in einem existierenden SLD zu registrieren, müssen Sie den Host und Port des Servers angeben, wo das SLD ausgeführt wird. Nun werden Passwörter von bestimmten Benutzern benötigt, damit Sie Zugriff auf das SLD erhalten.

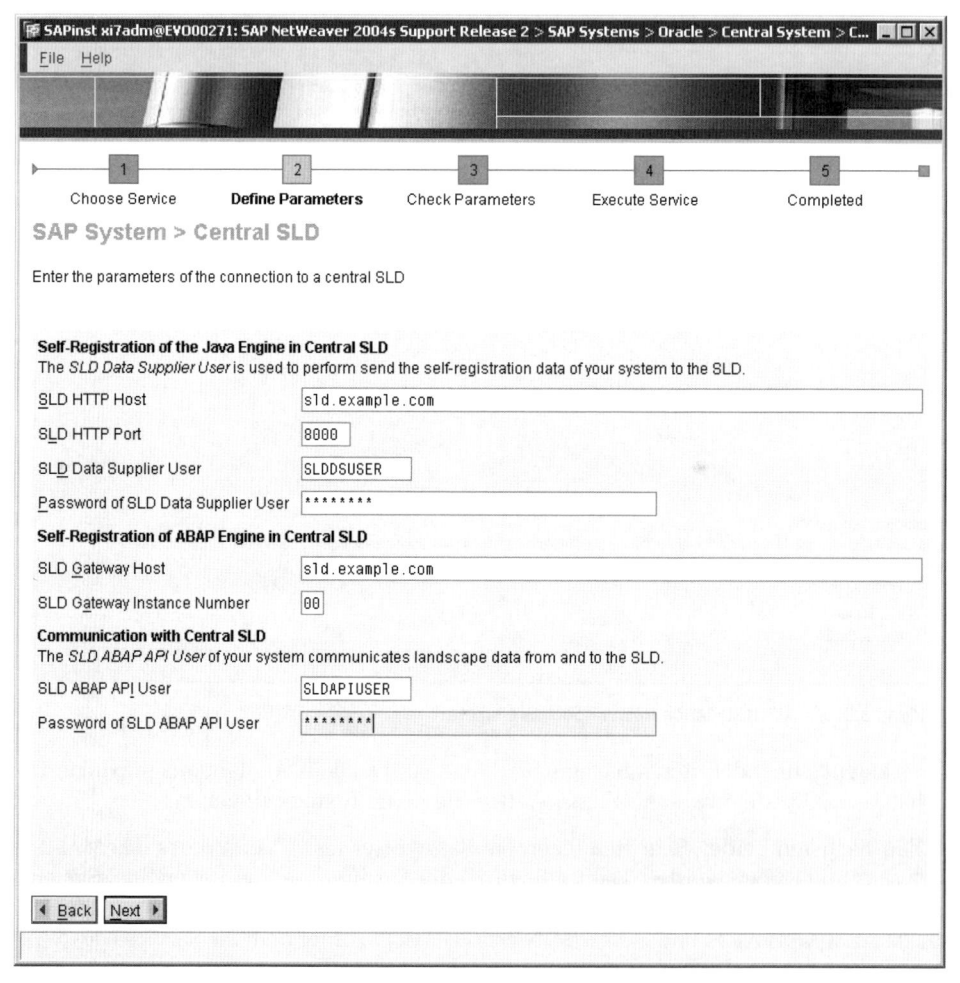

Abbildung 3.4: SAP XI – Installation Master – Registrieren in existierendem SLD

Wenn ein neues SLD angelegt werden soll, müssen Sie den OBJECT SERVER NAMEN und Passwörter für spezielle SLD User vergeben.

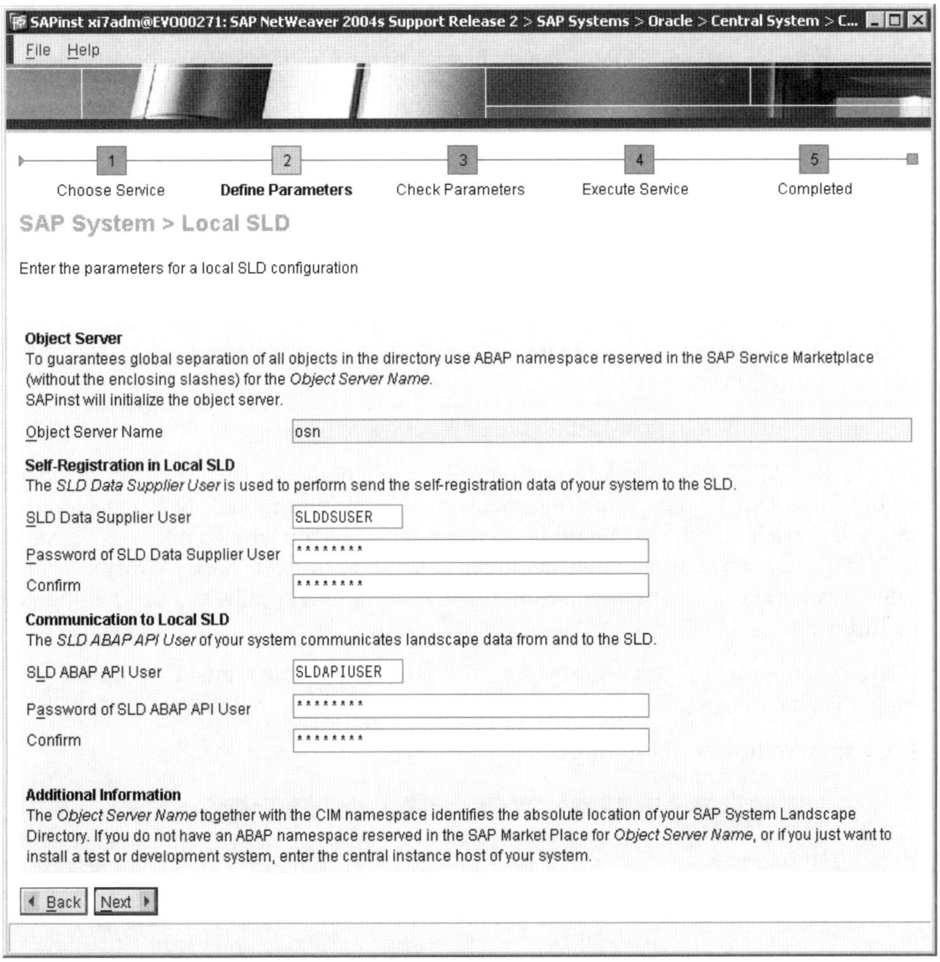

Installation und Konfiguration

Abbildung 3.5: SAP XI – Installation Master – Neues lokales SLD anlegen

Alle Einstellungen für die Installation sind nun festgelegt. Im nächsten Schritt können Sie alle Parameter noch einmal überprüfen. Ein Klick auf den Start-Knopf stößt den Installationsprozess an. Es dauert einige Zeit bis die Installation abgeschlossen wurde. Zum Schluss überprüfen Sie, ob alle Komponenten korrekt installiert wurden.

Loggen Sie sich am Mandanten 000 des neuen SAP XI-Systems mit dem Benutzernamen DDIC und dem zuvor angegebenen Masterpasswort ein.

Das SAP XI-System ist nun vollständig installiert. Um es verwenden zu können, ist das System zunächst entsprechend zu konfigurieren. Der nächste Abschnitt erklärt Ihnen die dafür notwendigen Schritte.

Schritt für Schritt - Konfiguration

Das Buch „Entwicklerbuch SAP Exchange Infrastructure" [NiFuNiHe06] bietet eine einfache Einleitung wie ein SAP XI-System Schritt für Schritt konfiguriert werden kann. Das komplette dritte Kapitel mit ca. 40 Seiten kümmert sich allein um die Konfiguration. Kapitel 5 des offiziellen „SAP NetWeaver 2004s Installation Guide" [SapNWInst] hilft Ihnen ebenfalls beim Einstellen eines SAP XI-Systems.

Ein automatischer Post-Installationsprozess kann mit SAP XI 7.0 gestartet werden. Er übernimmt automatisch in über 100 verschiedenen Schritten eine gute Standardinstallation. Normalerweise müssten all diese Anpassungen manuell konfiguriert werden. Es kann vorkommen, dass dieser Vorgang, sogar bei komplett neu eingerichteten Systemen, oft abbricht und auf Benutzereingaben wartet. Er verringert aber trotzdem den Aufwand für die Konfiguration erheblich.

Starten des automatischen Post-Installationsprozesses:

Öffnen Sie die SAP NetWeaver-Administrationskonsole unter der URL *http://sapxi.example.com:50XX0/nwa* (XX ist die Systemnummer der SAP XI Installation). Nun erscheint ein Formular, das nach Benutzername und Passwort fragt. Loggen Sie sich mit dem Benutzer J2EE_ADMIN (oder jedem anderen Benutzer, der die Rolle SAP_J2EE_ADMIN besitzt) und dem während der Installation definierten Masterpasswort (falls es noch nicht geändert wurde) ein.

Wählen Sie den Eintrag DEPLOYMENT DURCHFÜHREN UND ÄNDERN aus. Falls dieser nicht verfügbar ist, hat der eingeloggte Benutzer nicht die J2EE Admin Rolle.

Ihr Bildschirm sollte der Abbildung 3.6 ähnlich sein.

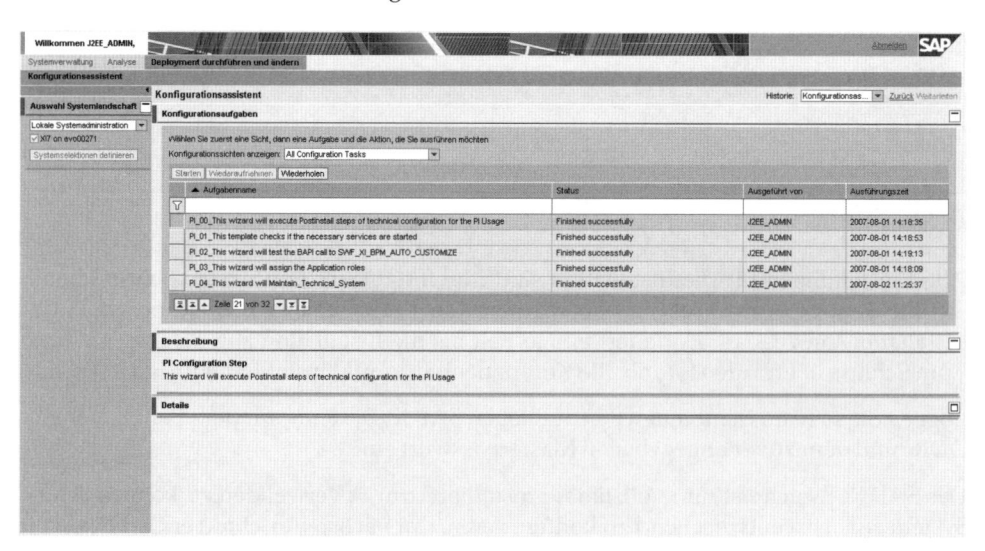

Abbildung 3.6: SAP NetWeaver – Automatischer Post-Installationsprozess

Suchen Sie die PI_ Einträge in der Liste und führen PI_00 aus. Dieser Task konfiguriert die wichtigsten Einstellungen des XI-Systems. Manchmal hält der Vorgang mit einer Fehlermeldung an. Hilfe finden Sie dazu im „SAP NetWeaver 2004s Installation Guide" [SapNWInst].

Das SAP XI-System ist nun vollständig installiert und konfiguriert. Es sollte jetzt möglich sein, die XI Tools zum Anlegen der Szenarien zu starten *http://sapxi.example.com:5XX00/rep/start/index.jsp* (XX ist die Systemnummer der SAP Installation).

Alles weitere zur Einrichtung der Szenarien finden Sie im Kapitel 3.2.3.

3.1.4 Microsoft BizTalk Server 2006

Im Vergleich zum XI ist es leicht den BizTalk Server 2006 zu installieren. Das Setup Programm führt mit Hilfe eines Assistenten den Benutzer Schritt für Schritt durch den Installationsprozess. Ohne weiteres Wissen können der BizTalk Server und die dazu benötigten Komponenten installiert werden. Diese Komponenten sind normalerweise dem Setup beigefügt.

Als Erstes treffen Sie die Entscheidung, welche Version des BizTalk Servers 2006 Sie benötigen. Es gibt vier verschiedene Editionen:

- Die **Enterprise Edition** hat die komplette Funktionalität und Performance des BizTalk Servers.

- BizTalk **Standard Edition** ist eine kostengünstigere Version. Diese hat einige Einschränkungen, wie z.B. die Verwendung von maximal zwei CPUs auf einem Server.

- Die **Branch Edition** ist noch weiter eingeschränkt, erlaubt aber Hub-Spoke.

- **Developer Editionen** basieren auf der Enterprise Edition und können bei der Erstellung der Szenarien, aber nicht in produktiven Umgebungen eingesetzt werden.

Eine 120-Tage Testversion der Developer Edition des BizTalk Servers 2006[5] sowie eine 180-Tage Testversion des dazu benötigten SQL Servers 2005[6] können Sie kostenlos bei Microsoft herunterladen.

Schritt für Schritt - Installation

Die folgenden Punkte werden Sie in diesem Abschnitt durchführen, um den Microsoft BizTalk Server und den RFC-Adapter für den Zugriff auf SAP-Systemen zu installieren.

---

5. *http://www.microsoft.com/downloads/details.aspx?displaylang=de&FamilyID=a8bc3962-8932-4c73-a659-7cb1769f5841*
6. *http://www.microsoft.com/downloads/details.aspx?FamilyID=6931fa7f-c094-49a2-a050-2d07993566ec&DisplayLang=de*

Installation des Microsoft BizTalk Servers 2006:
1. Installieren des Internet Information Services (IIS)
2. Installieren des Visual Studios .NET 2005
3. Installieren des Microsoft SQL Servers 2005
4. Installieren des Microsoft BizTalk Servers 2006

Notwendige Schritte für die Installation des RFC-Adapters des Microsoft BizTalk Servers 2006:
1. Installieren des SAP .NET Connectors 1.0 Laufzeitumgebung
2. Installieren des Microsoft BizTalk Adapters v2.0 der mySAP Business Suite
3. Installieren des Service Packs 1 für den Microsoft BizTalk Adapter v2.0 der mySAP Business Suite

Installieren des Internet Information Servers Öffnen Sie die SYSTEMSTEUERUNG und klicken Sie doppelt auf den Eintrag SOFTWARE. Wählen Sie den Knopf WINDOWS-KOMPONENTEN HINZUFÜGEN/ENTFERNEN. Aktivieren Sie die Checkbox vor der Komponente INTERNET INFORMATION SERVICES (IIS) und wählen WEITER aus. Nun sollte der IIS automatisch installiert werden.

Visual Studio .NET 2005 Als Nächstes sollten Sie das Visual Studio .NET 2005 installieren. Es wird für das Erstellen und Bereitstellen der BizTalk-Szenarien benötigt. Wählen Sie BENUTZERDEFINIERT und deselektieren die MICROSOFT SQL SERVER 2005 EXPRESS EDITION, damit diese nicht installiert wird.

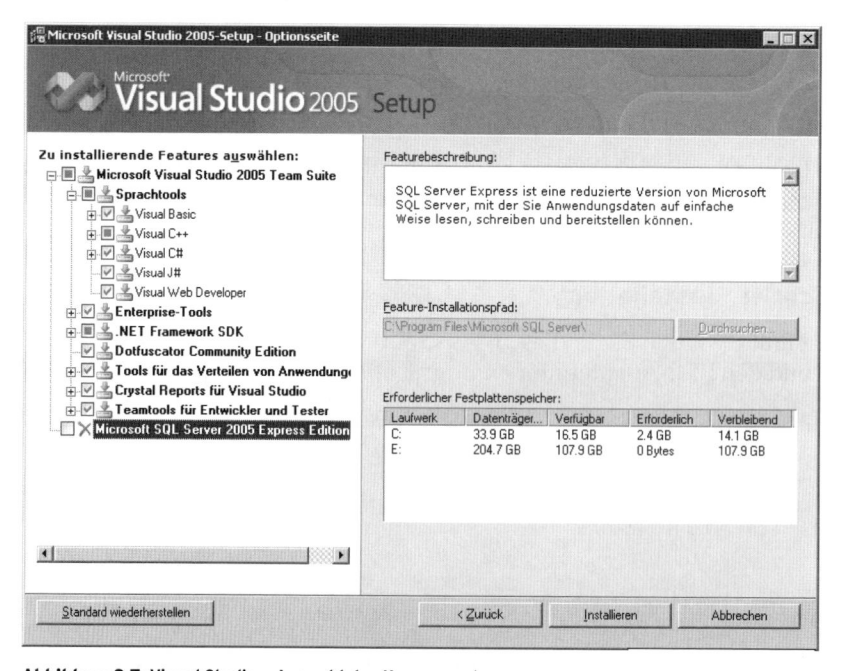

Abbildung 3.7: Visual Studio – Auswahl der Komponenten

Installation und Konfiguration

Microsoft SQL Server 2005 Für die Verwendung des BizTalk Servers muss eine MS-SQL-Datenbank installiert sein. In diesem Fall wurde der MS-SQL Server 2005 verwendet.

Am Anfang des MS-SQL Setups werden zunächst alle Voraussetzungen automatisch installiert. Danach startet das Setup einen System Configuration Check. Alle Überprüfungen sollten erfolgreich sein bevor das Setup fortgeführt wird (siehe Abbildung 3.8).

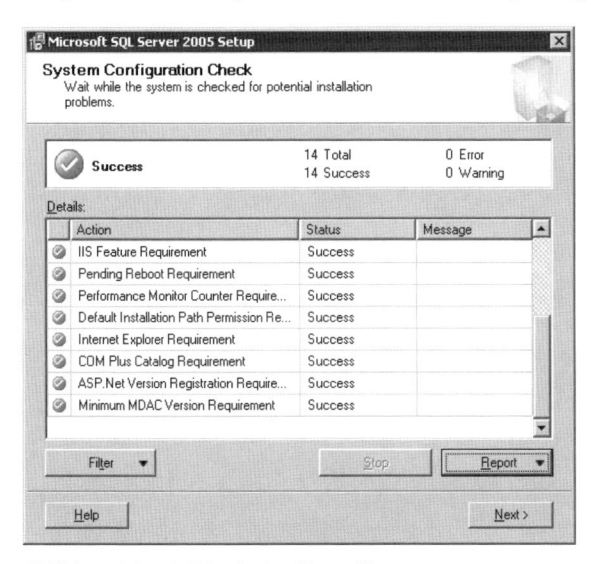

Abbildung 3.8: MS-SQL – Systemüberprüfung

Die benötigten Komponenten können nun ausgewählt werden. Die SQL SERVER-DATENBANKDIENSTE werden auf jeden Fall benötigt. Alle anderen Komponenten sind optional.

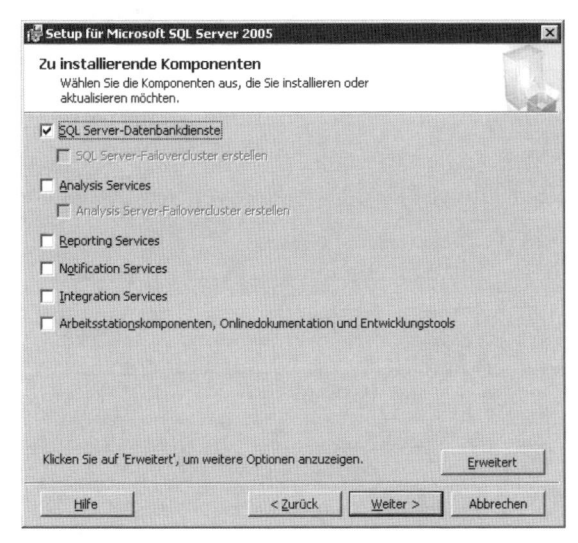

Abbildung 3.9: MS-SQL – Auswahl der Komponenten

Sie können den INSTANZNAME für die Datenbank vergeben. Wählen Sie STANDARDINSTANZ aus.

Im nächsten Schritt fragt das SQL Server Setup nach einem Benutzerkonto, unter welchem die MS-SQL Services später laufen sollen. Erstellen Sie einen neuen Benutzer MSSQLUSER. Dazu öffnen Sie die COMPUTERVERWALTUNG. Diese befindet sich unter VERWALTUNG in der SYSTEMSTEUERUNG. Öffnen Sie den Ordner LOKALE BENUTZER UND GRUPPEN. Rechtsklick auf den Zweig BENUTZER und dann NEUER BENUTZER.... Geben Sie einen Namen und Passwort für den MS-SQL Benutzer an. Abbildung 3.10 zeigt wie die Kontrollkästchen markiert sein müssen.

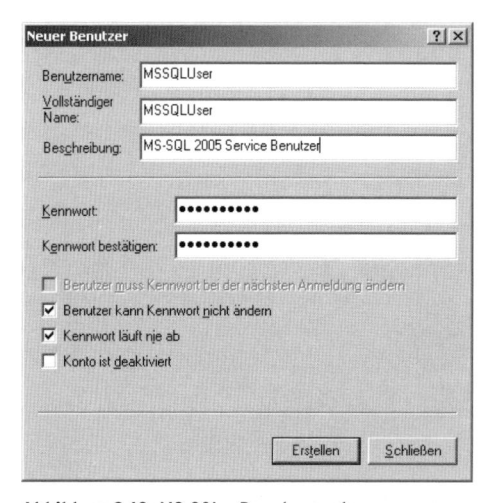

Abbildung 3.10: MS-SQL – Benutzer anlegen

Der erzeugte Benutzer kann nun beim MS-SQL Setup angegeben werden. Beachten Sie dazu Abbildung 3.11.

Klicken Sie auf WEITER und wählen Sie GEMISCHTER MODUS (WINDOWS-AUTHENTIFIZIERUNG UND SQL SERVER-AUTHENTIFIZIERUNG) aus. Legen Sie ein Administratorpasswort für den SQL Server fest.

Spezifizieren Sie nun die Sortierung, normalerweise sind hier keine weiteren Einstellungen nötig.

Alle Einstellungen wurden konfiguriert. Der SQL Server kann jetzt installiert werden.

Falls Sie Probleme mit der OWC11[7]-Komponente haben, laden Sie diese manuell herunter.

Nachdem das Microsoft SQL Server-Setup erfolgreich abgeschlossen wurde, sollte noch das Service Pack 2[8] des SQL Servers installiert werden. Wählen Sie im Setup alle Komponenten aus, damit diese aktualisiert werden.

---

7. http://www.microsoft.com/downloads/details.aspx?displaylang=de&familyid=7287252C-402E-4F72-97A5-E0FD290D4B76
8. https://www.microsoft.com/downloads/details.aspx?familyid=D07219B2-1E23-49C8-8F0C-63FA18F26D3A&displaylang=en

Installation und Konfiguration

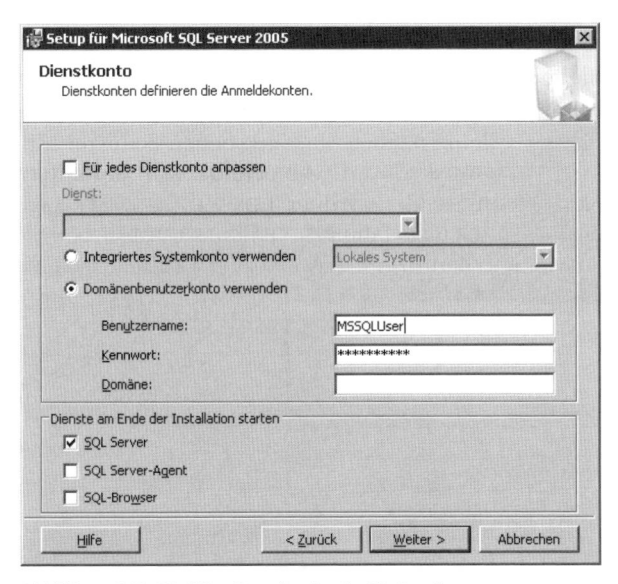

Abbildung 3.11: MS-SQL – Benutzerkonto für Service

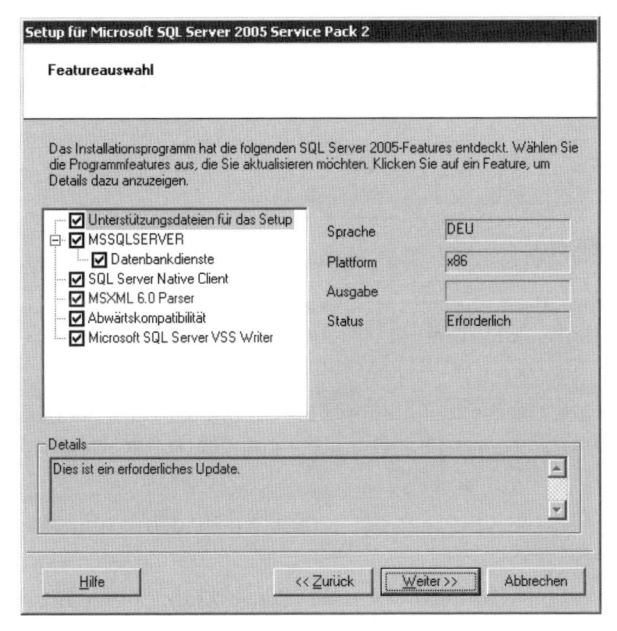

Abbildung 3.12: MS-SQL – Service Pack 2

Die Standardeinstellungen für die Authentifizierung müssen normalerweise nicht geändert werden. Das Setup überprüft das System auf gesperrte Dateien. MS-SQL-Server-Prozesse sollten vor der Aktualisierung gestoppt werden, um einen Neustart des Betriebssystems zu verhindern.

3 - Praxis

Überprüfen Sie zum Schluss, ob alle Komponenten erfolgreich aktualisiert wurden.

Alle Voraussetzungen für die Installation des BizTalk Servers sollten jetzt erfüllt sein. Es kann mit der Installation des BizTalk Servers 2006 begonnen werden.

Microsoft BizTalk Server 2006 Die Standardinstallation ist im Normalfall die richtige Wahl. BAM wird dabei nicht installiert. Wenn es trotzdem benötigt wird, dann ist ADDITIONAL SOFTWARE auszuwählen. Die Auswahl, wie in Abbildung 3.13, wäre optimal.

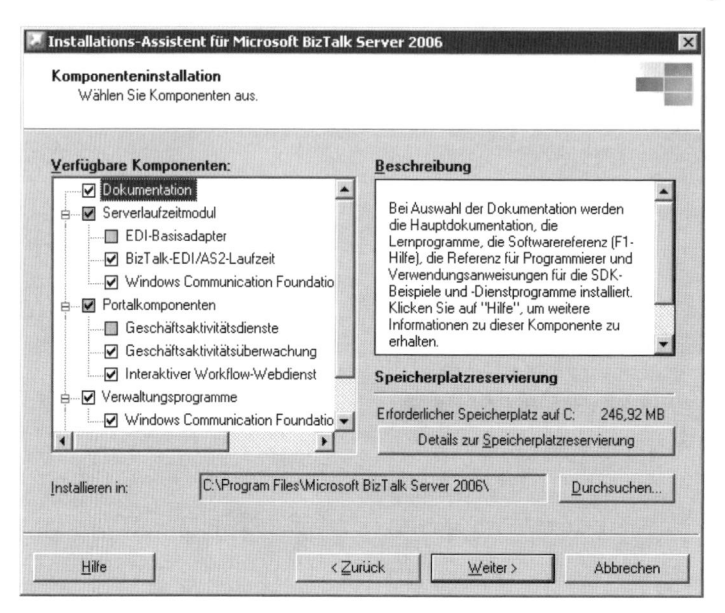

Abbildung 3.13: BizTalk - Auswahl der Komponenten

Die Voraussetzungen können automatisch von einer lokalen Quelle oder dem Web installiert werden. Falls eine Verbindung zum Internet besteht, bitte die aktuellen Versionen aus dem Netz beziehen.

Jetzt wurden bereits alle Einstellungen für die Installation vorgenommen. Zum Schluss sind noch die Logon-Daten zu setzen. Diese werden benötigt, wenn der Server während der Installation neu gestartet werden muss.

Das Setup-Programm kopiert alle Dateien und fügt die benötigten Registrierungseinträge hinzu.

Nachdem die Installation abgeschlossen wurde, müssen Sie den BizTalk Server noch konfigurieren. Dies wird im nächsten Schritt durchgeführt.

Schritt für Schritt Konfiguration

Damit der BizTalk Server funktioniert, müssen Sie festlegen, wo sich die MS-SQL-Datenbank befindet und unter welchem Benutzerkonto der BizTalk Server laufen soll. Alle weiteren Einstellungen werden automatisch gesetzt und deshalb ist der BizTalk Server 2006 sehr gut „out-of-the-box" verwendbar.

Installation und Konfiguration

Der BizTalk Server 2006 Konfigurationsassistent startet automatisch nach der Installation. Er kann jedoch auch manuell über die Verknüpfung BIZTALK SERVER - KONFIGURATION im BizTalk Order des Startmenüs gestartet werden. Das folgende Fenster sollte daraufhin erscheinen:

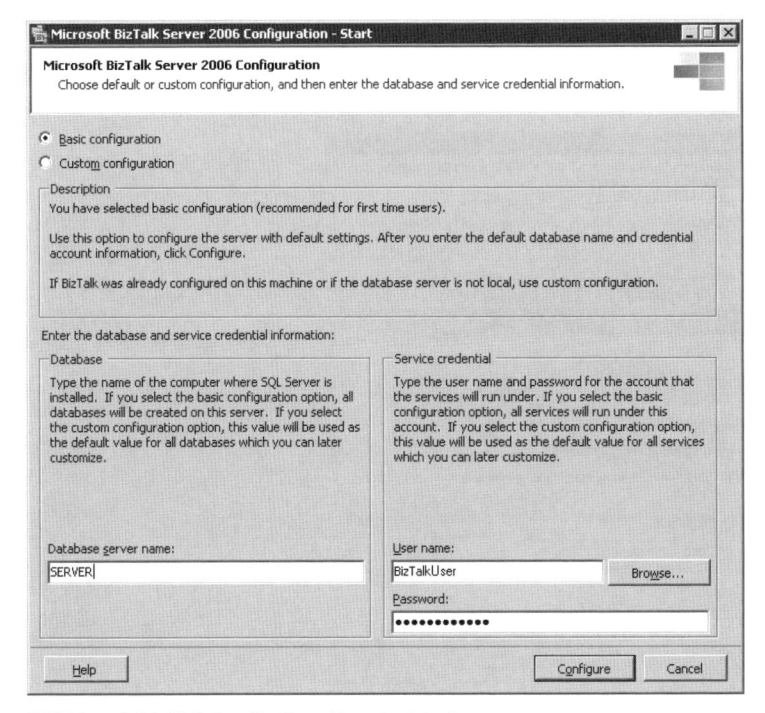

Abbildung 3.14: BizTalk – Konfigurations-Assistent

Hier müssen Sie die zuvor installierte MS-SQL Datenbank konfigurieren. Zudem ist ein Benutzer zu spezifizieren, unter dem der BizTalk Service läuft. In diesem Fall wurde der Benutzer BIZTALKUSER genannt und wird analog zum MS-SQL Benutzer erstellt. Der Benutzer sollte nicht Mitglied der Administratorgruppe sein. Alle Rechte, die der Benutzer benötigt, werden ihm während der Konfiguration des BizTalk Servers zugewiesen. Klicken Sie anschließend auf den CONFIGURE-Knopf.

Falls das Setup nicht die Rechte und Rollen des angegebenen Benutzers feststellen kann, wird eine Warnung angezeigt. Abbildung 3.15 zeigt die Meldung, dass der Benutzer keine Administratorrechte besitzen sollte. Ist der Benutzer kein Administrator, können Sie dieses Fenster getrost ignorieren und auf YES klicken.

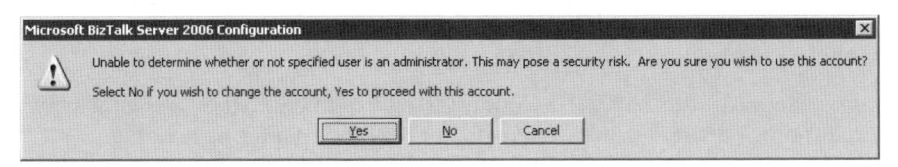

Abbildung 3.15: BizTalk – Service-Benutzer-Warnung

Nun werden die BizTalk Komponenten angezeigt. Diese können mittels des Assistenten automatisch konfiguriert werden. Drücken Sie den NEXT-Knopf, um mit der automatischen Konfiguration der BizTalk Programmteile zu beginnen.

Nach diesem Schritt werden die Resultate der Konfiguration angezeigt. Warnungen brauchen nicht behoben zu werden, Fehler hingegen sofort, damit die entsprechende Komponente funktioniert. In diesem Fall hat ENTERPRISE SSO einige Warnungen angezeigt. Die Komponente funktionierte aber trotzdem.

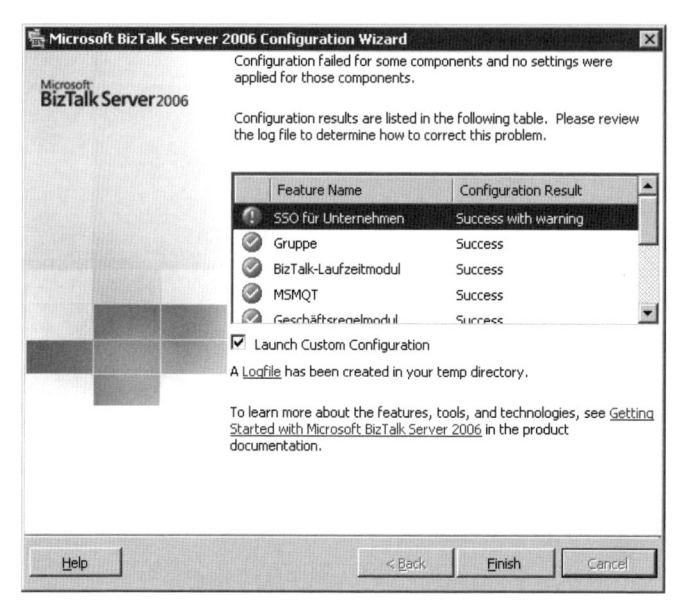

Abbildung 3.16: BizTalk – Konfiguration abgeschlossen

Der BizTalk Server ist jetzt korrekt konfiguriert und bereit für den Einsatz.

Im Abschnitt 3.2.4 wird erklärt, wie Sie den BizTalk Server verwenden und ein Szenario einrichten. Falls Sie RFC-Aufrufe an den SAP-Systemen durchführen möchten, sollten Sie aber zunächst den mySAP Adapter installieren. Dies wird nachfolgend ausführlich erklärt.

Schritt für Schritt - RFC-Adapter Installation

Um RFCs mit dem BizTalk Server durchzuführen, wird das Add-On „mySAP Adapter for BizTalk" benötigt. Zudem muss das Service Pack 1 des Adapters installiert werden, damit dieser unter dem BizTalk Server 2006 und dem Visual Studio .NET 2005 funktioniert. Als Basis werden die Laufzeitbibliotheken des SAP .NET Connectors in der Version 1.0 benötigt.

Als Erstes installieren Sie die SAP .NET Connector-Laufzeitbibliotheken[9]. Es ist wichtig, dass Sie die Runtime Version 1.0 auswählen, da der BizTalk Adapter sie benötigt.

---

9. *http://service.sap.com/connectors*

Danach können Sie den „Microsoft BizTalk v2.0 Adapter for mySAP"[10] installieren. Das Installationsprogramm registriert den Adapter automatisch in der BizTalk Engine.

Zum Schluss ist nur noch das Service Pack 1[11] für den Adapter zu installieren, damit dieser korrekt mit dem BizTalk Server 2006 zusammenarbeitet.

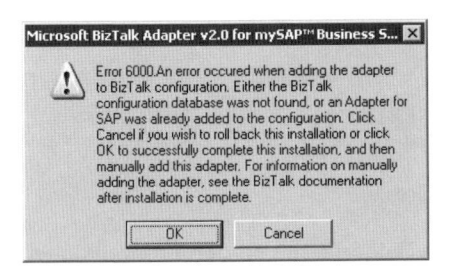

Abbildung 3.17: BizTalk – Fehler mit RFC-Adapter SP1

Falls „Error 6000" auftritt, dann klicken Sie einfach auf den OK-Button. Die Installation des Service Packs funktioniert trotzdem.

Jetzt ist der BizTalk Server bereit RFC-Verbindungen zu SAP-Systemen aufzubauen.

3.2 Verwendung

In diesem Kapitel werden alle notwendigen Implementierungen bei den verschiedenen Kommunikationsarten beschrieben, um Verbindungen zwischen .NET und SAP herzustellen.

3.2.1 SAP .NET Connector

Nach der Installation ist ein neuer Knoten mit der Bezeichnung SAP im Visual Studio .NET 2003 Server Explorer verfügbar. Rechtsklick auf APPLICATION SERVERS und wählen Sie ADD APPLICATION SERVER....

Dieses Formular bietet die Möglichkeit, SAP-Systeme dem Server Explorer hinzuzufügen. Der Host und die Systemnummer können entweder von der „saplogon.ini" ausgelesen oder manuell eingegeben werden. Der Mandant sowie Benutzername und Passwort sind zu spezifizieren. Danach erscheint das SAP-System in der Server Explorer Liste. Nachdem Sie diesen Knoten aufgeklappt haben, werden die verfügbaren BAPIs und RFCs angezeigt. Dies kann einige Minuten dauern, da das ERP-System viele solche RFCs anbietet. Die Proxys werden erzeugt, indem Sie die entsprechenden Funktionen mittels Drag & Drop in eine SAP Proxy-Klasse ziehen.

---

10. http://www.microsoft.com/downloads/details.aspx?familyid=7DBF88DE-8C23-4B25-A389-D5ACF1B1FCBE&displaylang=en
11. http://www.microsoft.com/downloads/details.aspx?familyid=3D5594F7-D31C-4930-B3BC-9AB3AD42B6F1&displaylang=en

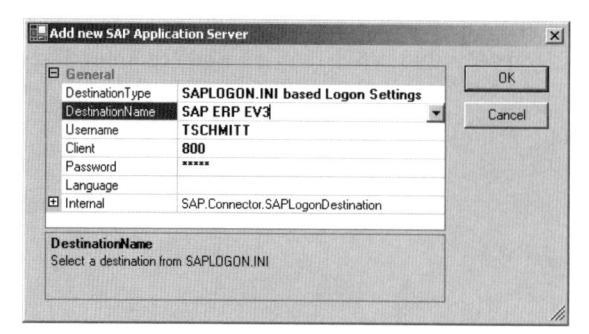

Abbildung 3.18: SAP .NET Connector – Applikationsserver hinzufügen

Abbildung 3.19 zeigt eine generierte Proxy-Klasse. Änderungen an den Proxys können Sie mit den Eigenschaften der SAP Proxy-Klasse vornehmen.

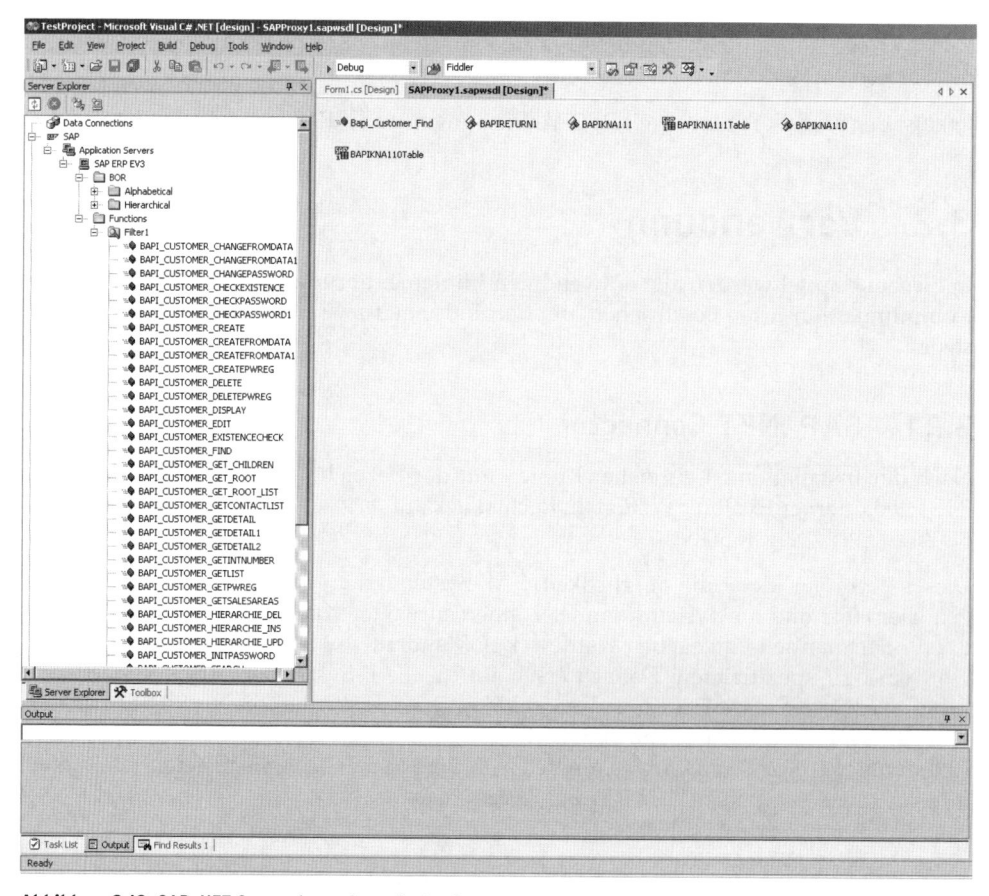

Abbildung 3.19: SAP .NET Connector – Generierter Proxy

Verwendung

Nachdem der Proxy generiert wurde, kann die Funktion wie in Listing 3.1 aufgerufen werden. Dazu ist zunächst der Connection String für den RFC- oder SOAP-Aufruf zu setzen. Anschließend ist die Fernprozedur mit den notwendigen Parametern aufzurufen. In diesem Fall wird der BAPI_CUSTOMER_GETDETAIL2 synchron über das RFC-Protokoll aufgerufen.

```
public BAPICUSTOMER_04 GetCustomer(string COMP_CODE, string CUSTOMER_NO)
{
    // Connection String für RFC
    String connectionStringRFC =
      "ASHOST=saperp.example.com SYSNR=10 CLIENT=800 USER=TSCHMITT PASSWD=***";

    // Connection String für Webservice-Aufruf (SOAP-Protokoll)
    String connectionStringSOAP =
      "http://TSCHMITT:***@saperp.example.com:8010/sap/bc/soap/rfc?sap-client=800";

    // Instanziiere den .NET Connector Proxy
    // mit dem Connection String für eine RFC Verbindung
    CustomerDetail2_SAPProxy client =
      new CustomerDetail2_SAPProxy(connectionStringRFC);

    // Deklarieren der benötigten Variablen
    BAPICUSTOMER_05 customercompanydetail;
    BAPICUSTOMER_KNA1 customergeneraldetail;
    BAPICUSTOMER_02Table customerbankdetail = new BAPICUSTOMER_02Table();
    BAPIRET1 return1;
    BAPICUSTOMER_04 customeraddress;

    // Aufrufen der Fernprozedur
    client.BAPI_CUSTOMER_GETDETAIL2(
        COMP_CODE,
        CUSTOMER_NO,
        out customeraddress,
        out customercompanydetail,
        out customergeneraldetail,
        out return1,
        ref customerbankdetail
        );

    // Rückgabe des Ergebnisses des Aufrufs
    return customeraddress;
}
```

Listing 3.1: SAP .NET Connector – RFC-Aufruf

> **Verwendung der Table-Klassen anstatt Arrays**
>
> Der SAP .NET Connector erzeugt für jeden Typ eine separate Table-Klasse, um eine Liste nachzubilden. Wenn Sie die Funktionen aufrufen, dann können nicht die .NET Framework Klassen Array oder List verwendet werden, sondern es muss ein Table-Objekt übergeben werden.

Es ist relativ umständlich den Connection String manuell festzulegen und anzupassen. Dazu bietet die Bibliothek des .NET Connectors die Klasse Destination. Listing 3.2 zeigt, wie diese Klasse verwendet wird. Über die Eigenschaften des Objekts können die Verbindungsparameter festgelegt und der Connection String erzeugt werden.

```
// Erzeuge destination Objekt
Destination destination = new Destination();

// Setze Hostnamen des Web Application Servers
destination.AppServerHost = "saperp.example.com";

// Setze Benutzername für die Verbindung
destination.Username = "TSCHMITT";

// Setze Passwort für die Verbindung
destination.Password = "***";

// Setze SAP Mandanten
destination.Client = 800;

// Setze SAP-Systemnummer
destination.SystemNumber = 10;

// Folgendes ist für die Verwendung des SOAP-Protokolls einzustellen
// destination.UseSoap = true;
// destination.HttpPort = 8010;

// Diese Eigenschaft enthält den Connection String mit den festgelegten Parametern
client.ConnectionString = destination.ConnectionString;
```
Listing 3.2: SAP .NET Connector - Connection String erzeugen

Nach dem Durcharbeiten dieses Abschnitts sollten Sie in der Lage sein, mit Hilfe des .NET Connectors einen Funktionsbaustein am SAP-System über das RFC- oder SOAP-Protokoll aufzurufen.

3.2.2 Webservice-Aufruf über .NET 3.0 Proxy

Das ServiceModel Metadata Utility Tool (Svcutil.exe) kann über die Eingabeaufforderung aufgerufen werden. Entweder übergeben Sie dem Programm eine lokale WSDL-Datei oder direkt einen Server, wo die WSDL bezogen werden kann. Es wird eine Klassen- und Konfigurationsdatei aus der WSDL erzeugt. Standardmäßig enthält der Proxy nur Methoden für synchrone Aufrufe. Falls Sie asynchrone Aufrufe auch benötigen, übergeben Sie den Parameter /async oder /a.

Beispiel für die Erstellung eines Proxys mit synchronen und asynchronen Methoden:

```
Svcutil.exe C:\function.wsdl /async
```

Das Svcutil erzeugt die folgende Ausgabe:

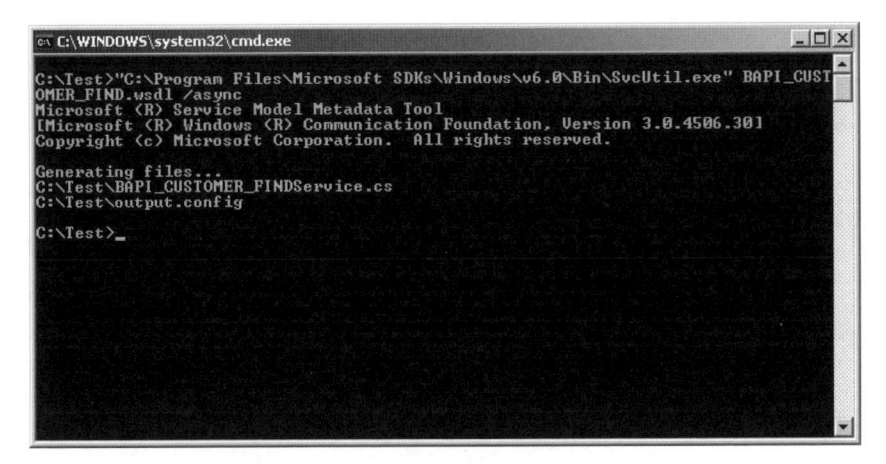

Abbildung 3.20: ServiceModel Metadata Utility Tool Ausgabe

Wie Sie in Abbildung 3.20 sehen, erzeugt das Svcutil zwei Dateien: eine Klassen- und eine Konfigurationsdatei. Die Klassendatei enthält den Code, um die Webservice-Methoden aufzurufen. Sie muss der Visual Studio Solution hinzugefügt werden. Der Inhalt der Konfigurationsdatei muss in die *App.config* bzw. *Web.config* des Projekts eingepflegt werden. Dieses erlaubt die Konfiguration des Webservices.

Über den generierten Proxy können Sie die Methoden des entsprechenden Webservices aufrufen. Den dafür notwendigen Code finden Sie im Kapitel 3.2.5.

Falls Sie nur .NET Klassen aus Datentyp-Definitionen erstellen möchten, dann ist der Parameter /dataContractOnly anzugeben. Zudem muss der Pfad zur XML-Schema-Datei spezifiziert werden.

Beispiel für die Erstellung von .NET Klassen aus Datentyp-Definitionen:

```
Svcutil.exe C:\datatypes.xsd /dataContractOnly
```

3.2.3 SAP XI Szenario erstellen

Nachdem Sie das SAP XI-System vollständig installiert und konfiguriert haben, können Sie mit der Entwicklung der Szenarien beginnen. Die XI Tools zum Anlegen der Szenarien finden Sie unter *http://sapxi.example.com:5XX00/rep/start/index.jsp* (XX steht für die Systemnummer der SAP Installation).

Die Anwendungen INTEGRATION BUILDER: DESIGN, INTEGRATION BUILDER: CONFIGURATION, SYSTEM LANDSCAPE und INTEGRATION MONITORING können Sie über diese Seite aufrufen.

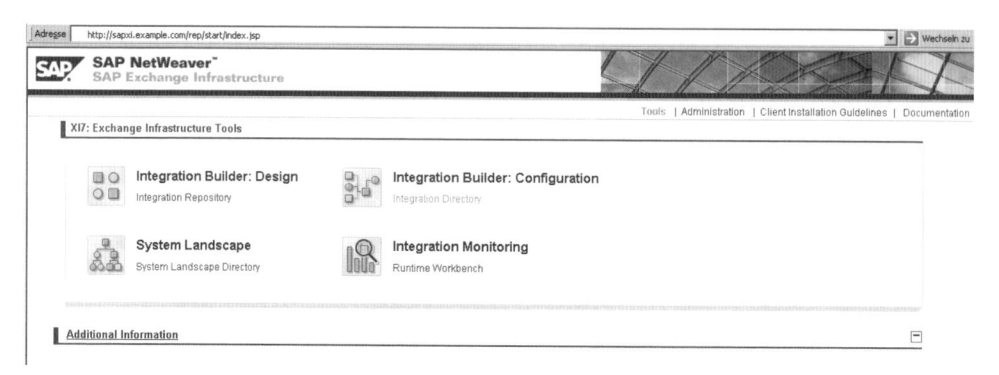

Abbildung 3.21: SAP XI - Tools

Im Folgenden wird beschrieben, wie ein von XI angebotener Webservice von .NET aufgerufen werden kann. Es wird die Erstellung des Szenarios in Abbildung 3.22 erklärt.

Sequenzdiagramm

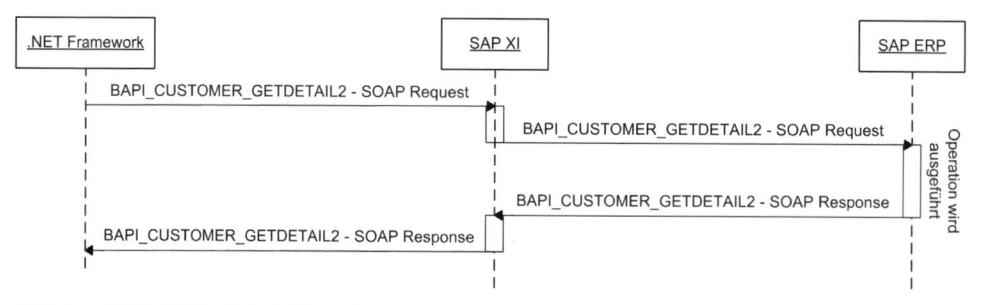

Abbildung 3.22: SAP XI - Beispiel Szenario

Beschreibung Der .NET Client ruft den am SAP XI-System publizierten Webservice BAPI_CUSTOMER_GETDETAIL2 auf. Sobald der SOAP-Request das XI-System erreicht, wird dieser an das ERP-System weitergeleitet. Das ERP-System übergibt dem RFC Modul die entsprechenden Parameter und gibt das Ergebnis in einem SOAP-Response an das XI-System zurück. Zum Schluss leitet XI dann wiederum diesen Response direkt an den Client weiter.

Verwendung

Vorbereitungen

Es wird ein Benutzer am ERP-System für die Verbindung benötigt. Die Zugangsdaten müssen im Kommunikationskanal festgelegt werden.

Zudem ist ein Benutzer mit den folgenden Rechten im XI-System zu erstellen:

- Die **SAP_XI_DEVELOPER**-Rolle erlaubt den Zugang zum Integration Builder: Design und Integration Builder: Configuration.

- **SAP_XI_CONFIGURATOR** wird benötigt, um den Business Integration Content zu konfigurieren.

- Zugang zum Integration Monitoring wird nur Benutzern mit der Rolle **SAP_XI_MONITOR** gewährt.

- **SAP_XI_CONTENT_ORGANIZER** sind Berechtigungen für das SLD (System Landscape Directory).

- Die Details der technischen Konfiguration und Administration können nur spezifiziert werden, wenn dem Benutzer die **SAP_XI_ADMINISTRATOR**-Rolle zugewiesen ist.

Die Systeme, welche durch XI integriert werden sollen, müssen Sie im System Landscape Directory anlegen. Dabei sind System Landscape, Technical Landscape und Business Landscape zu erstellen.

Das SAP ERP-System konfigurieren Sie zum Beispiel im SYSTEM LANDSCAPE DIRECTORY. Dazu fügen Sie SAPERP.EXAMPLE.COM im SYSTEM LANDSCAPE hinzu. Legen Sie im TECHNICAL LANDSCAPE die Komponenten des ERP-Systems an, z.B. Web AS ABAP, Web AS Java. Im BUSINESS LANDSCAPE spezifizieren Sie nun den Mandant des SAP ERP-Systems. In diesem Fall heißt dies EV3CLNT800, da das ERP-System die System-ID EV3 und den Mandanten 800 besitzt.

Komponente erstellen

Danach erstellen Sie ein neues Produkt und eine neue Komponente im Software-Katalog. Eine Software-Komponente ist so etwas wie ein eigenes Projekt, indem sich SAP XI Objekte befinden können. Diese Komponente fügen Sie den entsprechenden SAP-Systemen im SLD hinzu.

Starten Sie dazu das SYSTEM LANDSCAPE DIRECTORY über die SAP XI Tools Webseite. Wählen Sie SOFTWARE CATALOG und NEW PRODUCT.... Auf dieser Seite können Sie ein neues Produkt inkl. Komponente anlegen. Abbildung 3.23 und Abbildung 3.24 zeigen die notwendigen Eingaben.

Name des Produkts: SP_DOTNET_XI

Name der Komponente: SK_DOTNET_XI

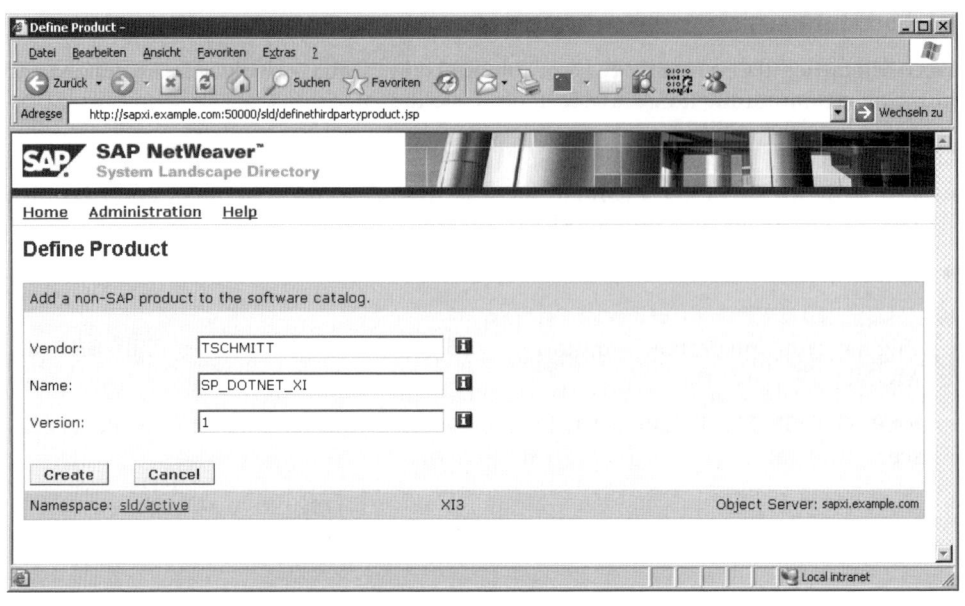

Abbildung 3.23: SAP XI - Produkt erstellen

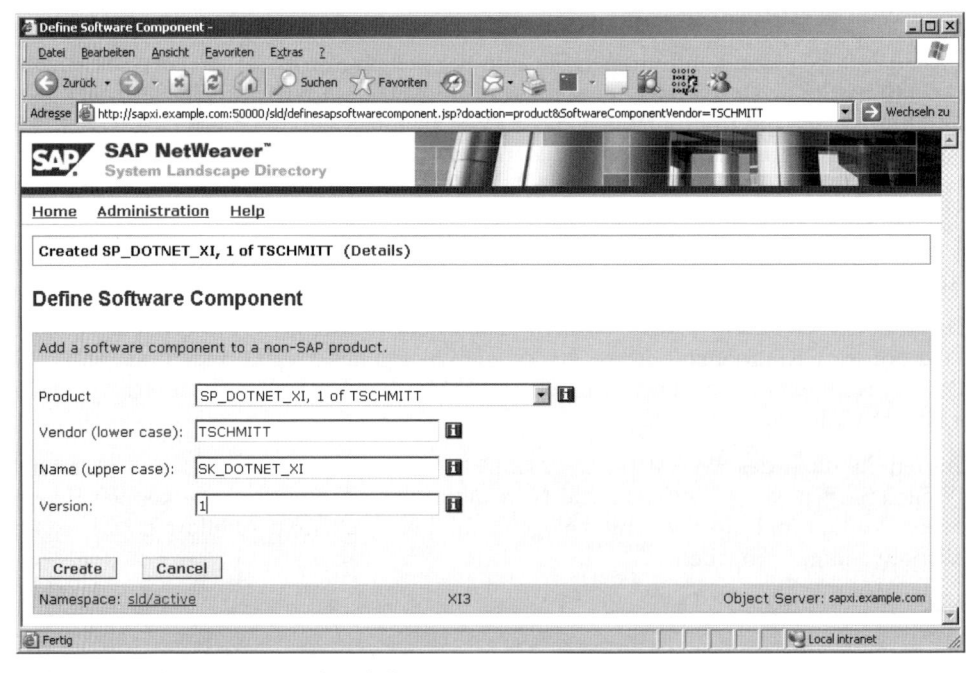

Abbildung 3.24: SAP XI - Komponente erstellen

Komponente registrieren

Wechseln Sie ins TECHNICAL LANDSCAPE des SLD und wählen Sie den Web AS ABAP des ERP-Systems *saperp.example.com* aus. In der Liste INSTALLED PRODUCTS kann über ADD... ein neues Produkt im ERP-System registriert werden. Suchen Sie das zuvor erstellte Produkt SP_DOTNET_XI. Markieren Sie die Box SK_DOTNET_XI unter INSTALLED SOFTWARE COMPONENT VERSIONS und speichern die Einstellungen. Wechseln Sie nun ins BUSINESS LANDSCAPE und bearbeiten EV3CLNT800. Markieren Sie auch hier die Box SK_DOTNET_ XI, 1 EV3 ON SAPERP.EXAMPLE.COM und speichern diese Einstellungen erneut.

WSDL im SAP ERP-System erzeugen

Die WSDL-Datei des Webservices muss vom SAP ERP-System generiert werden. Wählen Sie die WSDL des gewünschten Webservices über den WebServiceBrowser (*http:// saperp.example.com:80XX/sap/bc/bsp/sap/WebServiceBrowser/search.html?sap-client=YYY*, XX steht für die Systemnummer und YYY für den Mandanten). Speichern Sie die WSDL auf der lokalen Festplatte ab. Die WSDL der Funktion BAPI_CUSTOMER_GETDETAIL2 finden Sie unter *http://example.com:8010/sap/bc/soap/wsdl11?services=BAPI_CUSTOMER_ GETDETAIL2&sap-client=800*.

Designphase

In der Designphase werden die verschiedenen Daten- und Message-Typen sowie die Message-Interfaces und Mappings erstellt. Dafür wird das Integration Repository des XI-Systems verwendet. Es handelt sich um eine Java Applikation, auf die Sie über dem Java Network Launching Protocol (JNLP) zugreifen können. JNLP ist XML-basierend und beschreibt, wie eine Java Web Applikation ausgeführt wird.

Die erstellte Softwarekomponente ist zunächst ins Integration Repository zu importieren, damit eine eigene Umgebung für die entsprechenden Objekte existiert. Dazu starten Sie den INTEGRATION BUILDER: DESIGN. Wählen Sie WERKZEUGE, AUS SYSTEM LANDSCAPE DIRECTORY ÜBERNEHMEN und SOFTWARE-KOMPONENTENVERSIONEN IMPORTIEREN.... Suchen Sie den Eintrag SK_DOTNET_XI in der Liste und importieren ihn. Dies hilft bei der Entwicklung und Organisation der Szenarien. Nach dem Import ist die Komponente auf der linken Seite im Treeview sichtbar. Alle folgenden Objekte müssen Sie innerhalb dieses Ordners erstellen.

Namensraum anlegen Klicken Sie auf die neue Komponente SK_DOTNET_XI und fügen einen neuen Namensraum ein. In diesem Fall wurde *http://www.example.com/xi/ dotnet3/00* verwendet.

Importiere externe Definitionen Rechtsklick auf EXTERNE DEFINITIONEN unter INTERFACE-OBJEKTE. Wählen Sie dann NEU... und benennen die Definition. Hier WS_BAPI_ CUSTOMER_GETDETAIL2. Im Bearbeitungsmodus der angelegten Definition wählen Sie die Kategorie WSDL. Klicken Sie auf den Knopf neben dem Textfeld DATEI und wählen die zuvor lokal gespeicherte WSDL-Datei aus. Speichern Sie die vorgenommenen Einstellungen. Dadurch sind die Request- und Response-Nachrichten für das Szenario definiert.

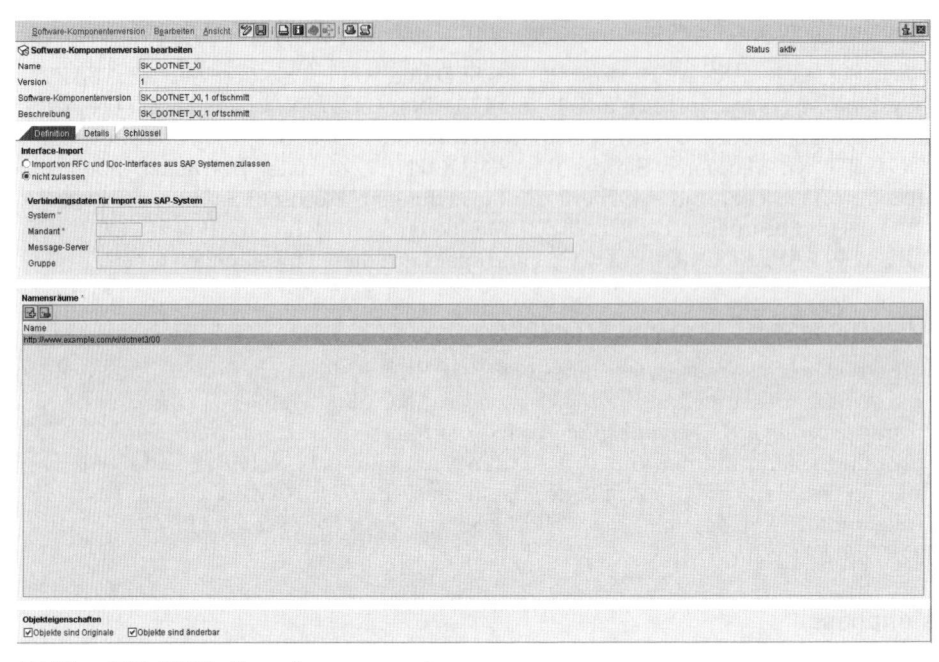

Abbildung 3.25: SAP XI – Neuen Namensraum anlegen

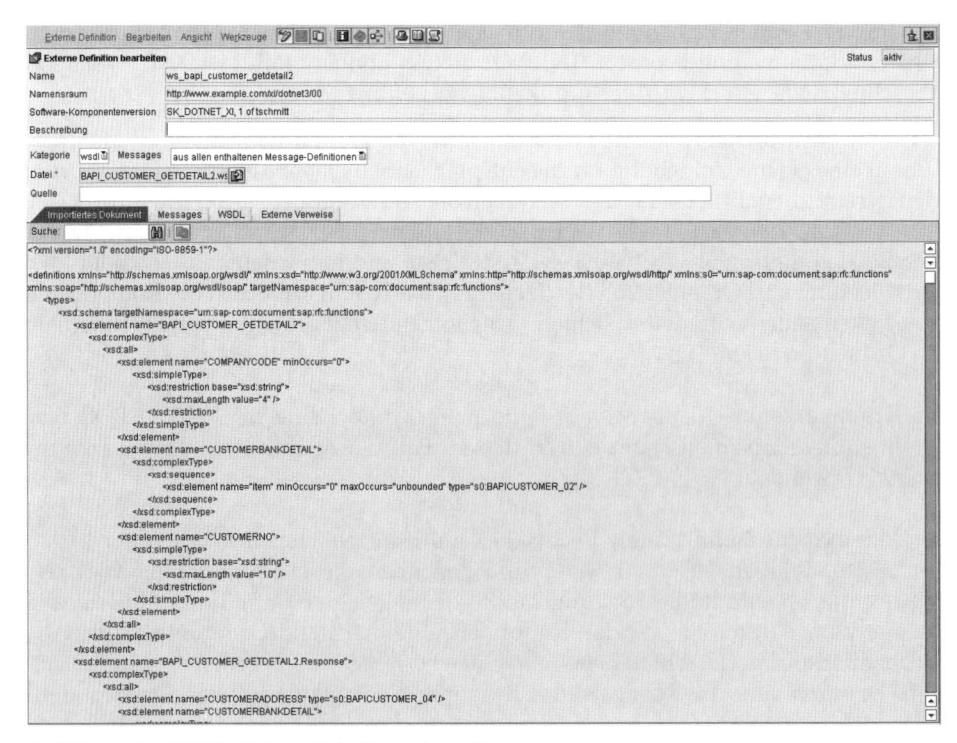

Abbildung 3.26: SAP XI – Externe Definitionen importieren

Verwendung

Der Knoten *types* des XML Schemas definiert die Datentypen. Der WSDL Abschnitt *message* beschreibt den Aufbau der Nachrichten. Ein normaler Webservice hat genau einen Eintrag für die Request-Nachricht und einen für die Response-Nachricht.

Message-Interface anlegen Nachdem festgelegt wurde, wie die Nachrichten aufgebaut sind, müssen die eingehenden und ausgehenden Nachrichten deklariert werden. Dabei werden die Nachrichten aus den externen Definitionen referenziert und der Modus für die Übertragung spezifiziert. Es ist möglich, Nachrichten synchron und asynchron zu verschicken. Zudem muss definiert werden, ob das Message-Interface ein Inbound- oder Outbound-Interface ist. Wichtig ist, dass Sie die Richtung der Nachricht abhängig von der Sicht der zu integrierenden Systeme wählen.

In diesem Beispiel müssen zwei Message-Interfaces angelegt werden: ein synchrones Outbound-Interface MI_DOT_NET_CUSTOMER_FIND_Sync_Out, welches die Nachrichten vom .NET Client entgegennimmt und ein synchrones Inbound-Interface MI_ws_bapi_customer_find_Sync_in, das Nachrichten an das SAP ERP-System schickt. Die importierten Typen BAPI_CUSTOMER_GETDETAIL2Input und BAPI_CUSTOMER_GETDETAIL2Output sind nur Message-Typen, aber keine definierten Interfaces.

Wechseln Sie zu INTERFACE-OBJEKTE und erstellen Sie ein neues Message-Interface MI_ws_bapi_customer_getdetail2_Sync_In. Dieses Interface ist für die Empfängerseite.

Kategorie: Inbound

Modus: Synchron

Input-Message: BAPI_CUSTOMER_GETDETAIL2Input (über Eingabehilfe)

Output-Message: BAPI_CUSTOMER_GETDETAIL2Output (über Eingabehilfe)

Speichern Sie das Interface.

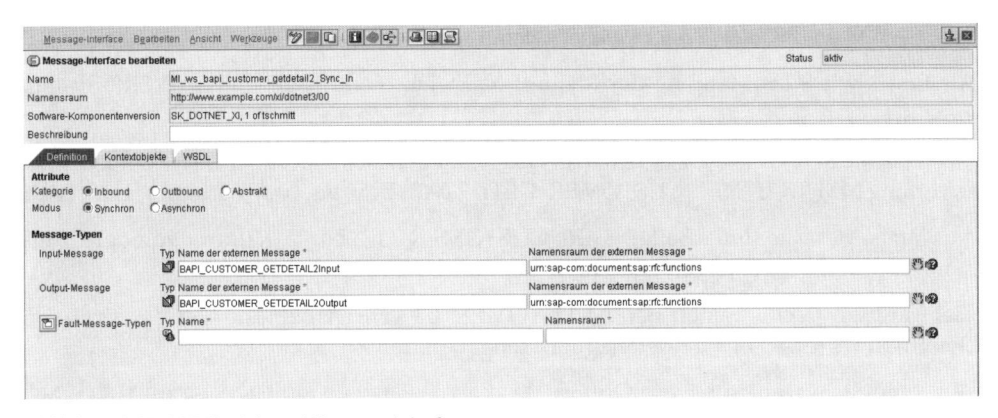

Abbildung 3.27: SAP XI – Inbound Message-Interface

Analog zur ersten Schnittstelle ist auch das Message-Interface MI_DOT_NET_CUSTOMER_GETDETAIL2_Sync_Out mit den folgenden Einstellungen zu erstellen.

Kategorie: Outbound

Modus: Synchron

Output-Message: BAPI_CUSTOMER_GETDETAIL2Input (über Eingabehilfe)

Input-Message: BAPI_CUSTOMER_GETDETAIL2Output (über Eingabehilfe)

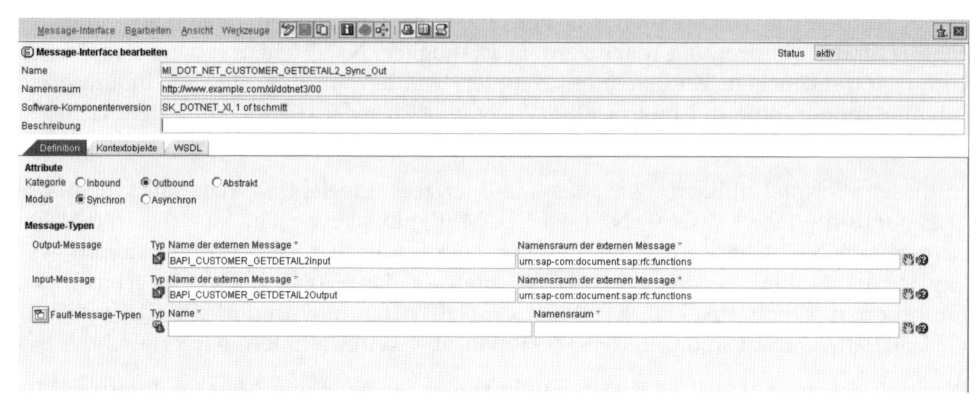

Abbildung 3.28: SAP XI – Outbound-Message-Interface

Aus der Sicht der angebundenen Systeme sendet .NET Nachrichten (outbound/Ausgang) und das SAP ERP-System empfängt Nachrichten (inbound/Eingang).

Message-Mappings anlegen Eingehende und ausgehende Schnittstellen sind definiert und die Message-Mappings können jetzt angelegt werden. Diese Mappings dienen der Konvertierung der Nachrichtenstruktur und dem Inhalt mittels XSLT-Transformationen.

In diesem Fall werden die Felder 1:1 gemappt, weil der Webservice-Aufruf nur direkt vom SAP XI an das ERP-System weitergeleitet wird.

Als Erstes wird das Mapping der Request-Nachricht vom .NET zum SAP ERP-System erstellt.

Wechseln Sie in MAPPING-OBJEKTE und erstellen Sie ein neues MESSAGE-MAPPING mit der Bezeichnung MM_DOT_NET_CUSTOMER_GETDETAIL2_zu_ws_bapi_customer_getdetail2.

Ausgangs-Message (linke Seite): BAPI_CUSTOMER_GETDETAIL2Input von der Externen Definition ws_customer_getdetail2 (über Eingabehilfe)

Ziel-Message (rechte Seite): BAPI_CUSTOMER_GETDETAIL2Input von der Externen Definition ws_customer_getdetail2 (über Eingabehilfe)

Wenn möglich, wählen Sie die Option MARKIERTE FELDER UND UNTERSTRUKTUREN MIT GLEICHEN NAMEN ZUORDNEN. Bei manchen bestimmten Java-Versionen hat die SAP XI Benutzeroberfläche einen Fehler, der es nicht erlaubt diesen Knopf zu drücken, weil er ausgegraut ist. Das stört, wenn viele Felder 1:1 gemappt werden sollen. In diesem Fall ist es unumgänglich jedes einzelne Feld von der linken Liste auf das entsprechende Feld in der rechten Liste zu ziehen.

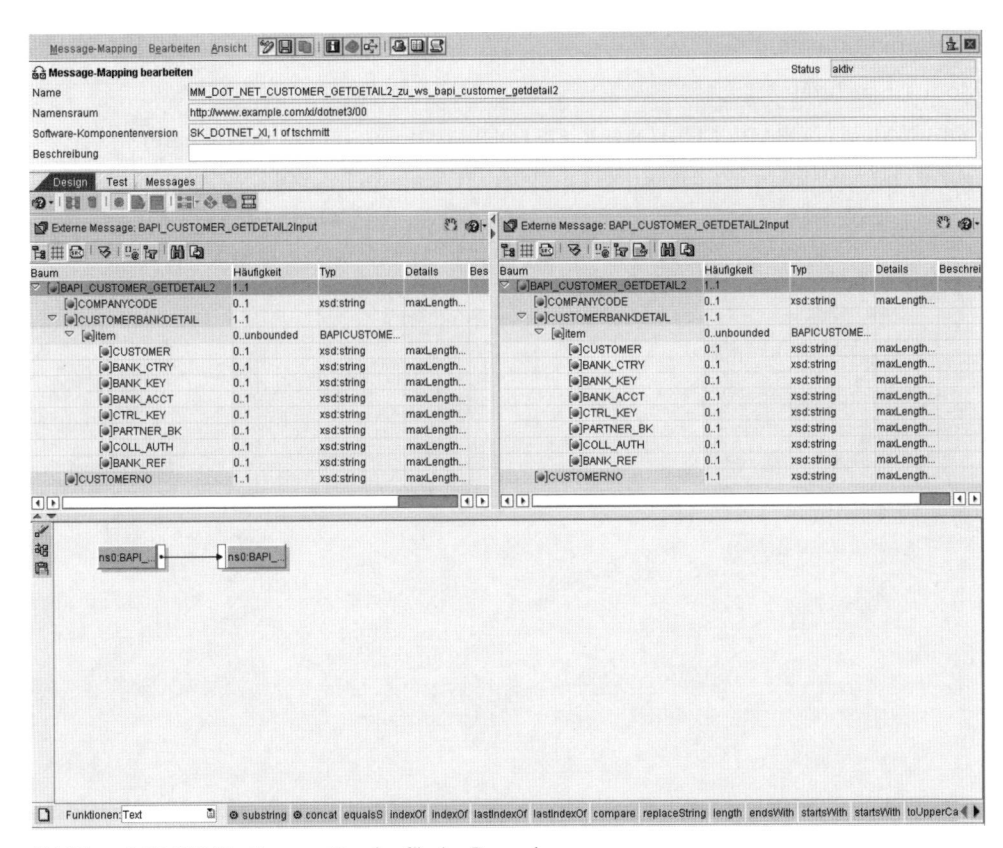

Abbildung 3.29: SAP XI – Message-Mapping für den Request

Im Register TEST können Beispielnachrichten erstellt und das Mapping überprüft werden. Speichern Sie das Objekt, sobald das Mapping korrekt ist.

Zudem muss ein MESSAGE-MAPPING für den Weg zurück vom SAP ERP-System zum .NET Client definiert werden (MM_ws_bapi_customer_getdetail2_zu_DOT_NET_CUSTOMER_GETDETAIL2).

Ausgangs-Message (linke Seite): BAPI_CUSTOMER_GETDETAIL2Output von der Externen Definition ws_customer_getdetail2 (über Eingabehilfe)

Ziel-Message (rechte Seite): BAPI_CUSTOMER_GETDETAIL2Output von der Externen Definition ws_customer_getdetail2 (über Eingabehilfe)

Mappen Sie jeden Knoten von der linken Seite auf den entsprechenden Knoten mit demselben Namen auf der rechten Seite. Wenn möglich, verwenden Sie die Option MARKIERTE FELDER UND UNTERSTRUKTUREN MIT GLEICHEN NAMEN ZUORDNEN.

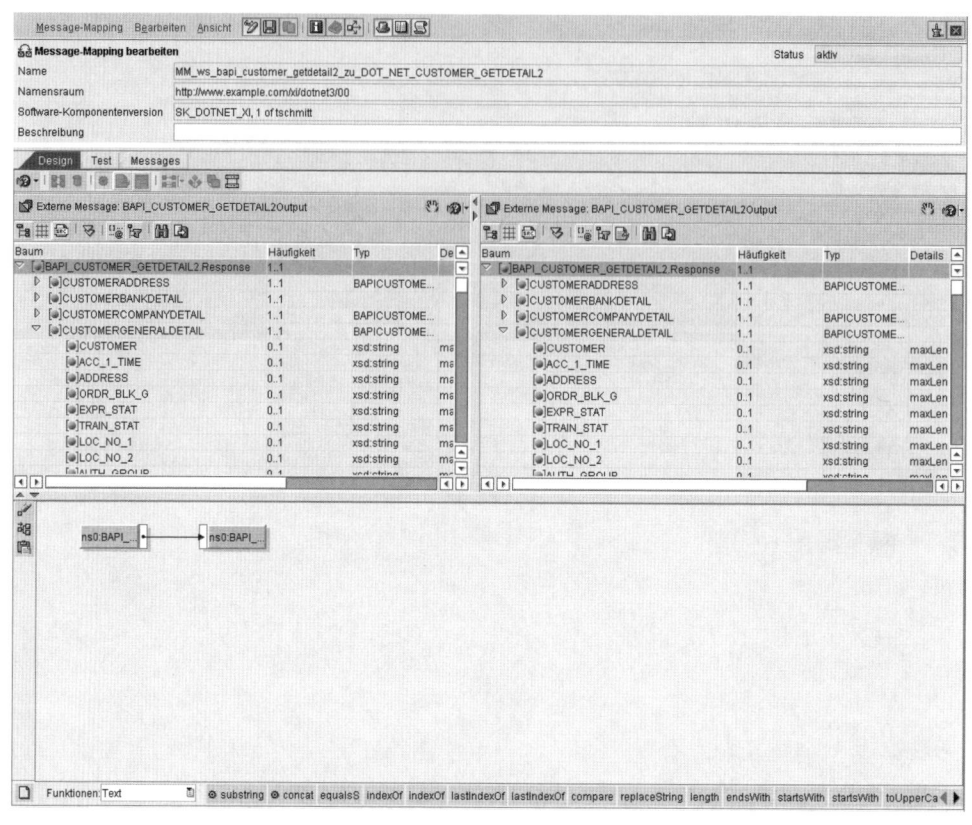

Abbildung 3.30: SAP XI – Message-Mapping für den Response

Interface-Mapping anlegen Das Interface-Mapping bestimmt, welches Message-Mapping beim Request und welches beim Response angewandt wird.

Erzeugen Sie ein neues Interface-Mapping IM_DOT_NET_CUSTOMER_GETDETAIL2_zu_ws_bapi_customer_getdetail2.

Ausgangs-Interface: MI_DOT_NET_CUSTOMER_GETDETAIL2_Sync_Out (über Eingabehilfe)

Ziel-Interface: MI_ws_bapi_customer_getdetail2_Sync_In (über Eingabehilfe)

Klicken Sie auf den Knopf INTERFACES LESEN und wählen anschließend als MAPPING-PROGRAMM des REQUESTS das Message-Mapping MM_DOT_NET_CUSTOMER_GETDETAIL2_zu_ws_bapi_customer_getdetail2 über die Eingabehilfe aus. Für den Response müssen Sie MM_ws_bapi_customer_getdetail2_zu_DOT_NET_CUSTOMER_GETDETAIL2 angeben.

Der Request vom .NET zum ERP-System wird über das Message-Mapping MM_DOT_NET_CUSTOMER_FIND_zu_ws_bapi_customer_find konvertiert und der Response zurück vom ERP zum .NET System wird transformiert von MM_ws_bapi_customer_find_zu_DOT_NET_CUSTOMER_FIND.

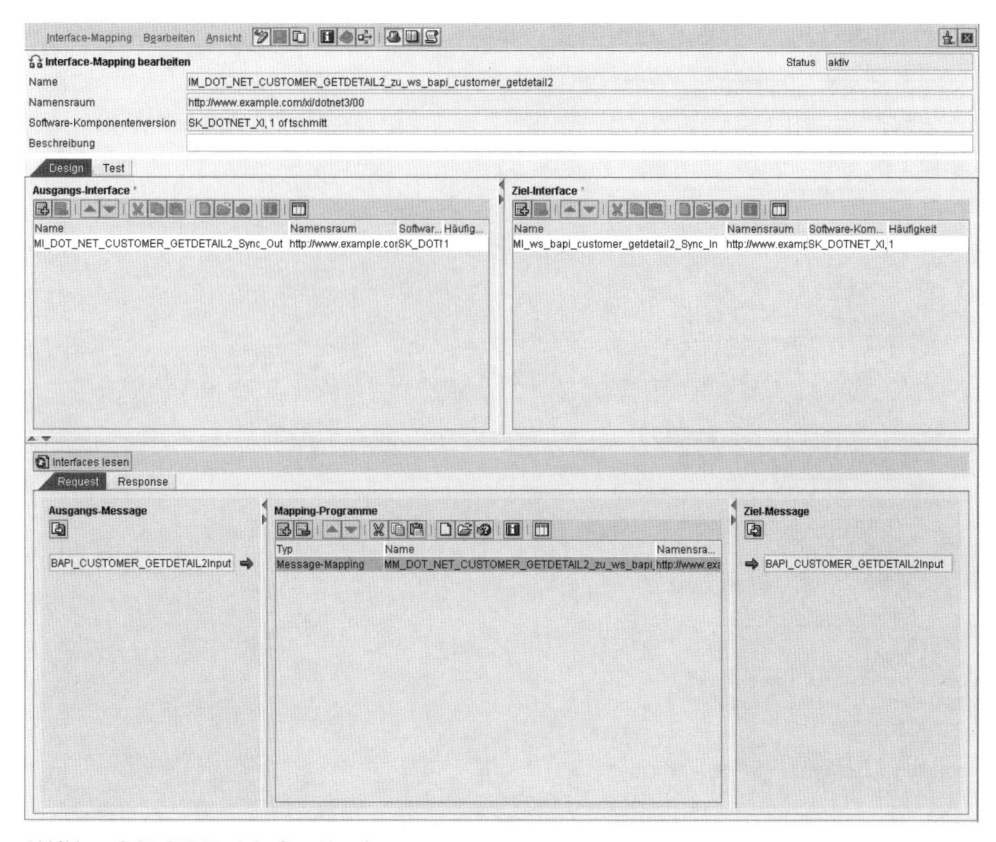

Abbildung 3.31: SAP XI – Interface Mapping

Speichern Sie dieses Interface-Mapping ab.

Aktivieren der erzeugten Objekte Nachdem alle Objekte erstellt wurden, fehlt nur noch die Aktivierung. Klicken Sie auf das Register ÄNDERUNGSLISTEN in der linken oberen Ecke. Rechtsklick auf STANDARD-ÄNDERUNGSLISTE und wählen Sie AKTIVIEREN.

Konfigurationsphase

Das Szenario und die physikalischen Systeme können über das Integration Directory konfiguriert werden. Ein Business System DOT_NET_Webservice muss erstellt werden, welches den .NET Client repräsentiert. Das SAP ERP-Business-System ist aus dem System Landscape Directory zu importieren. Beide Seiten kommunizieren über das SOAP-Protokoll, wie in Abbildung 3.32 zu sehen ist. Das definierte Interface-Mapping wird in diesem Szenario verwendet.

Übersicht der Einstellungen der SAP-XI-Szenarien:

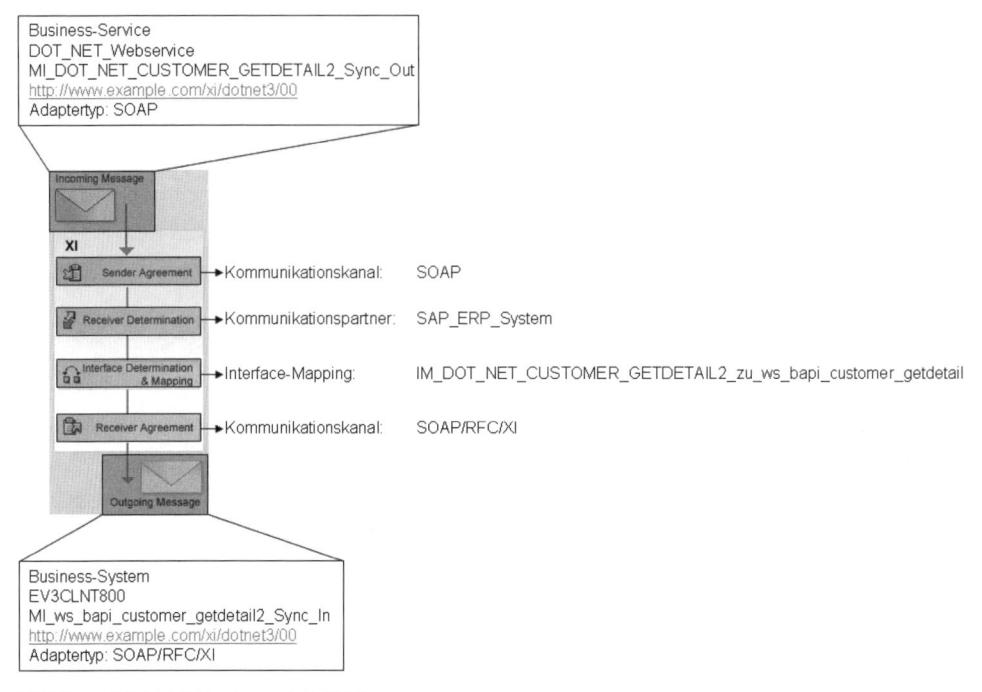

Abbildung 3.32: SAP XI - Szenariodefinition

.NET Client erstellen Starten Sie das INTEGRATION DIRECTORY und klicken auf das Register OBJEKTE. Öffnen Sie SERVICE OHNE PARTNER, BUSINESS-SERVICE und erstellen Sie ein Objekt DOT_NET_WEBSERVICE. Erzeugen Sie zudem einen neuen SOAP-Kommunikationskanal (SOAP_DOT_NET_SENDER) für diesen Service. Adaptertyp: SOAP (über Eingabehilfe)

Wählen Sie die Option SENDER

Transport-Protokoll: HTTP

Standard-Interface-Namensraum: *http://www.example.com/xi/dotnet3/00*

Standard-Interface-Name: MI_DOT_NET_CUSTOMER_GETDETAIL2_Sync_Out

Verwendung

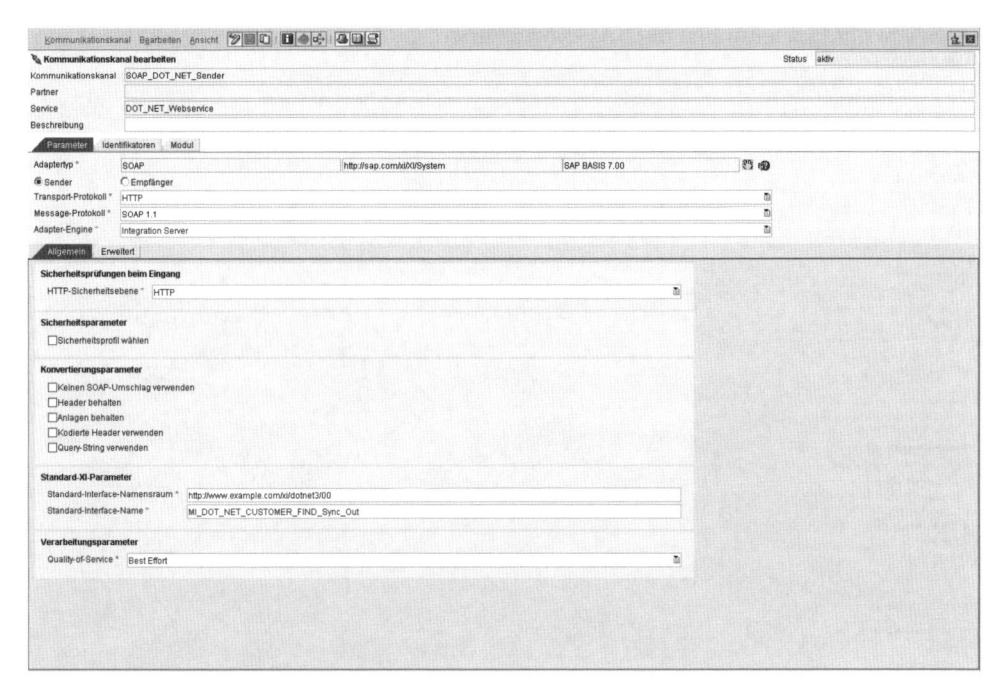

Abbildung 3.33: SAP XI – SOAP-Senderkanal

SAP ERP Business System erstellen In diesem Fall wird das SOAP-Protokoll für die Kommunikation zwischen SAP XI und dem SAP ERP-System verwendet. Wählen Sie das ERP-System (hier EV3CLNT800) unter SERVICE OHNE PARTNER, BUSINESS-SYSTEM aus. Erzeugen Sie einen neuen Kommunikationskanal ReceiverChannel_SOAP.

Adaptertyp: SOAP (über Eingabehilfe)

Wählen Sie die Option EMPFÄNGER

Transport-Protokoll: HTTP

Ziel-URL: *http://saperp.example.com:80XX/sap/bc/soap/rfc/sap?sap-client=YYY*, XX steht für die Systemnummer und YYY für den Mandanten

Aktivieren Sie BENUTZER-AUTHENTIFIZIERUNG KONFIGURIEREN

Benutzer: Benutzer, welcher das Recht besitzt, den RFC BAPI_CUSTOMER_GETDETAIL2 am SAP ERP-System auszuführen.

Kennwort: ...

Über WERKZEUGE und KOMMUNIKATIONSKANÄLE AUTOMATISCH ERZEUGEN... werden alle möglichen Kommunikationskanäle des ausgewählten Business-Systems angelegt.

Mit Hilfe des Konfigurationsassistenten ist das Szenario leicht zu definieren:
1. WERKZEUGE, KONFIGURATIONS-ASSISTENT
2. Wähle INTERNE KOMMUNIKATION

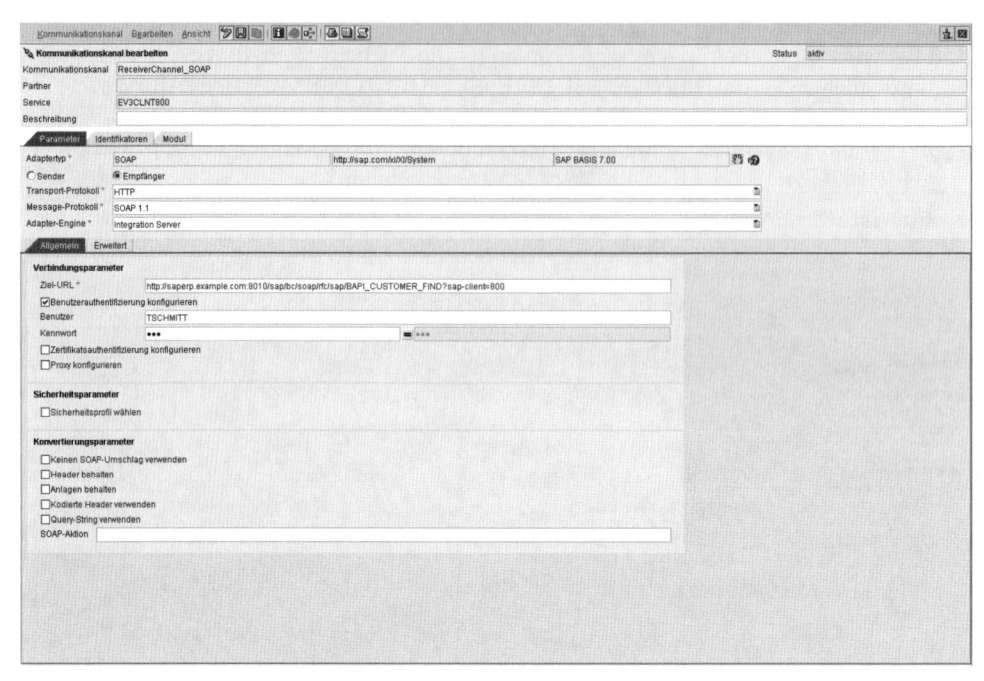

Abbildung 3.34: SAP XI – SOAP-Empfängerkanal

3. **Eingehende Message**
   Service-Typ: BUSINESS-SERVICE**Ausgehende Message**
   Service-Typ: BUSINESS-SYSTEM**Sendervereinbarung**
   Kommunikationskanal: SOAP_DOT_NET_Sender (über Eingabehilfe)

4. **Empfängerermittlung**
   Überprüfen Sie, ob Empfängerermittlung MI_DOT_NET_CUSTOMER_GETDETAIL2_Sync_Out ausgewählt ist.

5. **Interface-Ermittlung**
   Überprüfen Sie, ob das Interface-Mapping IM_DOT_NET_CUSTOMER_GETDETAIL2_zu_ws_bapi_customer_getdetail2 ausgewählt ist.

6. **Empfängervereinbarung**
   Kommunikationskanal: SOAP_Empfaengerkanal (über Eingabehilfe)

7. **Objekte generieren**
   Zum Szenario hinzufügen: XI_CUSTOMER_GETDETAIL_DOT_NET
   FERTIGSTELLEN

Die folgenden Objekte werden während dieses Vorgangs erzeugt und könnten natürlich auch manuell angelegt werden:

- **Sendervereinbarung**
  Die Sendervereinbarung definiert, über welchen Kommunikationskanal eine Nachricht am System ankommt und welcher Sender diese verschickt hat. Der DOT_NET_Webservice sendet die Nachrichten über den SOAP-Kanal ans XI-System.

Verwendung

- **Empfängerermittlung**
  Hier wird angegeben an welchem Empfänger die Nachricht verteilt wird. In diesem Fall wird alles, was am Interface MI_DOT_NET_CUSTOMER_GETDETAIL2_Sync_Out ankommt, über das Interface-Mapping IM_DOT_NET_CUSTOMER_GETDETAIL2_zu_ws_bapi_customer_getdetail2 zum Inbound Interface MI_ws_bapi_customer_getdetail2_Sync_In des SAP ERP-Systems weitergeleitet.

- **Interface-Ermittlung**
  Die Interface-Ermittlung legt fest, welche Mappings verwendet werden, um eine Nachricht über XSLT-Transformationen umzustrukturieren. Das Interface Mapping IM_DOT_NET_CUSTOMER_GETDETAIL2_zu_ws_bapi_customer_getdetail2 bestimmt wie Request und Response gemappt werden. In diesem Beispiel werden keine Transformationen angewendet.

- **Empfängervereinbarung**
  Analog zur Senderereinbarung ist bei der Empfängervereinbarung zu definieren, über welchen Kommunikationskanal und an welchen Empfänger die Nachricht gesendet wird. Messages werden in diesem Fall über den SOAP-Kommunikationskanal dem SAP ERP-System zugestellt.

Aktivieren der erzeugten Objekte Nach dem Generieren aller Objekte sind diese schließlich zu aktivieren.

WSDL-Datei Die WSDL-Datei kann über einen Webservice-Assistenten am XI-System aus dem Outbound-Interface erzeugt werden. Das .NET Framework ermöglicht, aus dieser WSDL-Datei einen Proxy zu generieren, der diesen Webservice aufruft.

Starten Sie den Webservice-Assistenten über den Menüeintrag WERKZEUGE und WEBSERVICE DEFINIEREN. Geben Sie in der ersten Eingabemaske die URL des Integration Servers an. Der Knopf URL VORSCHLAGEN sollte das Eingabefeld automatisch mit der richtigen URL füllen, ansonsten ist etwas an der Konfiguration falsch.

Integration-Server-SOAP-Eingang (URL): *http://sapxi.example.com:80XX/sap/xi/engine?type=entry*, XX steht für die Systemnummer.

Im nächsten Schritt wählen Sie das Outbound Interface für den .NET Client aus. Dieses Interface wird dann veröffentlicht.

MI_DOT_NET_CUSTOMER_GETDETAIL2_Sync_Out (über Eingabehilfe).

Nun muss der Sender für die Nachricht konfiguriert werden:

Service: DOT_NET_Webservice

Interface-Name: MI_DOT_NET_CUSTOMER_GETDETAIL2_Sync_Out

Interface-Namensraum: *http://www.example.com/xi/dotnet3/00*

Speichern Sie die WSDL lokal ab und generieren Sie mit Hilfe des Svcutils den .NET Proxy, wie in Kapitel *Webservice-Aufruf über .NET 3.0 Proxy*.

Nach den vielen Schritten in diesem Kapitel sollten Sie ein Szenario am XI-System anlegen können. Die XI kann durch das angelegte Szenario eine Verbindung zwischen einer .NET Client-Anwendung und dem SAP ERP-System herstellen und Daten aus dem ERP-System auslesen. Dazu ist das SAP XI-System wie in Listing 3.3 im Kapitel *.NET-Client-Anwendung* aufzurufen.

3.2.4 Microsoft BizTalk Szenario erstellen

Im Kapitel *Microsoft BizTalk Server 2006* wurde die Installation und Konfiguration des BizTalk Servers beschrieben. Nachdem dies abgeschlossen ist, kann mit der Erstellung der Szenarien begonnen werden.

In diesem Abschnitt wird das gleiche Szenario wie zuvor in SAP XI erstellt. Es wird der remote-fähige Baustein BAPI_CUSTOMER_GETDETAIL2 am SAP ERP-System als Webservice aufgerufen.

Die Anfrage vom .NET Client wird über die XI an das SAP ERP-System weitergeleitet. Dort wird der BAPI_CUSTOMER_GETDETAIL2 aufgerufen. Die Antwort wird vom ERP-System zurück an die XI geschickt und direkt an den .NET Client weitergeleitet.

Designphase

In der Designphase werden die Struktur der Nachricht, die Orchestrierung sowie die benötigten Mappings definiert. Das Visual Studio stellt diese Funktionalität nach der Installation der BizTalk Add-Ons zur Verfügung. Standardmäßig werden diese während der Installation des BizTalk Servers eingerichtet.

Neues Projekt anlegen Als Erstes legen Sie ein neues BizTalk-Projekt mit dem Visual Studio .NET 2005 an. Klicken Sie dazu auf den Menüeintrag DATEI, NEU, PROJEKT.... Wählen Sie BIZTALK-PROJEKTE und LEERES BIZTALK SERVER-PROJEKT als Projekttyp aus und definieren Sie einen Namen und ein Verzeichnis für die Projektmappe.

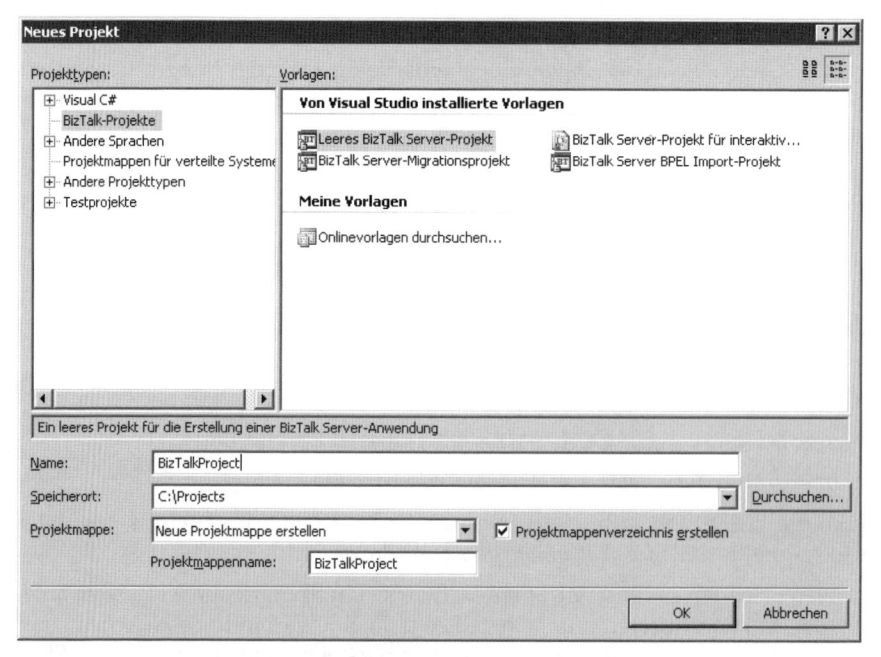

Abbildung 3.35: BizTalk - Neues Projekt anlegen

Verwendung

Neue Orchestrierung anlegen Fügen Sie eine neue Orchestrierungsdatei dem BizTalk-Projekt hinzu. Diese wird benötigt, um ein Szenario zu definieren.

Klicken Sie dazu mit der rechten Maustaste auf das Projekt im PROJEKTMAPPEN-EXPLORER. Wählen Sie HINZUFÜGEN, NEUES ELEMENT.... Ein neues Fenster wird angezeigt, das die verfügbaren Vorlagen enthält. Klicken Sie auf BIZTALK-ORCHESTRIERUNG und spezifizieren Sie einen Namen für diese Datei: *BAPICustomerGetDetail2_Orchestration.odx*.

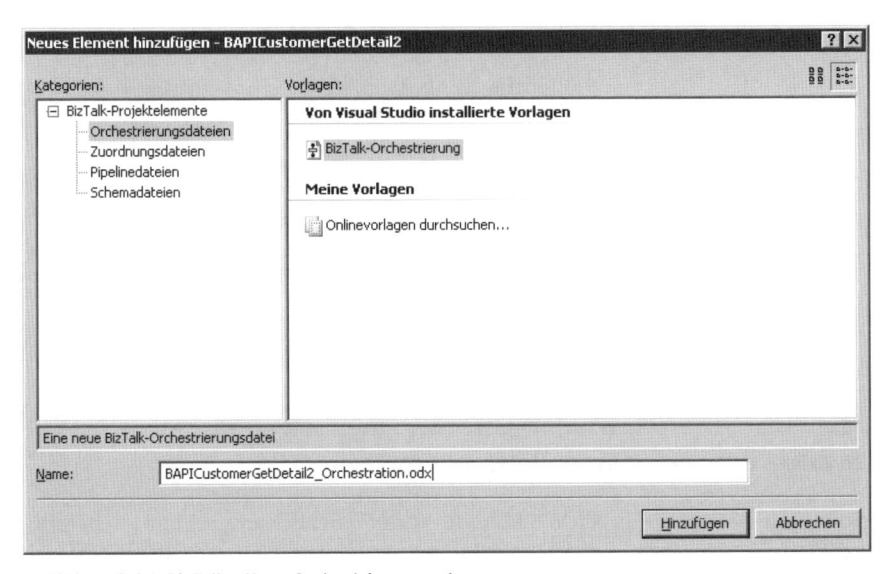

Abbildung 3.36: BizTalk – Neue Orchestrierung anlegen

In der Orchestrierungsdatei definieren Sie als Erstes die virtuellen Ports. Dafür gibt es extra PORTOBERFLÄCHEN innerhalb der Orchestrierungsdatei.

Virtueller Port (und physischer Port): SAP ERP Die externen Definitionen aus der WSDL-Datei müssen vom ERP-System importiert werden. Analog zu normalen .NET-Applikationen können auch in einem BizTalk-Projekt Proxys aus einer WSDL-Datei erzeugt werden. Im Gegensatz zu SAP XI muss die WSDL nicht unbedingt lokal vorliegen. Es kann die URL des Webservice-Browsers am SAP ERP-System angegeben und darüber zur entsprechenden WSDL navigiert werden. Visual Studio lädt diese Datei dann direkt vom ERP-System herunter und erzeugt daraus einen Proxy. Manchmal kann es jedoch Probleme geben. Deshalb wird empfohlen, den Webservice-Browser in einem herkömmlichen Internet Browser zu öffnen und die Datei auf die lokale Festplatte herunterzuladen.

Öffnen Sie im Internet Browser die WebServiceBrowser-URL (*http://saperp.example.com: 80XX/sap/bc/bsp/sap/WebServiceBrowser/search.html?sap-client=YYY*, XX steht für die Systemnummer und YYY für den Mandanten). Wählen Sie die entsprechende WSDL aus und speichern diese lokal ab. Klicken Sie im Visual Studio das entsprechende Projekt im PROJEKTMAPPEN-EXPLORER an und wählen Sie den Menü-Eintrag WEBVERWEIS HINZUFÜGEN... aus. Geben Sie den lokalen Pfad der heruntergeladenen WSDL an. Vergeben Sie einen Namen, wie beispielsweise BAPICustomerGetDetail2, für die Referenz und klicken Sie auf den Button VERWEIS HINZUFÜGEN.

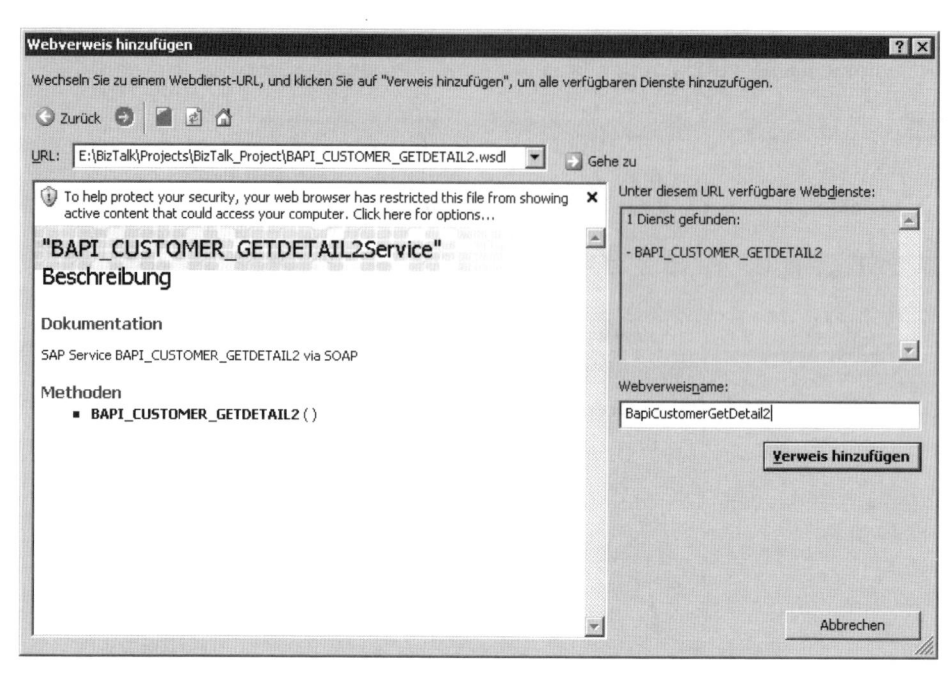

Abbildung 3.37: BizTalk – Webverweis auf SAP ERP-System hinzugefügt

Ein Rechtsklick auf die rechte PORTOBERFLÄCHE in der kürzlich erzeugten Orchestrierungsdatei öffnet ein Kontextmenü. Wählen Sie NEUER KONFIGURIERTER PORT..., damit der PORTKONFIGURATIONS-ASSISTENT angezeigt wird.

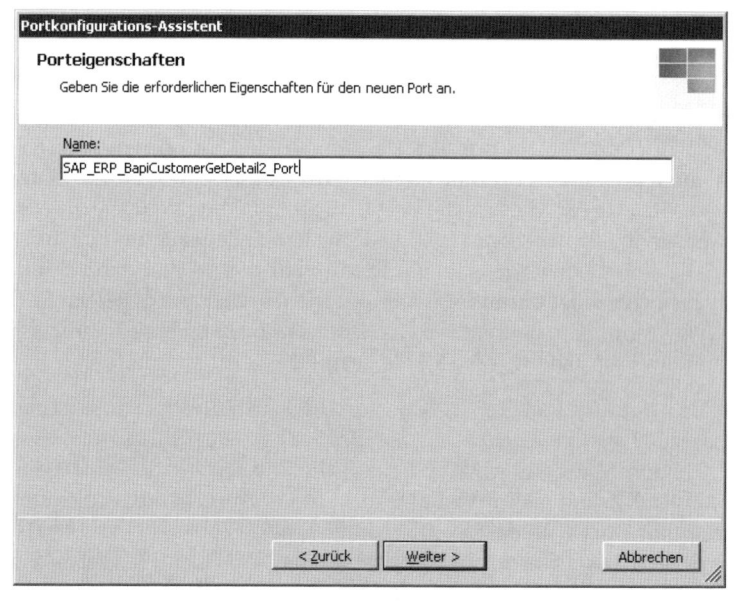

Abbildung 3.38: BizTalk – Portkonfigurations-Assistent

Verwendung

Fügen Sie, wie in Abbildung 3.38, einen Namen für den Port ins Textfeld ein: SAP_ERP_BAPICustomerGetDetail2_Port

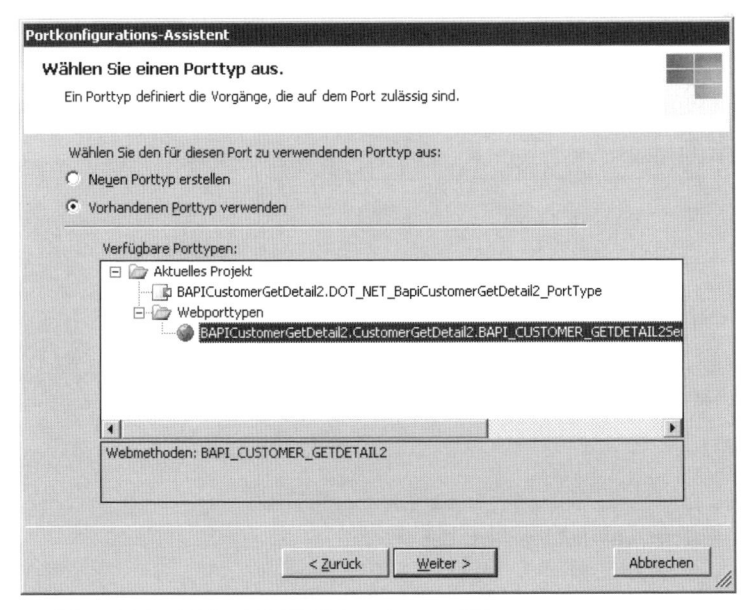

Abbildung 3.39: BizTalk – SAP ERP Webservice auswählen

Wählen Sie im nächsten Schritt VORHANDENEN PORTTYP VERWENDEN aus und suchen den entsprechenden WEBPORTTYPEN in der Liste. Dieser wurde zuvor aus der WSDL des SAP ERP-Systems erzeugt.

Das physische Port-Binding wird automatisch durch die WSDL-Parameter spezifiziert und muss nicht weiter angepasst werden. Der Port und die Messages für Request und Response werden automatisch generiert.

Virtueller Port: .NET Im nächsten Schritt wird ein Porttyp für den .NET Client erzeugt. Das geschieht auch über den Portkonfigurations-Assistenten. Es werden jedoch einige zusätzliche Angaben benötigt.

Öffnen Sie die Orchestrierungsdatei, falls nicht schon geschehen. Ein Rechtsklick auf die linke PORTOBERFLÄCHE und wählen Sie NEUER KONFIGURIERTER PORT... aus. Der PORT-KONFIGURATIONS-ASSISTENT sollte auf dem Bildschirm erscheinen.

Name für den neuen Port lautet DOT_NET_BAPICustomerGetDetail2_Port und es wird ein neuer Porttyp erstellt.

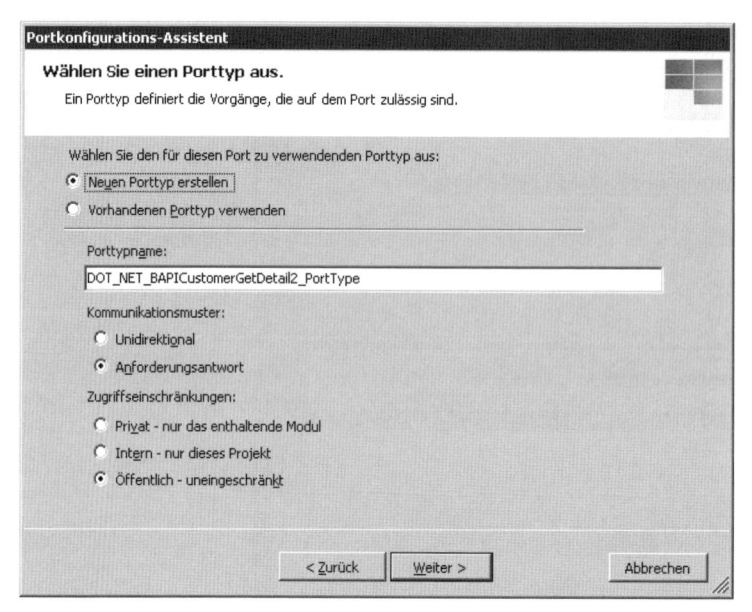

Abbildung 3.40: BizTalk – Neuen Porttyp für .NET Client erstellen

Wählen Sie als Kommunikationsmuster entweder UNIDIREKTIONAL oder ANFORDERUNGSANTWORT aus. UNIDIREKTIONAL bedeutet, dass nur eine Anfrage geschickt und nicht auf die Antwort gewartet wird. In diesem Fall ist jedoch das ANFORDERUNGSANTWORT-Muster die richtige Wahl, da in diesem Szenario ein Request vom .NET Client geschickt wird und dieser auf einen entsprechenden Response wartet.

Zusätzlich muss definiert werden, in welchem Kontext der Port verfügbar ist:

- PRIVAT: Zugriff nur innerhalb des Moduls
- INTERN: Zugriff nur innerhalb des aktuellen Projekts
- ÖFFENTLICH: Zugriff überall möglich, auch von externen Applikationen

Der Port nimmt Anfragen von der .NET-Client-Applikation entgegen und soll als Webservice im BizTalk Webapplikations-Server, dem IIS, verfügbar sein. Deshalb muss ÖFFENTLICH als ZUGRIFFSEINSCHRÄNKUNG ausgewählt werden.

Bei BizTalk werden die Szenario-Einstellungen aus der Sicht des BizTalk Servers betrachtet. Im Gegensatz dazu sieht das SAP XI-System die Definitionen aus der Sicht der zu integrierenden Systeme. Deshalb sendet der .NET Client einen Request, der vom BizTalk Server empfangen wird. Der BizTalk Server verschickt daraufhin den Response. ICH EMPFANGE EINE ANFORDERUNG UND SENDE EINE ANTWORT ist für den .NET Port zu konfigurieren. Das physikalische Port-Binding wird später definiert.

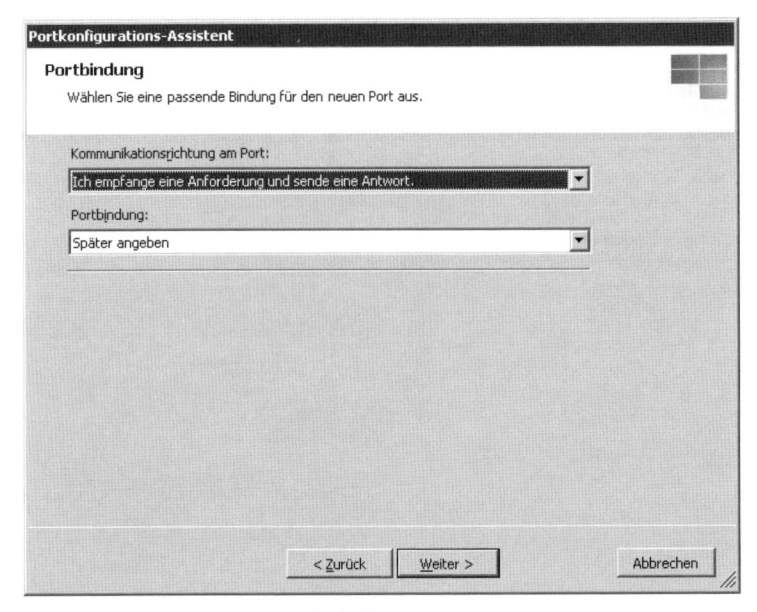

Abbildung 3.41: BizTalk – .NET Port-Binding

Nach Fertigstellung des Portkonfigurations-Assistenten sind zwei Ports in der Orchestrierungsdatei verfügbar. Markieren Sie Operation_1 des .NET Ports und benennen Ihn BAPICustomerGetDetail2. Wählen Sie den REQUEST der Operation aus und setzen Sie den Nachrichtentyp auf BAPI_CUSTOMER_GETDETAIL2_request. Der Nachrichtentyp des Responses ist als BAPI_CUSTOMER_GETDETAIL2_response zu konfigurieren.

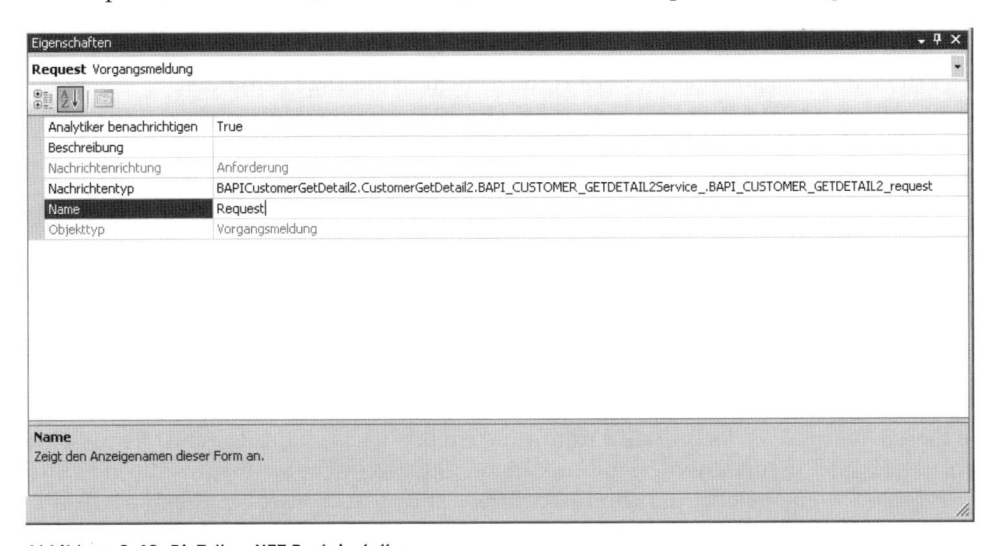

Abbildung 3.42: BizTalk – .NET Porteinstellungen

3 – Praxis

Orchestrierung konfigurieren Nachdem die Datentypen und Nachrichten definiert wurden, kann die Orchestrierungsdatei konfiguriert werden. Hier ist es möglich, beliebige Prozesse grafisch zu definieren.

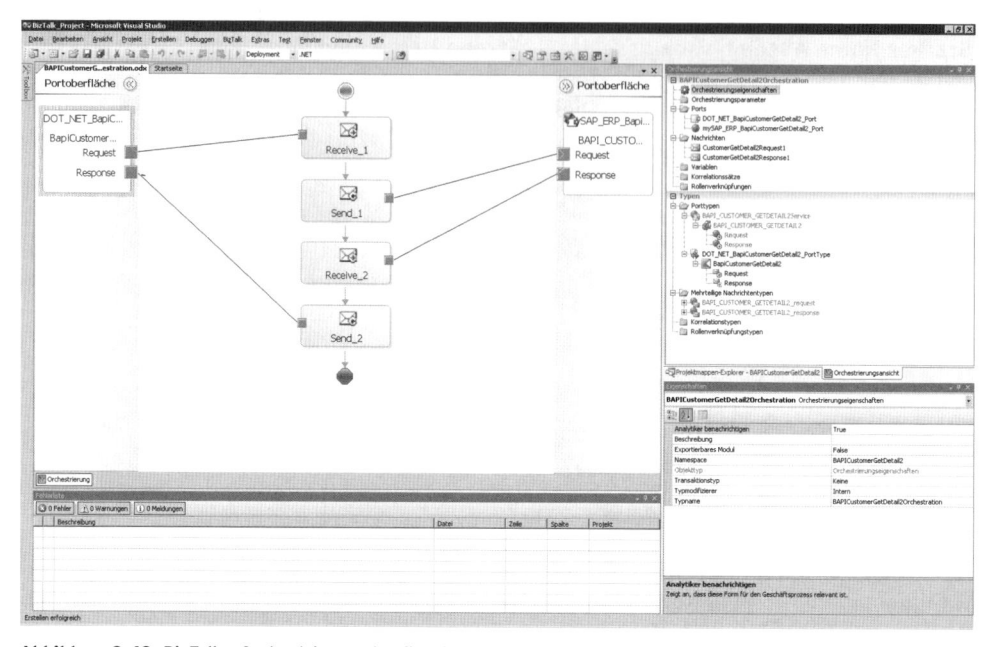

Abbildung 3.43: BizTalk – Orchestrierung konfigurieren

Abbildung 3.43 zeigt, wie die Orchestrierung konfiguriert werden muss. Fügen Sie die folgenden vier Nachrichten in der gegebenen Reihenfolge hinzu:

- EMPFANGEN-Nachricht mit der DOT_NET Request Message verbinden.
- SENDEN-Nachricht mit der SAP_ERP Request Message verbinden.
- EMPFANGEN-Nachricht mit der SAP_ERP Response Message verbinden.
- SENDEN-Nachricht mit der DOT_NET Response Message verbinden.

Die erste Message ist zu aktivieren. Wählen Sie dazu die EMPFANGEN-Nachricht aus und setzen Sie das AKTIVIEREN-Attribut in den EIGENSCHAFTEN auf TRUE.

Speichern Sie die Orchestrierungsdatei nach diesen Änderungen.

Der Ablauf des Prozesses im BizTalk System:

In diesem Beispiel wartet BizTalk darauf, dass ein BAPI_CUSTOMER_FIND Request am Port DOT_NET_BapiCustomerFind ankommt. Die Nachricht wird sofort an das SAP ERP-System weitergeleitet und BizTalk wartet auf den Response. Nachdem der BAPI_CUSTOMER_FIND Response am BizTalk Server ankommt, wird dieser über den .NET Port direkt zur aufrufenden Applikation weitergeleitet.

Verwendung

Mappings Es ist möglich über Zuordnungsdateien so genannte Mappings anzulegen. Diese wandeln die verschiedenen Nachrichten über XSLT-Transformationen in ein passendes Format um. Das war in diesem Beispiel jedoch nicht relevant.

Starker Name Assemblyschlüsseldatei (Strong Name Key) hinzufügen Bevor das Projekt erstellt und veröffentlicht wird, sollte eine „starker Name Assemblyschlüsseldatei" dem Projekt zugewiesen werden. Dieser Schlüssel fügt Versionsinformationen, öffentliche Schlüssel und digitale Signaturen der Assembly hinzu.

Signierte Assemblys mit starken Namen haben folgende Vorteile:

- Ein **eindeutiger Name** wird durch den privaten Schlüssel erzeugt.
- Niemand kann eine neue Version für eine fremde Assembly erzeugen, da der Strong Name Key die **Version schützt**. Benutzer können sicher sein, dass eine neue Version vom ursprünglichen Hersteller veröffentlicht wurde.
- Die **Integrität** wird garantiert. Die Assembly kann nicht von Dritten manipuliert werden.

Ein Schlüssel wird mit diesem Kommando erstellt: *sn -k <key.snk>*

Dieser Befehl ist innerhalb der Visual Studio Kommandozeile auszuführen. Eine Verknüpfung zu dieser Eingabeaufforderung befindet sich im Windows Startmenü im Unterordner VISUAL STUDIO TOOLS des Visual Studio Eintrags.

Kopieren Sie das generierte Schlüsselpaar in einen Ordner des entsprechenden Projekts. Danach klicken Sie mit der rechten Maustaste auf das Projekt im Visual Studio und wählen EIGENSCHAFTEN aus. Der Knoten ASSEMBLY unter ALLGEMEINE EIGENSCHAFTEN beinhaltet eine Zeile ASSEMBLYSCHLÜSSELDATEI. Fügen Sie in dieser Textbox den Pfad zu dem generierten Strong Name Key ein.

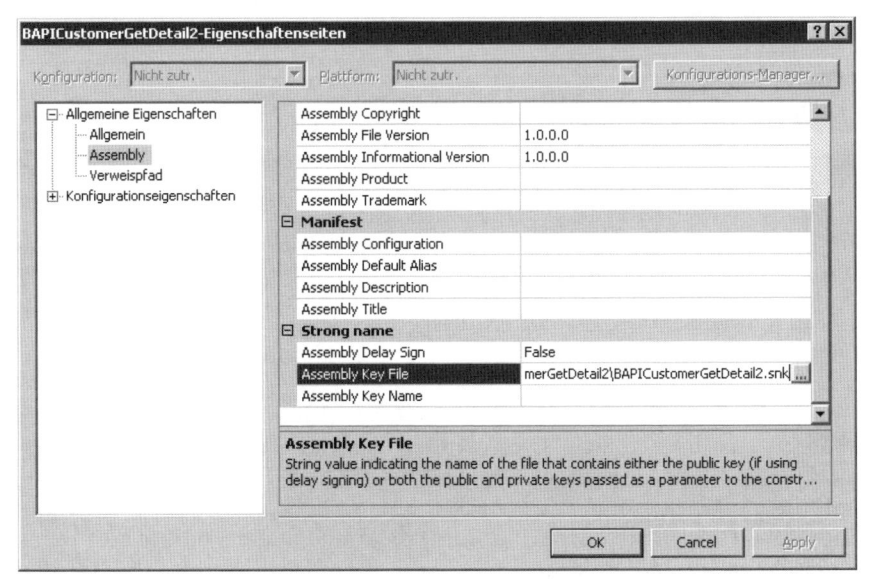

Abbildung 3.44: BizTalk – Strong Name Key dem Projekt hinzufügen

SAP/.NET Prozessintegration

Erstellen und Veröffentlichen Sobald die Orchestrierung vollständig definiert wurde und der Build-Prozess durch das Visual Studio erfolgreich durchgelaufen ist, kann das Projekt im BizTalk Server bereitgestellt werden.

In den Projekteinstellungen können Sie auch die Deployment-Einstellungen festlegen. Der Untereintrag BEREITSTELLUNG befindet sich unter KONFIGURATIONSEIGENSCHAFTEN.

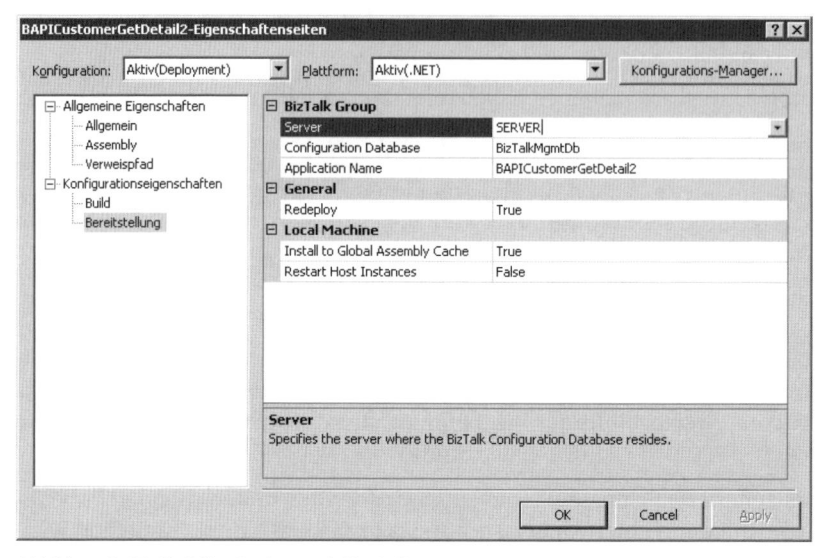

Abbildung 3.45: BizTalk – Deployment-Einstellungen

Hier müssen Sie den Namen des BizTalk Servers bzw. den Pfad für das Deployment und einen Namen für Ihre Applikation definieren.

Konfigurationsphase

Nach dem Abschluss des Designs der Szenarien im Visual Studio können Sie die beteiligten Systeme konfigurieren. Die Bindung der Ports an Systeme nehmen Sie innerhalb der BizTalk-Server-Verwaltungskonsole vor. Die Verwaltungskonsole ist applikationsbasiert, so dass alle Ports, Orchestrierungen, Pipelines, usw. direkt einer Anwendung zugeordnet sind. Der Benutzer hat dadurch eine bessere Sichtweise, im Gegensatz zur Zusammenfassung aller Objekte in einem großen Pool.

Während der Konfigurationsphase wurden virtuelle Ports erstellt, die nicht realen Systemen zugeordnet wurden. In der Konfigurationsphase werden die physischen Ports definiert.

Physische Ports Ein Empfangsport und ein Empfangsspeicherort werden benötigt, um ein ausführbares Szenario zu erhalten. Diese werden über den BizTalk Web Service Publishing Wizard als Webservice im IIS erstellt. Der Port DOT_NET_BapiCustomerFind_PortType ist für die Veröffentlichung auszuwählen. In diesem Fall wird SOAP als Kommunikationsprotokoll verwendet. Zwei Pipelines sind zu definieren, da der Port Daten sendet und empfängt. In diesem Beispiel werden die Standard-Pipelines PassThruReceive und PassThruTransmit verwendet.

Verwendung

Zudem muss der Sendepart konfiguriert werden, welcher die Nachrichten an das SAP ERP-System weiterleitet. Es ist möglich, eine RFC-Verbindung mit dem mySAP BizTalk Adapter von Microsoft herzustellen oder einen Webservice vom ERP-System über den Standard SOAP-Adapter aufzurufen. Die Authentifizierung für das ERP-System ist zu setzen. Es kann beispielsweise ein Single Sign On Service oder, wie in diesem Fall, eine einfache Basic Authentication verwendet werden.

Diese physischen Ports sind dann der Orchestrierung zuzuweisen.

Im Folgenden wird jeder Schritt zur Konfiguration der physischen Ports ausführlich beschrieben.

Webservice veröffentlichen Der BIZTALK WEB SERVICE PUBLISHING WIZARD erzeugt einen Webservice aus dem BizTalk-Projekt. Starten Sie den Assistenten über das Menü EXTRAS im Visual Studio.

In den ersten beiden Schritten markieren Sie die Box PUBLISH BIZTALK ORCHESTRATION AS WEB SERVICES und wählen die DLL-Datei des BizTalk-Projekts aus. Normalerweise sollten beide Einstellungen automatisch vorgenommen werden.

Die nächste Seite zeigt an, dass die BizTalk Assembly eine Orchestrierungsdatei enthält, die einen öffentlichen Port besitzt, welcher im IIS veröffentlicht werden kann. Falls der Port nicht verfügbar ist, stellen Sie sicher, dass er als öffentlich deklariert wurde.

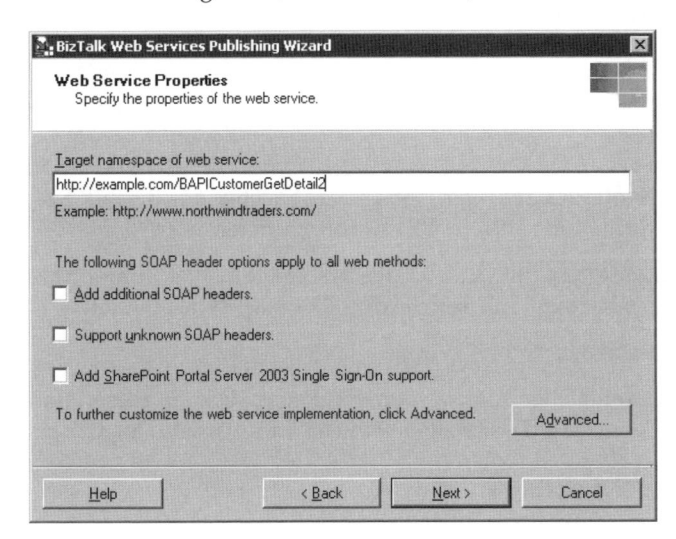

Abbildung 3.46: BizTalk – Web Service Publishing Wizard-Einstellungen

In dem Dialog aus Abbildung 3.46 ist ein Namensraum für den Webservice einzugeben. Zusätzlich können spezielle Einstellungen für den SOAP-Header definiert werden.

In Abbildung 3.47 wird die Eingabe des Webservice Pfads erwartet. Standardmäßig ist LOCALHOST als Deployment-Ziel angegeben. Das ist aber in den meisten Fällen nicht korrekt, weil der Webservice nur auf diesem Server verfügbar ist. Externe Anwendungen haben keinen Zugriff auf diesen Service. Deshalb müssen Sie LOCALHOST mit dem DNS-

3 – Praxis

NAMEN DES RECHNERS ersetzen. Aktivieren Sie CREATE BIZTALK RECEIVE LOCATIONS IN THE FOLLOWING APPLICATION: und wählen Sie das aktuelle Projekt in der Liste aus.

Zur Vereinfachung kann ALLOW ANONYMOUS ACCESS TO WEB SERVICE aktiviert werden. In diesem Beispiel wird eine einfache Basic Authentication verwendet.

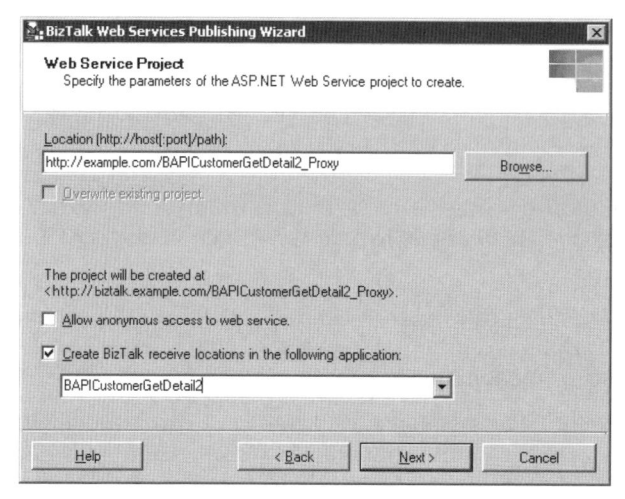

Abbildung 3.47: BizTalk – Web Service Publishing Wizard-Pfad

Im letzten Schritt wird eine Übersicht der ausgewählten Einstellungen anzeigt. Nach einem Klick auf den CREATE Knopf wird ein neues Webservice Projekt im Internet Information Services generiert.

Internet Information Server Konfiguration Der Webservice, welcher das BizTalk Szenario aufruft, ist im Internet Information Services (IIS) zu konfigurieren.

Starten Sie den INTERNET INFORMATION SERVICES in der SYSTEMSTEUERUNG unter VERWALTUNG. Falls diese nicht verfügbar sind, müssen Sie den IIS zunächst installieren.

Beschreibung für den IIS ab Version 6.0:

Ein Eintrag APPLICATION POOLS sollte angezeigt werden. Ein Rechtsklick auf diesen und wählen Sie NEW, APPLICATION POOL... aus. Das folgende Eingabeformular wird angezeigt:

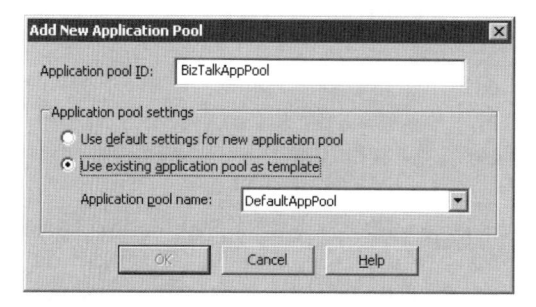

Abbildung 3.48: IIS – Neuen Application Pool hinzufügen

Verwendung

Geben Sie einen Namen für den Application Pool an, wie beispielsweise BIZTALKAPP-POOL, und wählen Sie DEFAULTAPPPOOL als Vorlage aus.

Es ist wichtig, dass ein neuer Application Pool im IIS erzeugt wird, da dieser Pool unter demselben Benutzerkonto wie die BizTalk Services laufen soll. Bearbeiten Sie den Application Pool und konfigurieren Sie den Benutzeraccount. Setzen Sie BIZTALKUSER und das entsprechende PASSWORT im Application Pool.

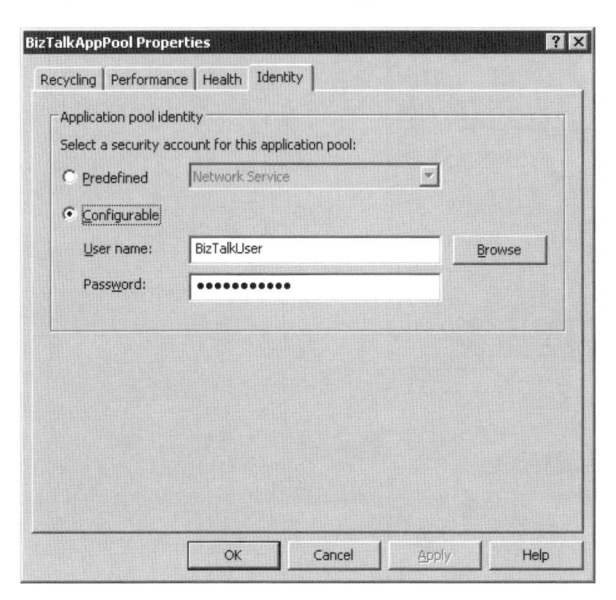

Abbildung 3.49: IIS - BizTalk Application Pool konfigurieren

Application Pools erlauben, für eine Gruppe von Webapplikationen eine bestimmte Konfiguration zu spezifizieren. Es ist beispielsweise möglich, dass bestimmte Anwendungen unter eingeschränkten oder mit vollen Administrator-Rechten laufen, weil diese bestimmte Systemaufrufe tätigen müssen. Es können nicht nur verschiedene Zugriffsrechte definiert werden, sondern auch einige andere Einstellungen, wie z.B. der Session-Timeout, die maximale CPU- und Speicherauslastung.

Der BizTalk Webservice muss innerhalb dieses Application Pools laufen, damit er Zugriff auf die Einstellungen der BizTalk Szenarien hat. Bearbeiten Sie unter dem Knoten DEFAULT WEB SITE das erzeugte Webservice-Projekt BAPICustomerGetDetail2_Proxy. Dieses Projekt wurde zuvor durch den BizTalk Web Service Publishing Wizard erstellt.

Fügen Sie die Applikation dem erstellten Application Pool BIZTALKAPPPOOL hinzu.

Klicken Sie auf das Register DIRECTORY SECURITY und drücken Sie den EDIT-Button bei den AUTHENTICATION AND ACCESS CONTROL Einstellungen. Aktivieren Sie im folgenden Fenster BASIC AUTHENTICATION und klicken Sie auf OK.

Öffnen Sie das Register ASP.NET und wählen Sie Version 2.0 in der Liste aus. Ein letzter Klick auf den OK-Knopf und der BizTalk Webservice ist vollständig im IIS konfiguriert.

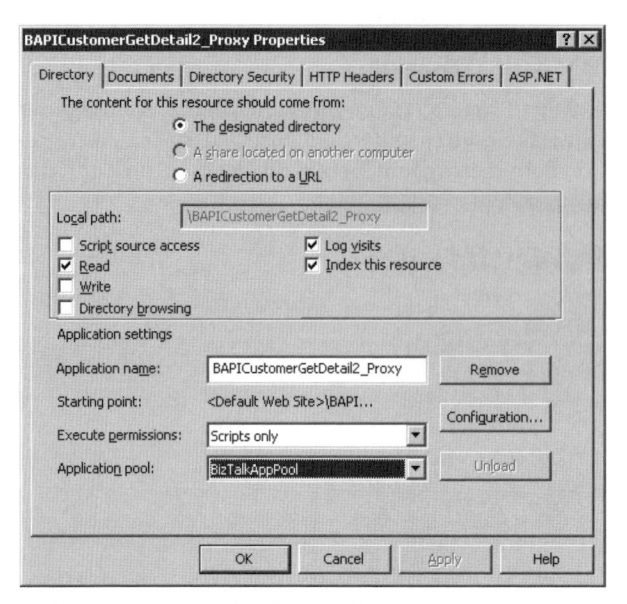

Abbildung 3.50: IIS - Projekteigenschaften

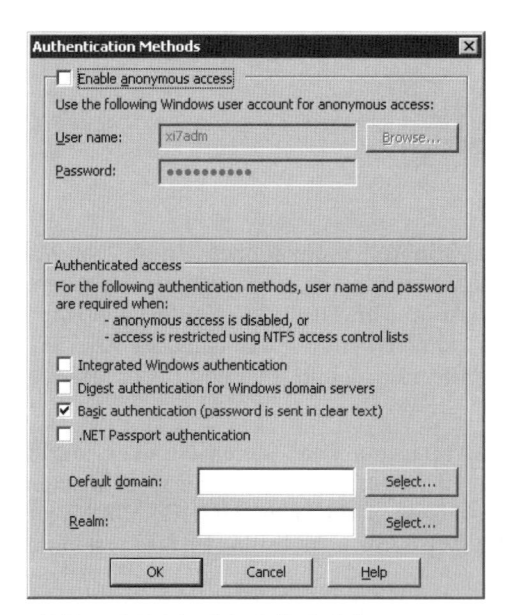

Abbildung 3.51: IIS - Sicherheitseinstellungen

> ### Basic Authentication wird nur für Testzwecke eingesetzt
> Verwenden Sie Basic Authentication nicht in produktiven Umgebungen, da das Passwort im Netzwerk als Klartext übertragen wird.

Verwendung

BizTalk Server-Verwaltung Starten Sie die BIZTALK SERVER-VERWALTUNGSKONSOLE aus dem MICROSOFT BIZTALK SERVER 2006 Startmenü-Eintrag.

Wählen Sie das veröffentlichte Projekt in der BIZTALK SERVER-VERWALTUNGSKONSOLE aus. Der Bildschirm sollte folgendermaßen aussehen:

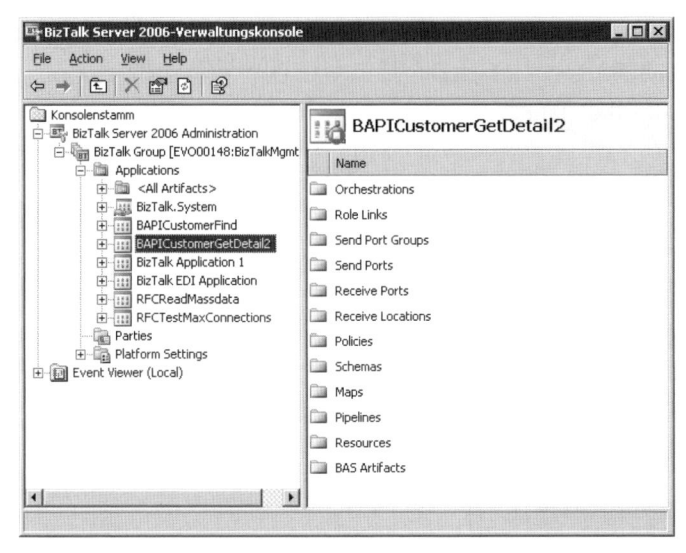

Abbildung 3.52: BizTalk – Verwaltungskonsole

Öffnen Sie den Ordner SEND PORTS und klicken doppelt auf den VERFÜGBAREN SENDEPORT.

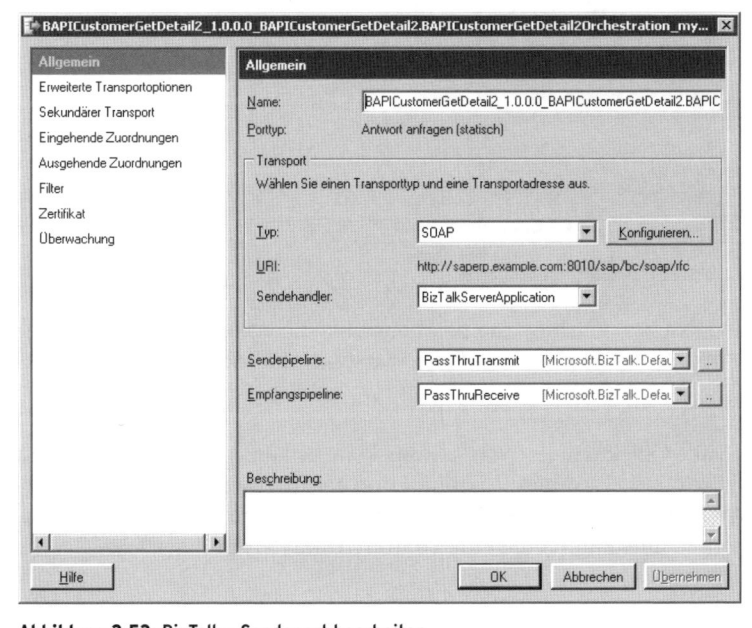

Abbildung 3.53: BizTalk – Sendeport bearbeiten

SAP/.NET Prozessintegration

Die Pipelines PassThruReceive und PassThruTransmit sind Standard-Pipelines, welche die Nachricht nicht modifizieren. Falls XML-Nachrichten übertragen werden, können auch die Pipelines XMLReceive und XMLTransmit verwendet werden. Diese ändern nicht den Inhalt der Nachricht, aber validieren die Syntax der XML-Dokumente.

Pipelines werden generell verwendet, um Konvertierungen und Änderungen an den Messages vorzunehmen, bevor diese gesendet oder empfangen werden. Mit Pipelines kann die Syntax von Nachrichten validiert oder ver- bzw. entschlüsselt werden.

In diesem Fall wird jedoch nur die Standard-Pipeline PassThru verwendet, weil einige XML-Dokumente des SAP ERP-Systems nicht hundertprozentig den XML-Schema-Definitionen entsprechen und somit nicht erfolgreich validiert würden.

Klicken Sie auf den KONFIGURIEREN-Knopf im Bearbeiten-Dialog des Sendeports. Wählen Sie als Authentifizierungstyp STANDARD und selektieren Sie die Box EINMALIGES ANMELDEN NICHT VERWENDEN. Geben Sie die Zugangsdaten für das SAP ERP-System an.

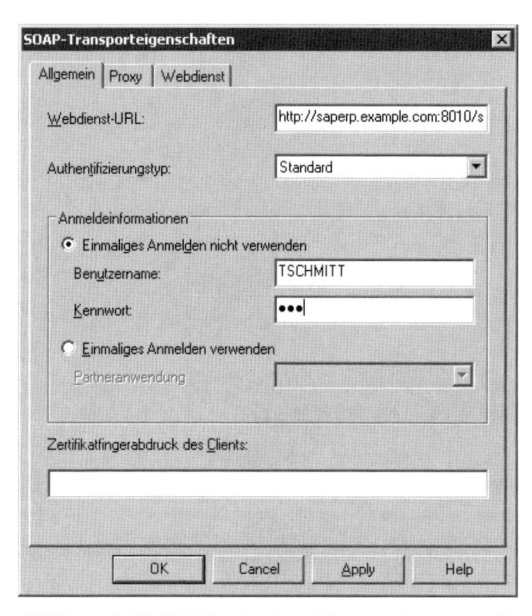

Abbildung 3.54: BizTalk - Sendeport Transporteigenschaften

Gehen Sie in den ORCHESTRATION-Ordner und bearbeiten Sie die VORHANDENEN ORCHESTRIERUNGSEINSTELLUNGEN. Setzen Sie hier den EMPFANGSPORT und den HOST BizTalkServerApplication.

Aktivierung Nachdem alle Objekte in der Verwaltungskonsole konfiguriert wurden, sind diese standardmäßig deaktiviert. Sie müssen aktiviert und gestartet werden, bevor sie verwendet werden können. Rechtsklick auf das PROJEKT und dann auf START.... Alle Orchestrierungen, Ports und andere Einstellungen werden dadurch aktiviert und gestartet.

Verwendung

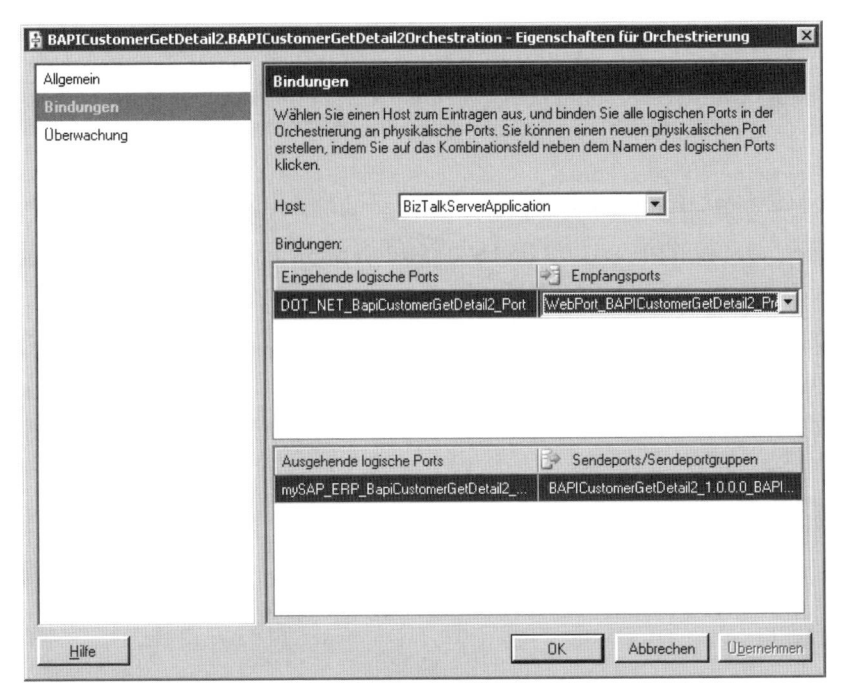

Abbildung 3.55: BizTalk - Orchestrierungskonfiguration

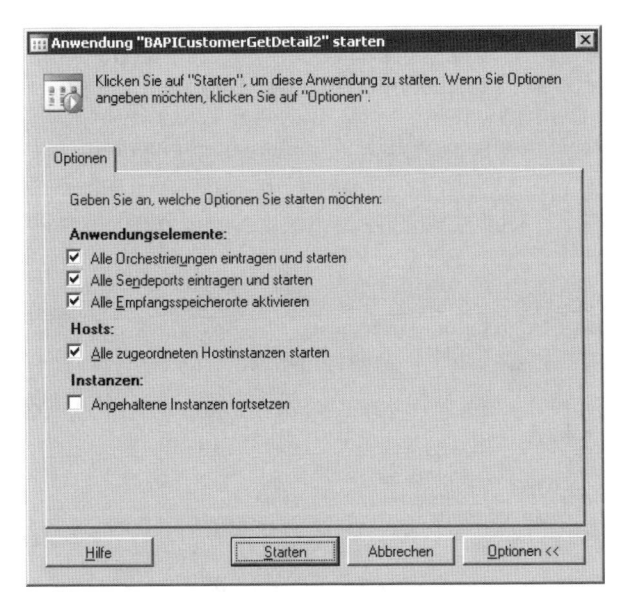

Abbildung 3.56: BizTalk - Szenario aktivieren und starten

Nun haben Sie erfolgreich ein Szenario im BizTalk Server angelegt. Dieses kann über einen Proxy aufgerufen werden. Die WSDL-Datei des Webservices ist über die URL *http://biztalk.example.com/BAPICustomerGetDetail2_Proxy* zu beziehen.

Im .NET-Client-Projekt wird ein Proxy angelegt, welcher das BizTalk Szenario aufruft und Daten von dem integrierten SAP ERP-System erhält. Der Code in Listing 3.4 des nachfolgenden Kapitels ruft den Webservice am IIS des BizTalk Servers auf und startet das Szenario.

3.2.5 .NET-Client-Anwendung

Die WSDL-Dateien des BizTalk, SAP XI und SAP ERP-Systems können für die Generierung der .NET Proxys verwendet werden.

.NET 3.0 Proxy Öffnen Sie die Windows Eingabeaufforderung über START, AUSFÜHREN... und geben CMD ein.

Wechseln Sie in den Windows SDK *bin*-Ordner (Standard: *C:\Programme\Microsoft SDKs\Windows\v6.0\Bin*)

```
cd "C:\Programme\Microsoft SDKs\Windows\v6.0\Bin"
```

Starten Sie das Microsoft ServiceModel Metadata Utility Tool, um Proxys aus lokalen WSDL-Dateien zu erzeugen. Standardmäßig werden nur Methoden für den asynchronen Aufruf erstellt. Wenn jedoch der Parameter /async festgelegt wird, dann werden auch asynchrone Aufrufe unterstützt.

```
SvcUtil.exe <PathToWSDL> /async
```

Starten Sie das Visual Studio und erstellen Sie ein neues Windows oder Webprojekt in der Programmiersprache C#. Kopieren Sie die generierten Klassen- und Konfigurationsdateien in das Projektverzeichnis. Die *output.config*-Datei muss bei Windows-Anwendungen in *app.config* und bei Web-Anwendungen in *web.config* umbenannt werden.

Klicken Sie im Visual Studio mit der rechten Maustaste auf das Projekt und wählen Sie HINZUFÜGEN, VORHANDENES ELEMENT.... Selektieren Sie die durch Svcutil erzeugte Klassendatei im Dialog.

Eine Referenz auf die .NET 3.0 WCF Bibliotheken muss hinzugefügt werden. Ein Rechtsklick auf das Projekt und dann VERWEIS HINZUFÜGEN.... Suchen Sie im Register .NET das System.ServiceModel in der Version 3.0.0.0 und wählen Sie es aus.

Im Folgenden ist C# .NET Code abgebildet, um Webservices am BizTalk Server, SAP XI und SAP ERP-System aufzurufen. Die Aufrufe unterscheiden sich nur im Namen der Proxy-Klasse und der Methode.

```
public BAPICUSTOMER_04 GetCustomer(string COMP_CODE, string CUSTOMER_NO)
{
    // Instanziiere den Proxy
    MI_DOT_NET_CUSTOMER_GETDETAIL2_Sync_OutClient client =
        new MI_DOT_NET_CUSTOMER_GETDETAIL2_Sync_OutClient();
```

Listing 3.3: .NET Client – SAP XI aufrufen

Verwendung

```
    // Setzen der Login-Daten für die Basic Authentication
    client.ClientCredientials.UserName.UserName = "BENUTZERNAME";
    client.ClientCredientials.UserName.Password = "***";

    // Deklarieren der benötigten Variablen
    BAPICUSTOMER_05 customercompanydetail;
    BAPICUSTOMER_KNA1 customergeneraldetail;
    BAPICUSTOMER_02[] customerbankdetail = new BAPICUSTOMER_02[0];
    BAPIRET1 return1;

    // Aufrufen der Fernprozedur
    BAPICUSTOMER_04 customeraddress =
      client.MI_DOT_NET_CUSTOMER_GETDETAIL2_Sync_out(
        COMP_CODE,
        ref customerbankdetail,
        CUSTOMER_NO,
        out customercompanydetail,
        out customergeneraldetail,
        out return1
          );

    // Rückgabe des Ergebnisses des Aufrufs
    return customeraddress;
}
```

Listing 3.3: .NET Client – SAP XI aufrufen (Forts.)

```
public BAPICUSTOMER_04 GetCustomer(string COMP_CODE, string CUSTOMER_NO)
{
    // Instanziiere den Proxy
    BAPICustomerGetDetail2_BAPICustomerGetDetail2Orchestration_DOT_NET_BapiCustomer
GetDetail1_PortSoapClient
    client = new BAPICustomerGetDetail2_BAPICustomerGetDetail2Orchestration_DOT_NET
_BapiCustomerGetDetail1_PortSoapClient();

    // Setzen der Login-Daten für die Basic Authentication
    client.ClientCredientials.UserName.UserName = "TSCHMITT";
    client.ClientCredientials.UserName.Password = "***";

    // Deklarieren der benötigten Variablen
```

Listing 3.4: .NET Client – Microsoft BizTalk aufrufen

```
    BAPICUSTOMER_05 customercompanydetail;
    BAPICUSTOMER_KNA1 customergeneraldetail;
    BAPICUSTOMER_02[] customerbankdetail = new BAPICUSTOMER_02[0];
    BAPIRET1 return1;

    // Aufrufen der Fernprozedur
    BAPICUSTOMER_04 customeraddress =
      client.BapiCustomerGetDetail2(
        COMP_CODE,
        ref customerbankdetail,
        CUSTOMER_NO,
        out customercompanydetail,
        out customergeneraldetail,
        out return1
          );

    // Rückgabe des Ergebnisses des Aufrufs
    return customeraddress;
}
```
Listing 3.4: .NET Client – Microsoft BizTalk aufrufen (Forts.)

```
public BAPICUSTOMER_04 GetCustomer(string COMP_CODE, string CUSTOMER_NO)
{
    // Instanziiere den Proxy
    BAPI_CUSTOMER_GETDETAIL2PortTypeClient client =
      new BAPI_CUSTOMER_GETDETAIL2PortTypeClient();

    // Setzen der Login-Daten für die Basic Authentication
    client.ClientCredientials.UserName.UserName = "BENUTZERNAME";
    client.ClientCredientials.UserName.Password = "***";

    // Deklarieren der benötigten Variablen
    BAPICUSTOMER_05 customercompanydetail;
    BAPICUSTOMER_KNA1 customergeneraldetail;
    BAPICUSTOMER_02[] customerbankdetail = new BAPICUSTOMER_02[0];
    BAPIRET1 return1;

    // Aufrufen der Fernprozedur
    BAPICUSTOMER_04 customeraddress =
      client.BAPI_CUSTOMER_GETDETAIL2(
```
Listing 3.5: .NET Client – SAP ERP direkt aufrufen

```
            COMP_CODE,
            ref customerbankdetail,
            CUSTOMER_NO,
            out customercompanydetail,
            out customergeneraldetail,
            out return1
              );

    // Rückgabe des Ergebnisses des Aufrufs
    return customeraddress;
}
```

Listing 3.5: .NET Client – SAP ERP direkt aufrufen (Forts.)

Bei einem SAP ERP IDES Testsystem sollte der Aufruf der Funktion „GetCustomer" mit den Parametern „CUSTOMER_NO = 0000000224" und „COMP_CODE = 1000" Ergebnisse zurückliefern.

4 .NET-SAP-Tool

Das .NET-SAP-Tool wird auf CD im Verzeichnis *DOT_NET_SAP* mitgeliefert. Es dient der Performance- und Stabilitäts-Messung der einzelnen Kommunikationsarten und Systeme.

Dieses Kapitel beschreibt zunächst die Technologien und Programme, die bei der Erstellung des .NET-SAP-Tools eingesetzt wurden. Anschließend werden die Anwendungsfälle, welche beim Tool realisiert wurden, kurz beschrieben. Letztendlich wird Schritt für Schritt erklärt, wie das Tool in der eigenen Systemumgebung konfiguriert und eingesetzt werden kann.

4.1 Technologien

Hier werden die eingesetzten .NET und SAP-Technologien und verwendeten Programme aufgezeigt, die zur Entwicklung des .NET-SAP-Tools beigetragen haben.

4.1.1 .NET

Der Client auf der .NET-Seite wurde mit Hilfe des .NET Frameworks 3.0 und der Windows Communication Foundation erstellt. Zur Vereinfachung wurde eine normale Windowsapplikation erstellt. Dasselbe könnte auch mit einer ASP.NET-Anwendung realisiert werden, aber dies würde nur die Komplexität des Tools erhöhen. Der Quellcode sollte jedoch so einfach wie möglich gehalten werden.

4.1.2 SAP

In diesem Szenario wurde SAP ERP als Backend System ausgewählt. Generell gibt es keine großen Unterschiede, wenn stattdessen ein SAP Customer Relationship Management (CRM) oder ein anderes SAP Business System eingesetzt werden soll. Das SAP ERP-System ist jedoch das meist verkaufte SAP-System und am häufigsten verwendete ERP-System weltweit. Es basiert auf der NetWeaver 2004s Plattform, welche im Grundlagen-Kapitel bereits näher beschrieben wurde.

4.1.3 Verwendete Programme

Die folgenden Programme sind bei der Entwicklung des .NET-SAP-Tools eingesetzt worden:

- **Visual Studio .NET 2005** wurde für die Erstellung des .NET Clients sowie des BizTalk-Projekts eingesetzt. Sie können von Microsoft eine 90-Tage-Testversion der Visual Studio .NET 2005 Professional Edition[1] herunterladen.

- **Visual Studio .NET 2003** wurde für die Generierung der .NET Connector Proxys benötigt.

- Das **ServiceModel Metadata Utility Tool (Svcutil.exe)** erzeugte die Windows Communication Foundation Proxys.

- **Fiddler HTTP Debugging Tool**[2] kann den HTTP-Verkehr loggen. Bei der Verwendung haben sich jedoch Probleme mit Proxy Scripts herausgestellt.

- Der **Microsoft SOAP Toolkit 3.0**[3] ermöglicht es ganz einfach SOAP-Nachrichten zu sniffen. Es funktioniert ohne Probleme im Zusammenhang mit Proxy-Scripts.

- **Wireshark**[4] ist ein sehr komplexes und umfangreiches Programm, um den kompletten Netzwerkverkehr in allen Protokollebenen zu loggen.

- **Smartline ActivePorts**[5] listet die aktiven Ports und TCP/IP Verbindungen auf.

4.2 Anwendungsfälle

Im Folgenden werden die Anwendungsfälle beschrieben, die im .NET-SAP-Tool realisiert wurden.

4.2.1 Anwendungsfall 1: Übertragen kleiner Datenpakete

Beim Thema Performance wurde untersucht, welche Kommunikationsart schneller bei der Übertragung von sehr vielen kleinen Datenpaketen ist. Aus diesem Grund wurden Kundendaten aus dem SAP ERP-System ausgelesen. Dies ist ein häufig verwendeter Anwendungsfall und die Details wie z.B. Adressdaten und Bankdaten enthalten nur einige wenige Bytes.

Beispiel: Eine .NET-Webanwendung bietet die Möglichkeit Kunden zu suchen, anzuzeigen und zu editieren. Die Informationen über die Kunden kommen aus einem SAP ERP-System.

---

1. http://www.microsoft.com/downloads/details.aspx?FamilyId=B2C27A7F-D875-47D5-B226-E2578A116E12&displaylang=en
2. http://www.fiddlertool.com
3. http://msdn2.microsoft.com/en-us/webservices/aa740662.aspx
4. http://www.wireshark.org
5. http://www.protect-me.com/freeware.html

Anwendungsfälle

Sequenzdiagramm

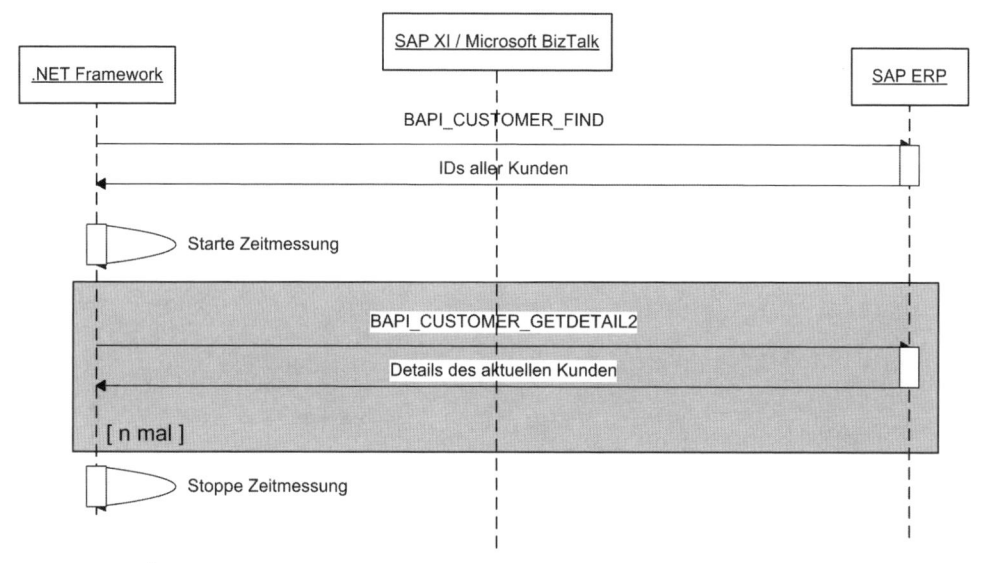

Abbildung 4.1: Übertragung kleiner Datenpakete

Beschreibung Zuerst wird das RFC Modul BAPI_CUSTOMER_FIND aufgerufen, um die IDs aller vorhandenen Kunden auszulesen. Diese ID wird dazu benötigt, Details zu den Kunden zu erhalten. Anschließend startet die Zeitmessung und die Methode BAPI_CUSTOMER_GETDETAIL2 wird entsprechend oft aufgerufen. Zum Schluss kann die genaue Zeit bestimmt werden, um eine gewisse Anzahl an Einzelevents aus dem ERP-System auszulesen.

4.2.2 Anwendungsfall 2: Übertragen großer Datenmengen

Ein weiterer wichtiger Punkt beim Thema Performance ist das Verhalten bei der Übertragung von sehr großen Datenmengen. Mehrere Gigabyte sollen vom SAP-System zum .NET Client übertragen werden. Des Weiteren muss die Möglichkeit gegeben sein, genau zu spezifizieren, wie viel KB an Daten bei einer Messung übertragen werden.

Beispiel: Ein kompletter Produktkatalog soll aus dem SAP ERP-System empfangen werden. Dieser beinhaltet Bilder, Anleitung und weitere Informationen über die Produkte. Wenn eine gewisse Anzahl an Produkten vorhanden ist, dann verursachen diese sehr große Datenmengen.

Sequenzdiagramm

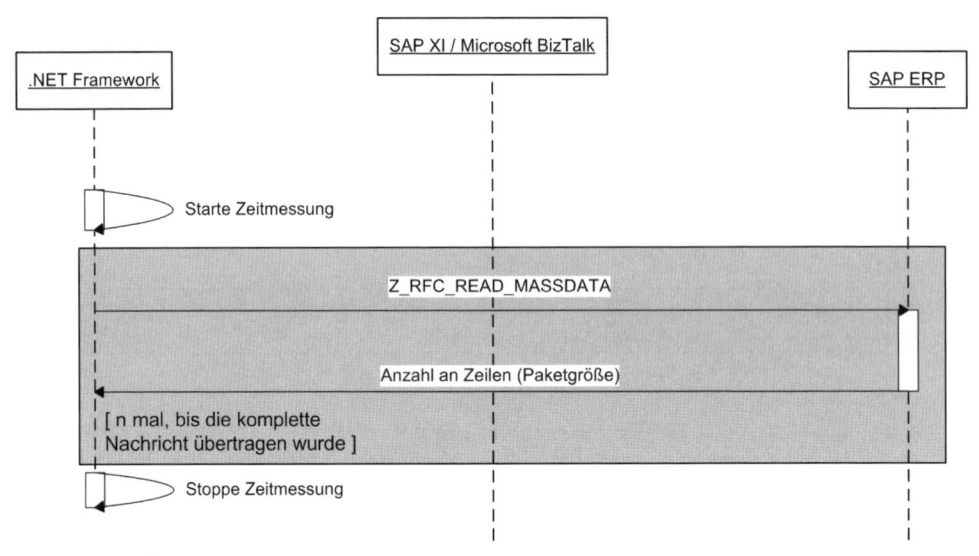

Abbildung 4.2: Übertragung großer Datenmengen

Beschreibung Es wird die Zeitmessung gestartet und das selbst entwickelte RFC-Modul Z_RFC_READ_MASSDATA aufgerufen. Mit dieser Methode kann bestimmt werden, wie viele Zeilen aus einer internen Tabelle ZMASSDATA ausgelesen werden sollen. Diese Tabelle beinhaltet Dummy-Daten und jede Zeile hat genau eine Größe von einem KB. Das RFC Modul liest diese Daten aus dem Speicher und gibt sie zurück. Die Performance der Datenbankschnittstelle wird in diesem Fall nicht gemessen. Sobald der Response am Client ankommt, wird die Zeitmessung gestoppt.

4.2.3 Anwendungsfall 3: Offene Verbindungen

Um ein System auf Stabilität hin zu untersuchen, ist es wichtig zu wissen, wie es beim Aufbau von sehr vielen Verbindungen reagiert. Es soll die maximale Anzahl an offenen Verbindungen bestimmt werden. Der RFC-fähige Funktionsbaustein Z_RFC_MAX_CONNECTIONS wurde erstellt, um eine Verbindung für eine gewisse Zeit aufrechtzuerhalten. Er transferiert keine Daten, weil dies nur das System und die maximale Anzahl an Verbindungen beeinflussen würde. Aus diesem Grund handelt es sich bei den Werten nur um theoretische Messungen.

4.2.4 Anwendungsfall 4: Dauertest

Um ein System als stabil zu bezeichnen, muss es ohne Probleme über einen längeren Zeitraum eine wechselnde Last vertragen. In diesem Anwendungsfall wird ein 24 Stunden Dauertest durchgeführt. Es werden kleine und große Datenmengen, in einer zufälligen Anzahl an gleichzeitigen Verbindungen, übertragen.

Sequenzdiagramm

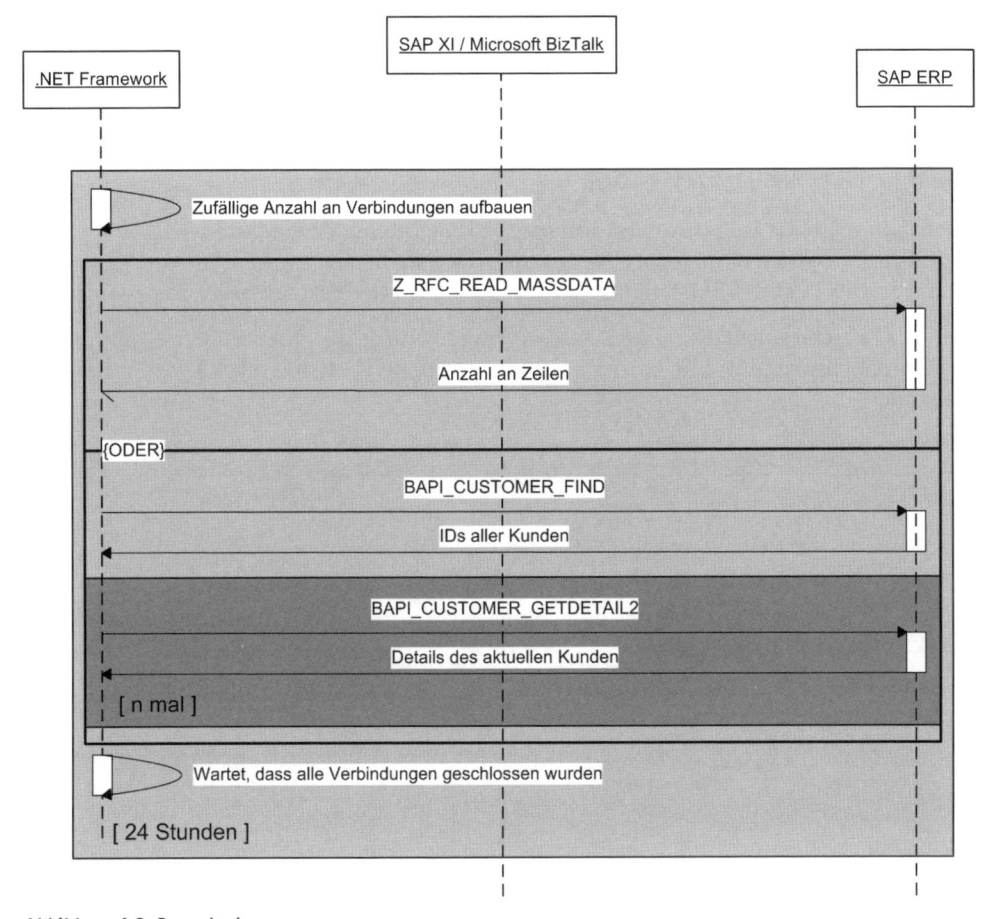

Abbildung 4.3: Dauertest

Beschreibung Eine zufällige Anzahl an Verbindungen wird aufgebaut. Entweder Massendaten oder nur kleine einzelne Events werden übertragen. Nachdem alle Threads abgeschlossen sind, werden neue Verbindungen aufgebaut. Das Ganze geschieht so lange bis die 24 Stunden vorbei sind. Es wird nicht die Zeit für die Verarbeitung der Anforderungen gemessen, sondern nur die Anzahl an erfolgreichen und gescheiterten Aufrufen.

4.3 Dokumentation

Die Einstellungen und Methoden des DOTNET_SAP_Tools und Computer_Usage_ Rate_Measurement Services werden beschrieben, um die Funktionalität und den Nutzen dieser Projekte besser zu verstehen.

4.3.1 DOTNET_SAP_Tool

Zweck dieses Tools ist es, die Performance und Stabilität der verschiedenen Kommunikationsarten zwischen Microsoft .NET und SAP-Systemen zu messen. Es wurde mit dem Visual Studio .NET 2005 erstellt und basiert auf dem .NET Framework 3.0.

Für die grafische Auswertung der Messergebnisse wurde die Open-Source-Komponente ZedGraph[6] verwendet. Ein Beispiel für die grafische Ausgabe ist aus Abbildung 4.4 ersichtlich.

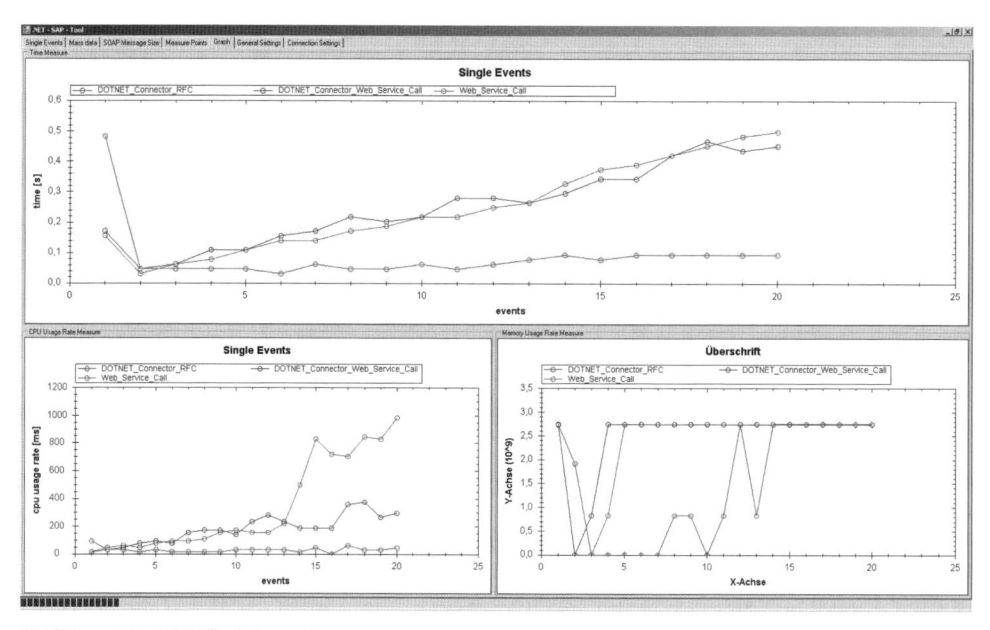

Abbildung 4.4: .NET Client-Anwendung

Das Projekt sollte sich ohne Probleme mit dem Visual Studio .NET 2005 öffnen und kompilieren lassen.

---

6. http://www.zedgraph.org

Proxys Das Tool bietet die Möglichkeit, die folgenden Kommunikationsarten zu untersuchen:

1. .NET Connector 2.0 über RFC-Protokoll
2. .NET Connector 2.0 über HTTP- und SOAP-Protokoll
3. ServiceModel Metadata Utility Tool (.NET 3.0) generierter Proxy, welcher Webservices am SAP ERP-System aufruft.
4. SAP XI 7.0 als Middleware-Komponente
5. Microsoft BizTalk Server 2006 als Middleware-Komponente

Das .NET-SAP-Tool implementiert alle diese fünf Kommunikationsmöglichkeiten.

Die SAP .NET Connector Proxys sind in einem separaten Visual Studio .NET 2003 Projekt zu generieren. Nach der Kompilierung können die Binaries dem 2005er Projekt hinzugefügt werden. Zudem wurden die .NET Connector dynamischen Laufzeitbibliotheken im Visual Studio 2005 Projekt referenziert, weil diese von den generierten Proxys verwendet werden.

Das ServiceModel Metadata Utility Tool erzeugt Proxys, die dem .NET Programmierstandard entsprechen. Der .NET Connector ist hingegen ein SAP-Produkt und die erzeugten Klassen, Funktionen und die Art der Aufrufe sind eher .NET-untypisch. SAP Tabellen können beispielsweise mehrere Instanzen eines Objekts beinhalten. Der .NET Connector erzeugt für diese Funktionalität eine separate Klasse. Der .NET 3.0 generierte Proxy erbt hingegen von der Basisklasse „Array", was eher dem .NET Standard entspricht.

Es wurden Proxys aus den WSDL-Dateien des SAP ERP-Systems, SAP XI-Systems und Microsoft BizTalk Servers generiert und dem Projekt hinzugefügt.

Performancemessung Es gibt zwei Arten von unterschiedlichen Aufrufen. Auf der einen Seite kann eine große Anzahl an sehr kleinen Datenpaketen geschickt werden. In diesem Fall wurden nur wenige Bytes über das Netzwerk transferiert und die Dauer hängt sehr stark von der Latenz ab (Register SINGLE EVENTS). Auf der anderen Seite können sehr große Datenmengen geladen werden. Zunächst wurde versucht diese Daten in einem einzigen Paket zu übertragen (Register MASS DATA). Die Grenzen der Systeme wurden jedoch sehr schnell ausgereizt. Deshalb wurde die große Datenmenge in kleinere Pakete gesplittet (Register OPTIMAL MESSAGE SIZE). Dabei ist es wichtig die optimale Paketgröße für die Nachrichten zu bestimmen, damit die kompletten Daten möglichst schnell und mit relativ geringer Systemauslastung übertragen werden.

Stabilitätsmessungen Im Register **Parallel Access** kann eine bestimmte Anzahl an parallelen Verbindungen aufgebaut werden, um zu testen, wie viele Verbindungen maximal möglich sind. Der **Endurance Test** erzeugt über einen gewissen Zeitraum eine zufällige Last am System. Dabei wird die Anzahl der gescheiterten Verbindungen mitgezählt, damit die Stabilität des Systems über eine längere Zeitspanne getestet werden kann.

Zeitmessung Das Tool beginnt mit der Zeitmessung vor dem Aufruf des Webservices und stoppt die Messung nachdem der Aufruf erfolgreich war und das Ergebnis komplett angekommen ist. Zum Schluss wird dann die Zeitdauer der verschiedenen Kommunikationsmöglichkeiten verglichen.

Mess-Serien Der Benutzer kann komplette Mess-Serien mit diesem Tool durchführen. Das bedeutet beispielsweise, dass die Zeit für die Übertragung von 1000 kleinen Datenpaketen gemessen wird und danach noch die Dauer von 2000, 3000, 4000 und 5000 Einzelevents. Dies zeigt das Verhalten der verschiedenen Kommunikationsmöglichkeiten mit steigender Belastung. Die Zeitdauer könnte hier zum Beispiel linear oder quadratisch ansteigen.

Des Weiteren können auch viele solche Mess-Serien in einer Reihe durchgeführt werden. So kann zum Beispiel die Übertragung von 1000 bis 5000 Datenpaketen in Schritten von 1000 durchgeführt werden. Das kann der Reihe nach über das RFC-Protokoll, via Webservices und auch mit den Middleware-Komponenten SAP XI und Microsoft BizTalk ausgeführt werden. Das wären fünf Messpunkte für jede der vier Messreihen. Zum Schluss können die gemessenen Zeitintervalle der verschiedenen Kommunikationsarten miteinander verglichen werden.

Numerische und grafische Auswertung Nachdem eine Mess-Serie durchgeführt wurde, kann das Tool die exakten Messwerte in einer Tabelle darstellen. Da es sehr schwierig ist, den Zusammenhang der Messpunkte anhand der Tabellenansicht zu bestimmen, bietet das Tool die Möglichkeit, eine grafische Auswertung in Form eines Liniengraphen anzuzeigen. Dadurch hat der User die Möglichkeit die Messpunkte auf einen Blick miteinander zu vergleichen.

Logging Das Tool loggt alle Prozesse, Aufrufe, Messpunkte und Exceptions, um es dem Benutzer zu ermöglichen, den Programmfluss nachzuvollziehen. Ein Test, der die verbundenen Systeme bis ans Limit ausreizt, kann viele Stunden und sogar Tage dauern. Sobald Probleme auftreten, werden diese geloggt. Das Tool versucht die Arbeit fortzusetzen und die anderen Tests, soweit möglich, fertig zu stellen. Der Benutzer kann beispielsweise 20 Tests definieren, die jeweils fünf Stunden dauern können. Es wäre sicherlich ärgerlich, wenn einer der ersten Tests abbricht und dadurch alle folgenden Tests nicht ausgeführt werden.

Verbindungseinstellung Im Register CONNECTION SETTINGS können alle zu testenden Systeme konfiguriert werden: das SAP ERP-System, SAP XI-System und der Microsoft BizTalk Server. Dadurch ist es möglich die Geschwindigkeit und Stabilität verschiedenster ERP, XI oder BizTalk Systeme zu testen. Es ist jedoch notwendig, dass die benötigten Szenarien und Funktionsbausteine auf diesen Systemen zur Verfügung stehen.

Generelle Einstellungen Im Register GENERAL SETTINGS des .NET-SAP-Tool können einige Einstellungen vorgenommen werden. Die Wichtigsten werden nachfolgend kurz erläutert:

- **Logging mode and output**

    Die Logging-Ausgabe kann auf die Konsole und/oder in eine Datei geschehen. Zudem kann der Pfad zur Log-Datei konfiguriert werden.

- **Show detailed output**

    Es gibt zwei Arten von Logging Levels. Wenn der Benutzer Probleme hat, hilft die Aktivierung der Funktion SHOW DETAILED OUTPUT. Dadurch wird jedes einzelne Paket und jeder Aufruf mitgeloggt. Es sollte nur zur Fehlerbehebung aktiviert werden, da diese Einstellung die Resultate der Performance-Messungen beeinflusst.

- **Save result table**

    Nachdem die Mess-Serien fertig gestellt wurden, ist es möglich die Resultate in eine Comma-Separated-Values-(CSV)-Datei auszugeben. Diese Datei kann in Tabellenkalkulationen wie Microsoft Excel oder auch anderen Programmen dazu verwendet werden, die Messwerte zu visualisieren oder diese in eine Dokumentation zu integrieren.

- **Sleeping**

    WAIT AFTER EVERY STEP ist die Zeitdauer in Millisekunden, welche die Anwendungen nach jedem Messwert warten, so dass sich die verschiedenen Messwerte nicht gegenseitig beeinflussen.

- **CPU Usage Rate**

    Aktiviert oder deaktiviert die Messung der CPU-Auslastung auf den gewünschten Ziel-Systemen. Der Webservice Computer_Usage_Rate_Measurement_Service muss dazu auf den Systemen verfügbar sein.

- **Memory Usage Rate**

    Aktiviert oder deaktiviert die Messung der Speicherauslastung auf den gewünschten Ziel-Systemen. Der Webservice Computer_Usage_Rate_Measurement_Service muss dazu auf den Systemen verfügbar sein.

- **Use internal table**

    Verwendet eine interne Tabelle, um Massendaten aus dem ERP-System zu erhalten (RFC_READ_MASSDATA2).

    Ist diese Funktion nicht aktiviert, dann wird der Baustein RFC_READ_MASSDATA aufgerufen, welcher Massendaten aus einer Tabelle der Datenbank liest. Wichtig ist dabei, dass diese Tabelle entsprechend viele Daten enthält.

Durchführung einer Messung Um eine der Messungen anzustoßen, ist zunächst eines der ersten vier Register in der Anwendung auszuwählen. Anschließend sind die gewünschten Einstellungen vorzunehmen. Mit dem Knopf ADD wird die Mess-Serie in die Liste aufgenommen. Jetzt können weitere Messreihen definiert werden. Mit einem Klick auf START werden die Messungen der Reihe nach durchgeführt.

4.3.2 Computer Usage Rate Monitoring Webservice

Um die optimale Nachrichtengröße bestimmen zu können, ist es nicht nur wichtig die genaue Übertragungsdauer zu messen, sondern auch die CPU- und Speicherauslastung der Systeme während der Verarbeitung zu überprüfen.

Das Server-Modul, um Prozesse zu überwachen, ist ein .NET Webservice, welcher innerhalb des IIS ausgeführt wird und die CPU- und Speicherauslastung während einer bestimmten Zeitspanne auf dem entsprechenden System misst.

Klassendiagramm

```
Usage_Rate_Measurement_Service
Class
 → WebService

⊟ Methods
    addProcessMonitoring
    clearResult
    getProcessInfoList
    startMeasurement
    stopMeasurement
```

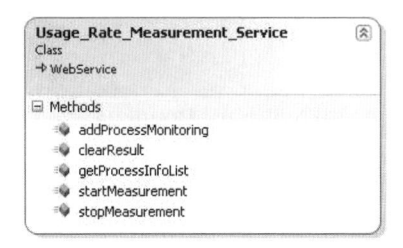

Abbildung 4.5: Computer Usage Rate Measurement Webservice – Klassendiagramm

Beschreibung

- **addProcessMonitoring**

  Erlaubt das Hinzufügen von Prozessen, die überwacht werden sollen. Der Webservice erwartet ein Array mit Prozessnamen oder Prozess-IDs.

  Wenn diese Funktion mehrmals aufgerufen wird, dann werden separate Monitoring-Instanzen gestartet, um beispielsweise die Auslastung der Datenbank und des BizTalk bzw. XI-Systems getrennt zu messen. Die Funktion „getProcessInfoList" gibt in diesem Fall eine Liste von Resultaten zurück. Jeder Eintrag entspricht genau einer Monitoring-Instanz.

- **clearResult**

  Stoppt die Messung und verwirft die Ergebnisse.

- **getProcessInfoList**

  Gibt die Überwachungsergebnisse zurück.

- **startMeasurement**

  Startet die Messung der CPU-Last. Wenn der Parameter „memory_usage_rate_interval" einen Wert größer 0 hat, dann wird die Speicherauslastung in dem übergebenen Intervall geloggt.

  Falls keine Prozesse definiert wurden, dann wird eine Exception geworfen.

- **stopMeasurement**

  Stoppt die CPU- und Speichermessung.

Session Management für die Webservice-Methoden aktivieren

Gesteuert wird das Session Management über das Attribut [WebMethod(EnableSession = true)]. Dieses ist vor jeder Webservice-Methode zu spezifizieren, welche Zugriff auf die Session benötigt.

Der Session-Timeout sollte sehr hoch gewählt werden, damit die Session während des kompletten Monitoring-Vorgangs zur Verfügung steht. Wenn der Timeout zu klein gewählt wird, macht sich das beim Aufruf der stopMeasurement-Methode bemerkbar, weil diese keine Resultate zurückgibt. Die Session wird während der Aufzeichnung aufgrund des Timeouts beendet.

Sequenzdiagramm

Das folgende Diagramm zeigt die Aufrufreihenfolge wie die Prozessüberwachung funktioniert. Es wird nur die Messung auf den Middleware Systemen erklärt. Analog kann auch die CPU- und Speicherauslastung am SAP ERP-System aufgezeichnet werden.

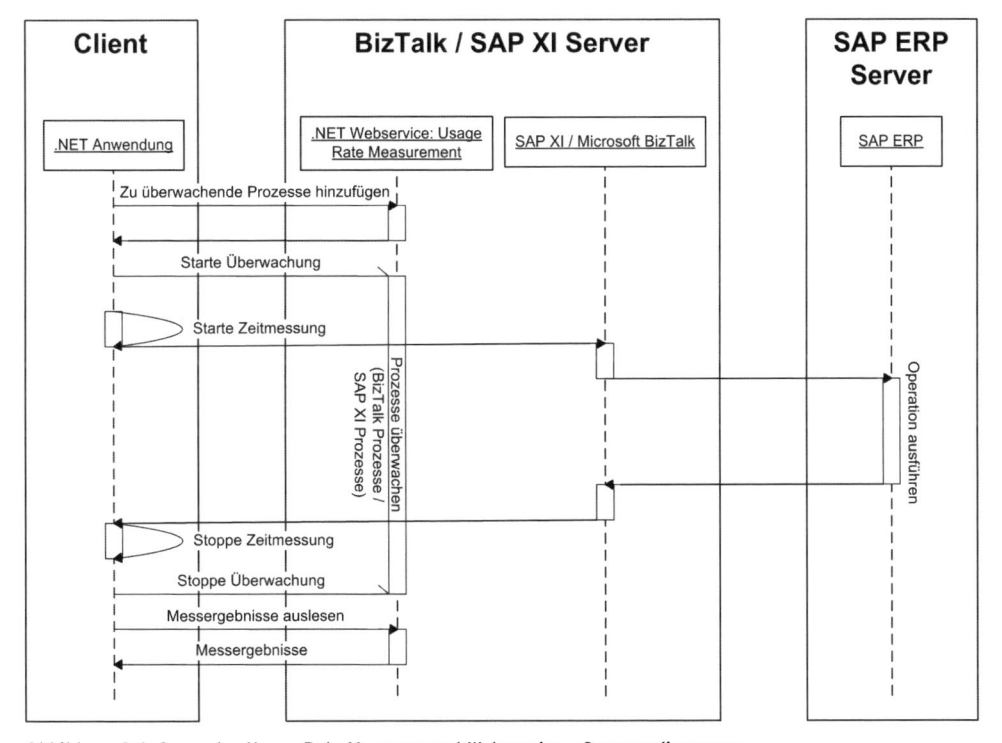

Abbildung 4.6: Computer Usage Rate Measurement Webservice – Sequenzdiagramm

Beschreibung Als Erstes muss die .NET Applikation die zu überwachenden Prozesse dem .NET Webservice am BizTalk oder XI Server mitteilen. Dafür wird die Funktion **addProcessMonitoring** mit der Liste der Prozesse aufgerufen, die für das SAP/BizTalk System bzw. deren Datenbank Oracle/MS-SQL verantwortlich sind. Die Aufnahme der Auslastung ist gestartet. Nun können die gewünschten Operationen ausgeführt werden. Nachdem die Aufrufe abgeschlossen wurden, kann die Zeitmessung und das Prozess-Monitoring beendet werden. Mit der Funktion **getProcessInfoList** können die Resultate vom Webservice abgeholt und in der .NET Applikation visualisiert werden.

4.4 Konfigurieren des .NET-SAP-Tools

Es wird in diesem Abschnitt Schritt für Schritt beschrieben, wie man das .NET-SAP-Tool richtig konfiguriert. Die notwendigen Implementierungen am SAP ERP-, SAP XI- und Microsoft BizTalk-System werden ausführlich erläutert. Dadurch ist es möglich, an den Systemen Performance- und Stabilitätsmessungen durchzuführen.

4.4.1 Voraussetzungen

Zum sinnvollen Einsetzen des .NET-SAP-Tools wird ein beliebiges SAP Business-System benötigt. Bevorzugt sollte dafür ein SAP ERP-System verwendet werden. Bei diesem System sind die benötigten Implementierungen von der CD des Buches zu importieren.

- Das Verzeichnis *SAP_ERP* enthält einen Transportauftrag zum Einspielen in das ERP-System.

- Unter *BizTalk_Import_Szenarios* finden Sie die verfügbaren BizTalk Szenarios.

- *SAP_XI_Import_Szenarios* beinhaltet die Objekte für das Integration Repository und Integration Directory.

Diese Vorgänge werden in den nächsten Abschnitten ausführlich beschrieben. Ohne diese Zusätze ist es mit dem Tool nur möglich direkte Aufrufe über den .NET Connector (RFC bzw. SOAP-Protokoll) und normalen Webservice zu starten.

Wenn Sie im Besitz eines SAP XI oder BizTalk Servers sind, müssen Sie die entsprechenden Szenarien importieren, um die Systeme mit dem Tool verwenden zu können. Dies wird in den Abschnitten *SAP XI 7.0 Szenarien* und *BizTalk Server 2006 Szenarien* beschrieben.

Falls die Auslastung der Systeme gemessen werden soll, wird der IIS Webserver benötigt und der .NET Webservice muss wie in Kapitel *Konfigurieren des Computer Usage Rate Monitoring Service* konfiguriert werden.

4.4.2 SAP ERP 6.0

Als Nächstes werden die Implementierungen beschrieben, welche am SAP ERP-System vorgenommen werden müssen: Strukturen, Tabellen und RFC-fähige Funktionsbausteine. Diese können alle automatisch über einen Transportauftrag importiert werden.

Importieren der Module Kopieren Sie die Datei *SAP_ERP\trans\cofiles\K900058.EV3* in das SAP Verzeichnis *<LAUFWERK>:\usr\sap\trans\cofiles*.

Die Datei *SAP_ERP\trans\data\R900058.EV3* ist in das Verzeichnis *<LAUFWERK>:\usr\sap\trans\data* zu kopieren.

Starten Sie das TRANSPORT MANAGEMENT SYSTEM im SAP ERP-System über die Transaktion STMS.

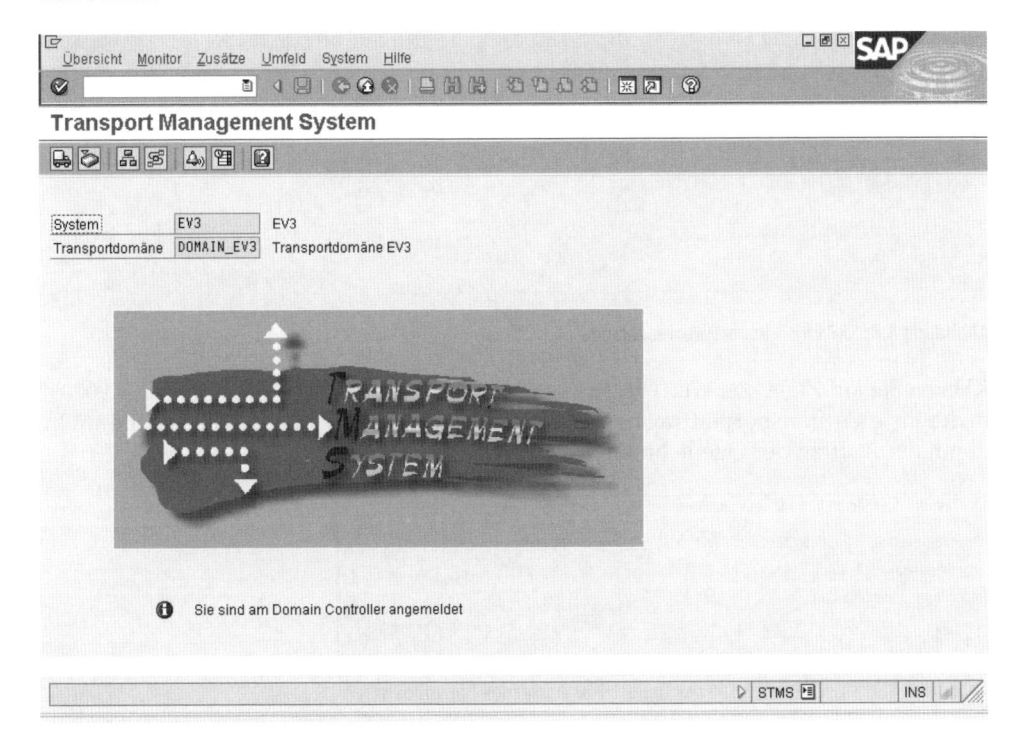

Abbildung 4.7: SAP ERP – Transport Management System

Klicken Sie auf das Menü ÜBERSICHT und den Eintrag IMPORTE. Danach ein Doppelklick auf die Importqueue des aktuellen Systems in der Liste.

4 - .NET-SAP-Tool

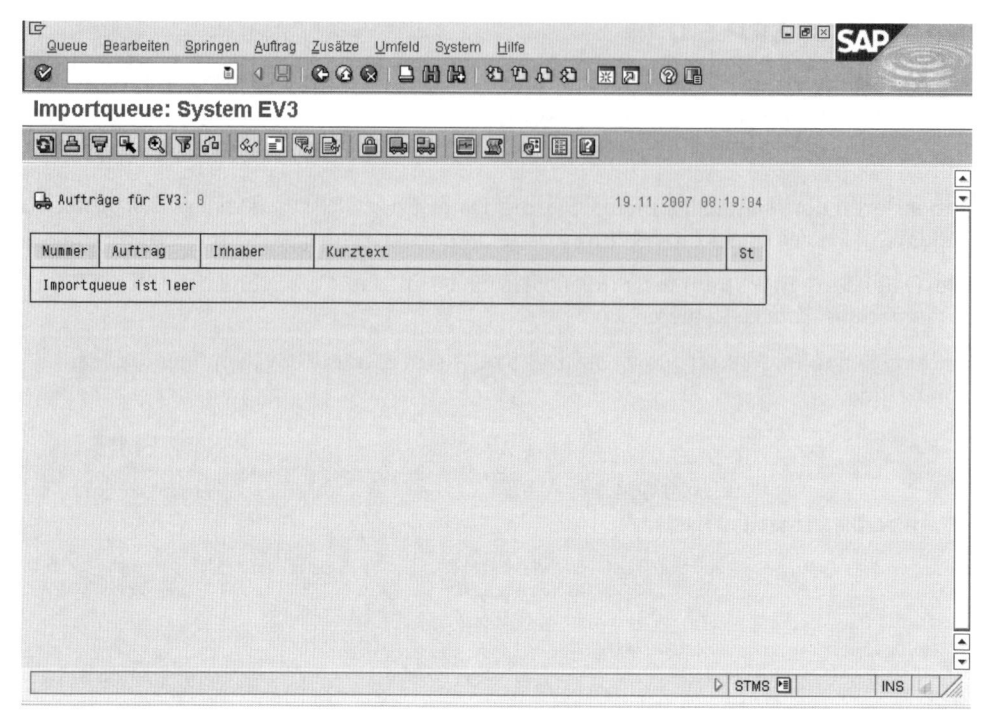

Abbildung 4.8: SAP ERP - Import-Warteschlange

Klicken Sie auf ZUSÄTZE, WEITERE AUFTRÄGE und ANHÄNGEN. Wählen Sie EV3K900058 in der Liste als Transportauftrag aus und betätigen den Knopf WEITER. Klicken Sie auf JA, damit der Auftrag der Queue hinzugefügt wird.

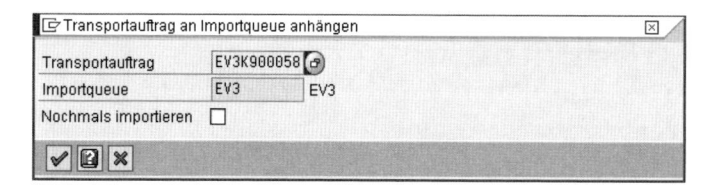

Abbildung 4.9: SAP ERP - Auftrag der Import-Warteschlange hinzufügen

Rechtsklick auf den Request EV3K900058 in der Liste und wählen Sie IMPORTIEREN... aus dem Kontextmenü aus.

Konfigurieren des .NET-SAP-Tools

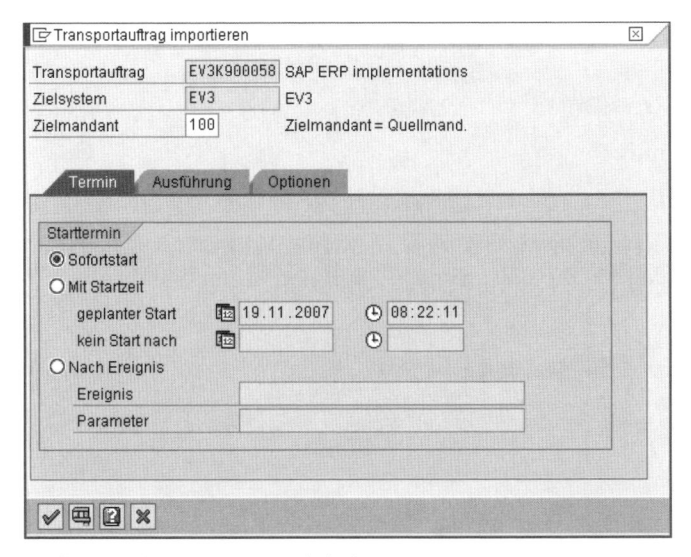

Abbildung 4.10: SAP ERP – Import starten

Geben Sie den ZIELMANDANT an und wählen zum Ausführen IMPORT STARTEN.

4.4.3 SAP XI 7.0 Szenarien

Die folgenden Szenarien werden für die Performance- und Stabilitätsmessungen benötigt:

- **XI_DOT_NET_CUSTOMER_FIND** ruft das RFC-Modul BAPI_CUSTOMER_FIND als Webservice am ERP-System auf.

- **XI_DOT_NET_CUSTOMER_GETDETAIL2** ruft das RFC-Modul BAPI_CUSTOMER_GETDETAIL2 als Webservice am ERP-System auf.

- **XI_DOT_NET _READ_MASSDATA** ruft das selbst programmierte RFC-Modul Z_RFC_READ_MASSDATA auf, welches auf eine Datenbanktabelle mit Dummy-Daten zugreift.

- **XI_DOT_NET _READ_MASSDATA2** ruft das selbst programmierte RFC-Modul Z_RFC_READ_MASSDATA2 auf, welches auf eine interne Tabelle mit Dummy-Daten zugreift.

- **XI_DOT_NET_MAX_CONNECTIONS** ruft das selbst programmierte RFC-Modul Z_RFC_READ_MAX_CONNECTIONS auf, welches die aktuelle Verbindung für eine bestimmte Zeit aufrechterhält.

Diese Szenarien können analog zu der Beschreibung im praktischen Kapitel erstellt oder direkt von CD importiert werden. Letzteres wird nachfolgend erklärt.

4 - .NET-SAP-Tool

Importieren der Szenarien Kopieren Sie die Dateien von dem Verzeichnis der beiliegenden CD:

SAP_XI_Project\Integration_Repository

in das SAP XI-Server Verzeichnis:

<LAUFWERK>:\usr\sap\<SID>\SYS\global\xi\repository_server\import

Starten Sie das INTEGRATION REPOSITORY und klicken im Menü WERKZEUGE auf DESIGNOBJEKTE IMPORTIEREN.... Wählen Sie die entsprechende Software Komponente aus und importieren diese.

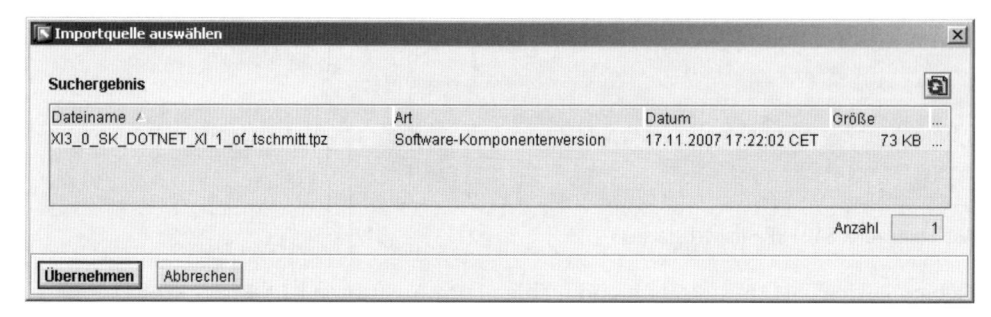

Dateiname	Art	Datum	Größe
XI3_0_SK_DOTNET_XI_1_of_tschmitt.tpz	Software-Komponentenversion	17.11.2007 17:22:02 CET	73 KB

Anzahl 1

Abbildung 4.11: SAP XI - Importieren ins Integration Repository

Kopieren Sie die Dateien von dem CD-Verzeichnis:

SAP_XI_Project\Integration_Directory

in das SAP XI-Server Verzeichnis:

<LAUFWERK>:\usr\sap\<SID>\SYS\global\xi\directory_server\import

Starten Sie das INTEGRATION DIRECTORY und klicken im Menü WERKZEUGE auf KONFIGURATIONSOBJEKTE IMPORTIEREN.... Wählen Sie eines der verfügbaren Szenarien aus und klicken auf ÜBERNEHMEN, um dieses ins XI-System zu importieren.

Bearbeiten Sie den SOAP-Kommunikationskanal SOAP_DOT_NET_Sender und setzen Sie die folgenden Parameter:

- Ziel-URL: *http://saperp.example.com:80XX/sap/bc/soap/rfc/sap?sap-client=YYY*, XX steht für die Systemnummer und YYY für den Mandanten
- Aktivieren Sie BENUTZER-AUTHENTIFIZIERUNG KONFIGURIEREN
- Benutzer: Benutzer, welcher das Recht besitzt, den RFC BAPI_CUSTOMER_GETDETAIL2 am SAP ERP-System auszuführen.
- Kennwort: ...

Nach dem Aktivieren aller Objekte sollte dieses Szenario einsatzbereit sein.

Importieren Sie anschließend alle verfügbaren Szenarien. Der SOAP-Kommunikationskanal SOAP_DOT_NET_Sender ist jedoch nur einmal anzupassen, da er für alle Szenarien verwendet wird.

4.4.4 BizTalk Server 2006 Szenarien

Übersicht der BizTalk Szenarien, welche analog zu denen von SAP XI sind:

- BAPICustomerFind
- BAPICustomerGetDetail2
- RFCReadMassdata
- RFCMaxConnection

Importieren der Szenarien Starten Sie den Import mit der MSI Datei aus dem Verzeichnis *BizTalk_Import*. Der Import der Szenarien beginnt.

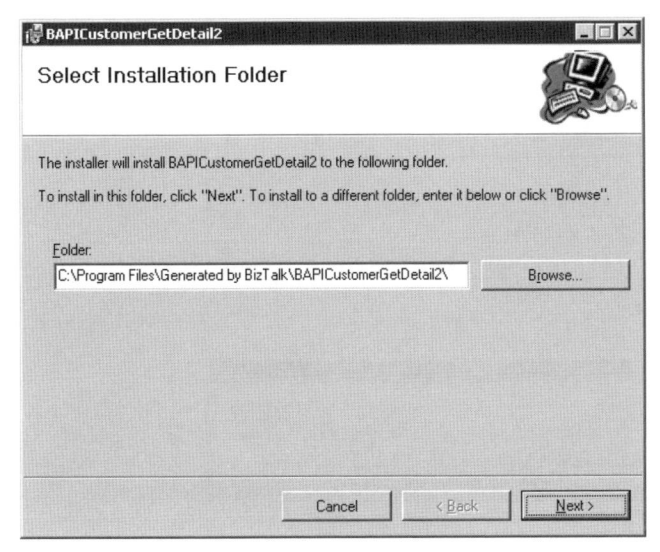

Abbildung 4.12: BizTalk – Installieren der Szenarien

Ein Installationsassistent wird gestartet. Folgen Sie den Instruktionen am Bildschirm, um das BizTalk Projekt im ISS zu installieren.

Starten Sie die BIZTALK SERVER-VERWALTUNGSKONSOLE. Rechtsklick auf den Knoten APPLICATIONS und wählen Sie IMPORT, MSI FILE.... Der Import-Assistent wird gestartet.

Die Standard-Settings des Import-Assistenten müssen normalerweise nicht modifiziert werden. Fahren Sie fort bis das Projekt erfolgreich importiert wurde.

4 - .NET-SAP-Tool

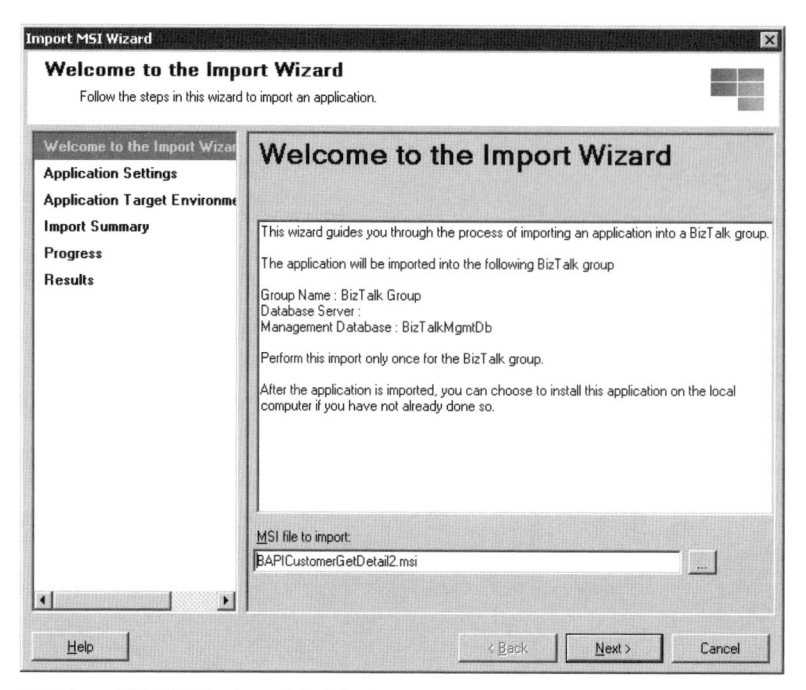

Abbildung 4.13: BizTalk - Import-Assistent

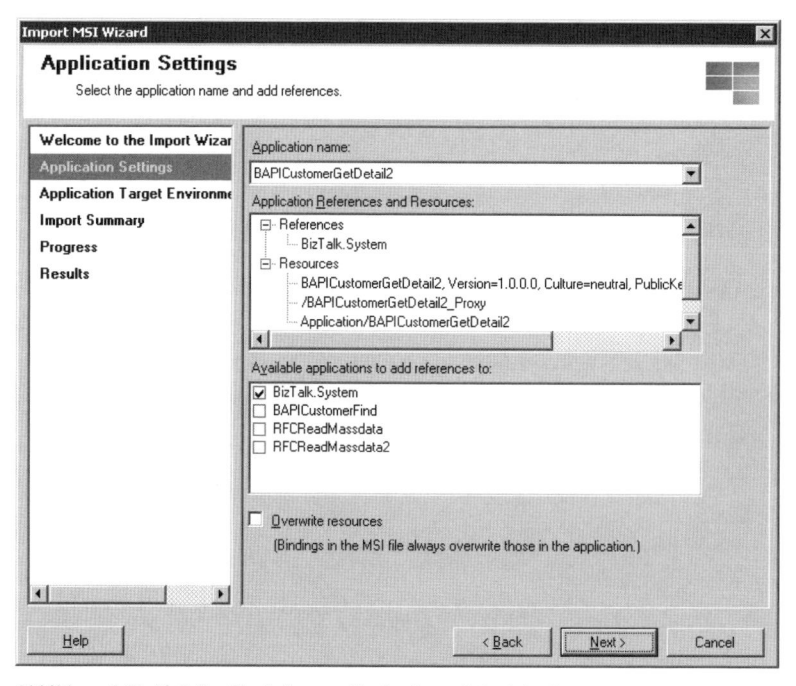

Abbildung 4.14: BizTalk - Einstellungen für den Import-Assistenten

Nachdem alle Objekte in die Verwaltungskonsole importiert wurden, sind diese anzupassen. Doppelklick auf den Eintrag im SEND-PORTS-Ordner. Konfigurieren Sie die SAP ERP Server URL und geben den Benutzernamen und das Passwort an.

Starten Sie die INTERNET-INFORMATIONSDIENSTE (IIS) in der SYSTEMSTEUERUNG unter VERWALTUNG.

Vorgang für den Internet Information Service ab Version 6.0:

Normalerweise sollte ein Knoten APPLIKATIONSPOOL angezeigt werden. Rechtsklick auf diesen und wählen Sie ADD NEW APPLICATION POOL aus. Geben Sie als APPLIKATIONSPOOL ID den Namen BIZTALKAPPPOOL an. Verwenden Sie den DEFAULTAPPPOOL als Vorlage. Bearbeiten Sie den BIZTALKAPPPOOL und konfigurieren ihn so, dass er den BizTalk-Benutzer verwendet, unter dem auch der BizTalk Service läuft. Wechseln Sie zu WEBSITES, DEFAULT WEB SITE und bearbeiten die Eigenschaften des erstellten Webservice-Projekts (z.B. BAPICustomerGetDetail2_Proxy). Fügen Sie das Projekt dem BIZTALKAPPPOOL hinzu.

Vorgang für ältere IIS Versionen (5.x):

Wechseln Sie zu WEBSITES, DEFAULT WEB SITE und bearbeiten die Eigenschaften des erstellten Webservice-Projekts (z.B. BAPICustomerGetDetail2_Proxy). Öffnen Sie das Register VERZEICHNISSICHERHEIT und klicken auf den BEARBEITEN... Knopf unter STEUERUNG DES ANONYMEN ZUGRIFFS UND DER AUTHENTIFIZIERUNG. Geben Sie unter VERWENDETES KONTO FÜR ANONYMEN ZUGRIFF den BizTalk Benutzer an, unter dem der BizTalk Service läuft.

Wiederholen Sie diese Schritte bis alle Szenarien korrekt installiert wurden.

4.4.5 Konfigurieren des Computer Usage Rate Monitoring Service

Computer_Usage_Rate_Measurement ist ein Webservice, welcher für die Messung der CPU- und Speicherauslastung benötigt wird. Dieser Webservice sollte am BizTalk, SAP XI und SAP ERP-System verfügbar sein, um die Auslastung der Computer messen zu können.

Deployment des Webservices

Kopieren Sie den Ordner *Computer_Usage_Rate_Measurement_Service_Proxy* aus dem CD-Verzeichnis *Computer_Usage_Rate_Measurement* und fügen Sie ihn unter *C:\inetpub\wwwroot* ein.

Öffnen Sie die INTERNET INFORMATION SERVICES (IIS) über SYSTEMSTEUERUNG und VERWALTUNG. Erstellen Sie einen neuen Applikationspool. Konfigurieren Sie diesen, dass er unter einem Benutzerkonto mit Administratorrechten läuft. Klicken Sie in den Projekteinstellungen des Ordners *Computer_Usage_Rate_Measurement_Service_Proxy* auf den ERSTELLEN Knopf im Register DIRECTORY. Konfigurieren Sie dieses Projekt, damit es innerhalb des zuvor erstellten Applikationspools läuft. Das wird benötigt damit der Webservice unter Administratorrechten läuft und somit Zugriff auf Resource-Informationen wie CPU- und Speicherauslastung des Computers hat.

4.4.6 Konfigurieren des DOT_NET_SAP Tools - Visual Studio Projekt

Zunächst sollte das Visual Studio .NET 2005 korrekt installiert werden. Danach benötigen Sie das .NET Framework 2.0 und 3.0. Zudem empfehle ich das aktuelle Windows SDK herunterzuladen, damit Sie z.B. das Svcutil verwenden können. Anschließend sollte sich die Projektmappe auf CD problemlos im Visual Studio öffnen und kompilieren lassen.

5 Typische Probleme und Lösungen

Während der Implementierung und dem Testen des .NET-SAP-Tools sowie der XI- und BizTalk-Szenarien, können viele Probleme auftreten. Auf die Wichtigsten wird im Folgenden kurz eingegangen. Soweit Lösungen und Workarounds verfügbar sind, werden diese aufgezeigt.

5.1 Generelle Probleme

5.1.1 SAP HTTP Webserver Timeout

Standardmäßig erlaubt der SAP-HTTP-Webserver nur eine maximale Ausführungsdauer von 60 Sekunden bei einem Webservice. Wenn eine große Menge an Daten in einem Request übertragen wird, kann dies teilweise um einiges länger dauern. Die zugrunde liegende HTTP-Verbindung des Webservice-Aufrufs wird abgebrochen, sobald dieser Timeout erreicht wurde.

Die Lösung ist es, die maximale Ausführungsdauer für den HTTP-Service über den ICM Monitor[1] zu erhöhen oder den Startparameter `icm/server_port_<xx>`[2] anzupassen.

5.1.2 Ausführungsfehler am SAP-System

Es gibt viele Datentypen in der Programmiersprache ABAP, die nicht exakt auf .NET Datentypen gemappt werden können. In ABAP können native Datentypen eingeschränkt werden. ABAP-Strings haben beispielsweise eine definierte Länge. In .NET gibt es solche Restriktionen nicht. Deshalb können viele Fehler erst zur Laufzeit erkannt werden.

5.2 SAP .NET Connector 2.0

5.2.1 SAP .NET Connector funktioniert nicht mit dem Visual Studio .NET 2005

Das Hauptproblem des .NET Connectors ist, dass er nur mit dem Visual Studio .NET 2003 funktioniert. Nur durch einen Workaround ist es möglich den Connector im Visual Studio .NET 2005 zu verwenden.

Die Lösung finden Sie unter [TaDoConVS05].

---

1. SAP Transaktion: SMICM
2. SAP Transaktion: RZ11

5.2.2 Authentifizierungsprobleme

Obwohl die verwendeten Zugangsdaten beim Aufruf eines RFC Moduls aus einem SAP R/3 4.7 ERP-System (auch bei älteren Versionen) korrekt waren, gab es Probleme mit der Authentifizierung. Die folgende Fehlermeldung wurde beim RFC angezeigt „*Name oder Kennwort ist nicht korrekt (Wiederholen Sie die Anmeldung)*".

Das SAP-System erwartet beim Aufruf einer Fernprozedur, dass der Benutzername und das Kennwort komplett in Großbuchstaben geschrieben sind, sogar wenn diese normalerweise auch Kleinbuchstaben enthalten.

5.3 Visual Studio 2005 generierter Proxy

Diese Probleme traten nur zusammen mit dem .NET Framework 2.0 und dem Microsoft Visual Studio Proxy Generator auf.

5.3.1 Authentifizierungsprobleme

Der Visual Studio 2005 Proxy-Generator erzeugt Klassen für den Webservice-Aufruf, welche im Gegensatz zum .NET Connector nicht bei jedem Aufruf die festgelegten Credentials (Benutzername/Passwort) überträgt. Nach jedem Request antwortet das SAP-System zunächst mit der Nachricht „*access denied*" und fragt nach den Zugangsdaten. Bei der zweiten Anfrage wiederholt die .NET-Applikation den vorherigen Request, diesmal jedoch mit dem entsprechenden Benutzernamen und Passwort. Deshalb scheint es so, als ob die Visual Studio generierten Klassen viel langsamer sind als die des .NET Connectors. Mit den Programmen Microsoft Fiddler oder Microsoft SOAP Trace konnte dieses Verhalten aufgedeckt werden. Diese loggen den HTTP- und SOAP-Verkehr. Dadurch konnte erkannt werden, dass die Visual Studio .NET-Klassen doppelt so viele HTTP-Requests schicken und Responses empfangen wie die SAP .NET Connector-Klassen.

Die Eigenschaft PreAuthenticate der Objektinstanz des generierten Proxy ist zu aktivieren, um dieses Problem zu beheben. Dadurch werden die Authentifizierungsdaten immer beim ersten Aufruf mitgeschickt.

5.3.2 Inkompatibilitäten zwischen SAP XI und Microsoft .NET

Die Implementierung der Microsoft Visual Studio Proxys ist nicht hundertprozentig konform und kompatibel zu den generierten WSDL-Dateien des SAP XI-Systems.

Die folgende Fehlermeldung wird beispielsweise im Visual Studio angezeigt, wenn ein Proxy aus einer WSDL des XI-Systems erzeugt werden soll: „*Custom tool error: Unable to import WebService/Schema. Unable to import binding 'MI_DOT_NET_CUSTOMER_ GETDETAIL2_Sync_OutBinding' from namespace 'http://www.example.com/xi/dotnet3/00'. Unable to import operation 'MI_DOT_NET_CUSTOMER_GETDETAIL2_Sync_Out'. The element 'urn:sap-com:document:sap:rfc:functions:BAPI_CUSTOMER_GETDETAIL2' is missing.*".

Listing 5.1 zeigt einen Auszug aus der generierten WSDL-Datei.

```
<?xml version="1.0" encoding="utf-8"?>
<wsdl:definitions
  name="MI_DOT_NET_CUSTOMER_GETDETAIL2_Sync_Out"
  targetNamespace="http://www.example.com/xi/dotnet/00"
  xmlns:p1="http://www.example.com/xi/dotnet/00"
  xmlns:p2="urn:sap-com:document:sap:rfc:functions"
  xmlns:wsdl="http://schemas.xmlsoap.org/wsdl/"

  ...

</wsdl:definitions>
```
Abbildung 5.1: .SAP XI – WSDL-Datei

Um einen Proxy auf der .NET-Seite erzeugen zu können, muss der Standard-Namensraum des XML Schemas im Wurzelknoten der WSDL-Datei eingebunden werden. Die Änderung wurde in Listing 5.2 markiert.

```
<?xml version="1.0" encoding="utf-8"?>
<wsdl:definitions
  name="MI_DOT_NET_CUSTOMER_GETDETAIL2_Sync_Out"
  targetNamespace="http://www.example.com/xi/dotnet/00"
  xmlns:p1="http://www.example.com/xi/dotnet/00"
  xmlns:p2="urn:sap-com:document:sap:rfc:functions"
  xmlns:wsdl="http://schemas.xmlsoap.org/wsdl/"
  xmlns:xsd="http://www.w3.org/2001/XMLSchema" >

  ...

</wsdl:definitions>
```
Abbildung 5.2: .SAP XI – Korrigierte WSDL-Datei

5.4 ServiceModel Metadata Utility Tool

5.4.1 Limit der maximalen Nachrichtengröße

Standardmäßig sind die WCF Proxys auf eine maximale eingehende SOAP-Nachrichtengröße von 65536 Bytes beschränkt. Wenn Nachrichten mit mehreren Megabytes aus dem SAP ERP-System übertragen werden sollen, dann ist die MaxReceivedMessageSize-Eigenschaft des Binding-Elements zu erhöhen.

5.5 SAP Exchange Infrastructure 7.0

Wenn Sie manuell Datentypen in SAP XI über das Integration Repository anlegen und diese als XSD-Dateien exportieren, kann es bei der Erzeugung der Klassen auf .NET-Seite mit dem Svcutil Probleme geben.

SAP XI hat auch Schwierigkeiten, wenn im SOAP-Header oder in den Message-Parts zusätzliche Daten unabhängig von den Businessobjekten übertragen werden sollen.

5.5.1 Probleme mit nicht qualifizierten Elementen

Damit mit dem Svcutil Objekte aus einer XML-Schema-Definition erzeugt werden können, sind alle Elemente zu qualifizieren, d.h. sie müssen einem Namensraum zugeordnet werden. Die Angabe des Attributs elementFormDefault="qualified" bedeutet, dass jedes Element innerhalb des XML-Dokuments qualifiziert sein muss. Falls ein Element nicht explizit einem Namensraum zugeordnet ist, wird es automatisch dem Default-Namensraum zugewiesen, der unter dem targetNamespace-Attribut definiert wurde.

Da SAP XI elementFormDefault nicht auf qualified setzt und nicht alle Elemente explizit qualifiziert, gibt es Probleme bei der Generierung mit dem Svcutil.

Fehlermeldung: *„Das Element ... muss in qualifizierter Form angegeben werden. Korrigieren Sie das Schema, sodass die Typen Datenvertragstypen zugeordnet werden können, oder verwenden Sie ImportXmlType oder ein anderes Serialisierungsprogramm."*

Fügen Sie zur Behebung des Problems einfach das Attribut elementFormDefault="qualified" in den XML-Root-Knoten des XML-Dokuments ein, wie in Listing 5.3.

```
<?xml version="1.0" encoding="UTF-8"?>
<xsd:schema targetNamespace="http://www.example.com/xi/dotnet3/00"
            xmlns="http://www.example.com/xi/dotnet3/00"
            xmlns:xsd="http://www.w3.org/2001/XMLSchema"
            elementFormDefault="qualified" >
  <xsd:complexType name="Bestellung">
    <xsd:sequence>
      <xsd:element name="Nummer" type="xsd:integer" />
    </xsd:sequence>
  </xsd:complexType>
</xsd:schema>
```

Abbildung 5.3: .SAP XI - Qualifizierte Elemente

5.5.2 Probleme mit erstellten Datentypen (Teil 1)

SAP XI ermöglicht eine Liste als Unterelement zu definieren. In Abbildung 5.4 ist zum Beispiel ein Bestellungs-Datentyp aufgezeigt, der eine Nummer und eine Liste von Produkten enthält. Auf XML Schema-Ebene handelt es sich um eine Sequenz, die genau eine Nummer enthält sowie 0 bis unendlich viele Elemente ProduktListe.

Das Svcutil meldet bei der Generierung folgendes: *„maxOccurs für das Element Produkt-Liste muss 1 sein".*

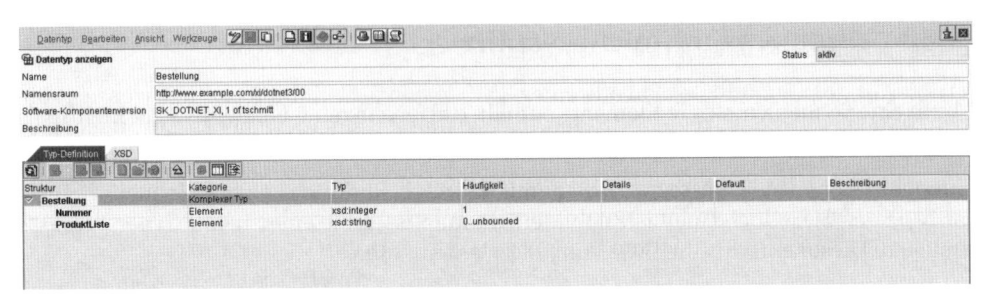

Abbildung 5.4: Problem mit Datentyp (Teil 1) - XI Datentyp

```
<?xml version="1.0" encoding="UTF-8"?>
<xsd:schema targetNamespace="http://www.example.com/xi/dotnet3/00"
            xmlns="http://www.example.com/xi/dotnet3/00"
            xmlns:xsd="http://www.w3.org/2001/XMLSchema"
            elementFormDefault="qualified">
  <xsd:complexType name="Bestellung">
    <xsd:annotation>
      <xsd:appinfo
        source="http://sap.com/xi/TextID">28c960709e8411dcaec2001372605262
      </xsd:appinfo>
    </xsd:annotation>
    <xsd:sequence>
      <xsd:element name="Nummer" type="xsd:integer">
        <xsd:annotation>
          <xsd:appinfo
            source="http://sap.com/xi/TextID">fc46b6009e7f11dcb86e0017426c3d0c
          </xsd:appinfo>
        </xsd:annotation>
      </xsd:element>
      <xsd:element name="ProduktListe" type="xsd:string"
                  minOccurs="0" maxOccurs="unbounded"
                  xmlns:xsd="http://www.w3.org/2001/XMLSchema">
        <xsd:annotation>
```

Listing 5.1: Probleme mit Datentyp (Teil 1) - XSD

5 – Typische Probleme und Lösungen

```
        <xsd:appinfo
          source="http://sap.com/xi/TextID">c9a469309e8011dcba730017426c3d0c
        </xsd:appinfo>
      </xsd:annotation>
    </xsd:element>
  </xsd:sequence>
 </xsd:complexType>
</xsd:schema>
```

Listing 5.1: Probleme mit Datentyp (Teil 1) – XSD (Forts.)

Wenn eine Sequenz mehrere Elemente enthält, dürfen einzelne Elemente nicht mehrmals vorkommen.

Entweder stellen Sie maxOccours auf 1, damit nur noch ein Produkt in der Sequenz erlaubt ist. Möchten Sie jedoch eine Liste abbilden, dann müssen Sie einen neuen Typen Produkte erstellen. Dieser enthält eine Liste von Produkt-Elementen.

Im Bestellungs-Datentyp muss dieser neue Typ Produkte als einzelnes Element (Produkt-Liste) referenziert werden. Abbildung 5.5 zeigt diese Auslagerung. Im XSD in Listing 5.2 wird eine Sequenz im Bestellung-Element mit zwei einzelnen Unterelementen (Nummer und ProduktListe) erzeugt, die jeweils nur maximal 1-mal vorkommen dürfen. Ein weiterer Typ Produkte ist anzulegen, der eine Sequenz mit nur einem Element enthält, das 0- bis n-mal vorkommen kann.

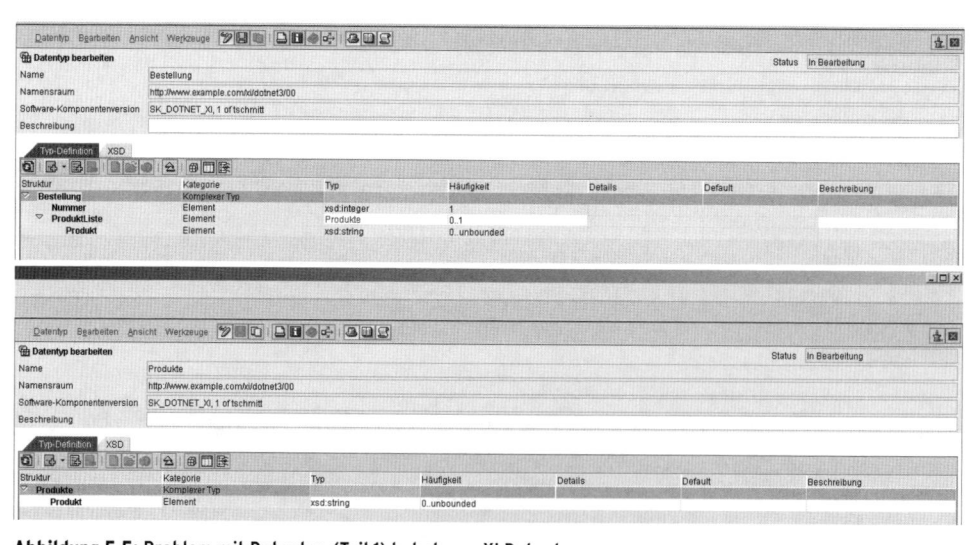

Abbildung 5.5: Problem mit Datentyp (Teil 1) behoben – XI Datentyp

```
<?xml version="1.0" encoding="UTF-8"?>
<xsd:schema targetNamespace="http://www.example.com/xi/dotnet3/00"
```

Listing 5.2: Probleme mit Datentyp (Teil 1) behoben – XSD

```xml
            xmlns="http://www.example.com/xi/dotnet3/00"
            xmlns:xsd="http://www.w3.org/2001/XMLSchema"
            elementFormDefault="qualified">
<xsd:complexType name="Produkte">
  <xsd:annotation>
    <xsd:appinfo
      source="http://sap.com/xi/TextID">8ee531229e8b11dcbf55001372605262
    </xsd:appinfo>
  </xsd:annotation>
  <xsd:sequence>
    <xsd:element name="Produkt" type="xsd:string"
                 minOccurs="0" maxOccurs="unbounded"
                 xmlns:xsd="http://www.w3.org/2001/XMLSchema">
      <xsd:annotation>
        <xsd:appinfo
          source="http://sap.com/xi/TextID">49e3f0709e8b11dc92020017426c3d0c
        </xsd:appinfo>
      </xsd:annotation>
    </xsd:element>
  </xsd:sequence>
</xsd:complexType>
<xsd:complexType name="Bestellung">
  <xsd:annotation>
    <xsd:appinfo
      source="http://sap.com/xi/TextID">28c960709e8411dcaec2001372605262
    </xsd:appinfo>
  </xsd:annotation>
  <xsd:sequence>
    <xsd:element name="Nummer" type="xsd:integer">
      <xsd:annotation>
        <xsd:appinfo
          source="http://sap.com/xi/TextID">fc46b6009e7f11dcb86e0017426c3d0c
        </xsd:appinfo>
      </xsd:annotation>
    </xsd:element>
    <xsd:element name="ProduktListe" type="Produkte"
                 minOccurs="0"
                 xmlns:xsd="http://www.w3.org/2001/XMLSchema">
      <xsd:annotation>
        <xsd:appinfo
```

Listing 5.2: Probleme mit Datentyp (Teil 1) behoben – XSD (Forts.)

```
            source="http://sap.com/xi/TextID">c9a469309e8011dcba730017426c3d0c
        </xsd:appinfo>
      </xsd:annotation>
    </xsd:element>
  </xsd:sequence>
 </xsd:complexType>
</xsd:schema>
```
Listing 5.2: Probleme mit Datentyp (Teil 1) behoben - XSD (Forts.)

5.5.3 Probleme mit erstellten Datentypen (Teil 2)

Default-Werte funktionieren mit Svcutil überhaupt nicht. Wenn Sie in SAP XI einen Standard-Wert für ein Element setzen, wird ein Attribut `default` im XSD erzeugt.

Svcutil gibt diese Fehlermeldung aus: *„Der Standardwert des Elements ... wird nicht unterstützt."*

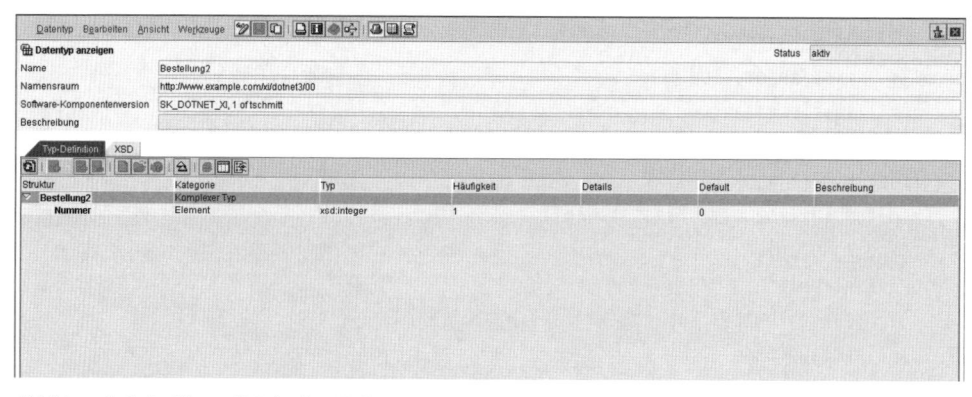

Abbildung 5.6: Problem mit Datentyp (Teil 2) - XI Datentyp

```
<?xml version="1.0" encoding="UTF-8"?>
<xsd:schema targetNamespace="http://www.example.com/xi/dotnet3/00"
            xmlns="http://www.example.com/xi/dotnet3/00"
            xmlns:xsd="http://www.w3.org/2001/XMLSchema"
            elementFormDefault="qualified">
  <xsd:complexType name="Bestellung2">
    <xsd:annotation>
      <xsd:appinfo
        source="http://sap.com/xi/TextID">3fd376948f2a33eea32343439347901
      </xsd:appinfo>
    </xsd:annotation>
    <xsd:sequence>
```
Listing 5.3: Probleme mit Datentyp (Teil 2) - XSD

```
        <xsd:element name="Nummer" type="xsd:integer"
                    default="0"
                    xmlns:xsd="http://www.w3.org/2001/XMLSchema">
          <xsd:annotation>
            <xsd:appinfo
              source="http://sap.com/xi/TextID">831e9ca09e8611dc8cf30017426c3d0c
            </xsd:appinfo>
          </xsd:annotation>
        </xsd:element>
      </xsd:sequence>
    </xsd:complexType>
  </xsd:schema>
```

Listing 5.3: Probleme mit Datentyp (Teil 2) – XSD (Forts.)

Zur Behebung des Problems löschen Sie einfach den Standard-Wert (in Listing 5.6 markiert).

5.5.4 Probleme mit erstellten Datentypen (Teil 3)

SAP XI ermöglicht die Definition von Einschränkungen (Restrictions) auf die entsprechenden Datentypen. Dadurch sind z.B. nur Strings erlaubt, die eine bestimmte Länge haben oder einem bestimmten regulären Ausdruck entsprechen. Listen können nur in einer bestimmten Länge gültig sein, z.B. mit zwei bis fünf Elementen. In der Programmiersprache ABAP können solche Datentypen problemlos abgebildet werden. .NET kennt solche Einschränkungen nicht und das Svcutil verweigert deshalb seinen Dienst.

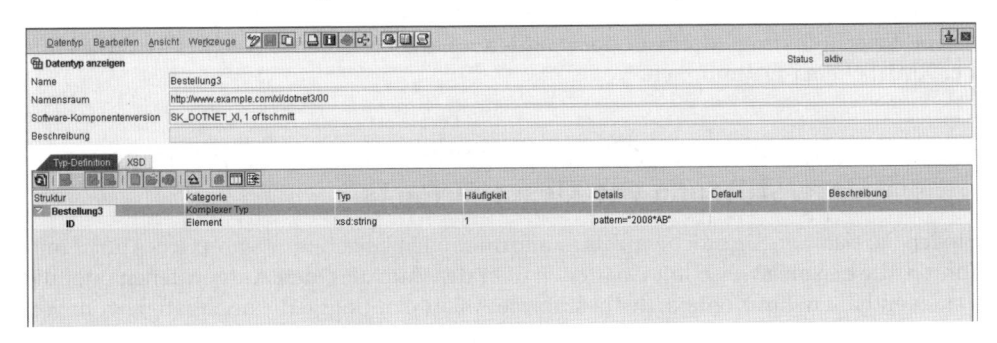

Abbildung 5.7: Problem mit Datentyp (Teil 3) – XI Datentyp

```
<?xml version="1.0" encoding="UTF-8"?>
<xsd:schema targetNamespace="http://www.example.com/xi/dotnet3/00"
            xmlns="http://www.example.com/xi/dotnet3/00"
            xmlns:xsd="http://www.w3.org/2001/XMLSchema"
            elementFormDefault="qualified">
```

Listing 5.4: Probleme mit Datentyp (Teil 3) – XSD

```
<xsd:complexType name="Bestellung3">
  <xsd:annotation>
    <xsd:appinfo
      source="http://sap.com/xi/TextID">197f3ef59e8911dc8451001372605262
    </xsd:appinfo>
  </xsd:annotation>
  <xsd:sequence>
    <xsd:element name="ID">
      <xsd:annotation>
        <xsd:appinfo
          source="http://sap.com/xi/TextID">152bc3509e8911dcc8f00017426c3d0c
        </xsd:appinfo>
      </xsd:annotation>
      <xsd:simpleType>
        <xsd:restriction base="xsd:string">
          <xsd:pattern value="2008*AB" />
        </xsd:restriction>
      </xsd:simpleType>
    </xsd:element>
  </xsd:sequence>
</xsd:complexType>
</xsd:schema>
```

Listing 5.4: Probleme mit Datentyp (Teil 3) – XSD (Forts.)

Entfernen Sie xsd:restriction aus der XSD und programmieren Sie auf der .NET-Seite solche Einschränkungen selbst oder validieren Sie die erstellten Nachrichten mit Hilfe der XML Schema-Definitionen.

5.5.5 Kein voller Zugriff auf Header-Informationen und keine Unterstützung von Message-Parts

Stellen Sie sich vor, Sie möchten Zusatzinformationen bei jedem Webservice-Aufruf mitführen, die beispielsweise Informationen über den Aufrufer, den Aufgerufenen oder die Dauer enthalten. Ein Kontext, der bestimmte Abläufe mitloggt, die unabhängig vom Service von einem benutzerdefinierten Framework abgehandelt werden.

Dafür gibt es generell zwei Möglichkeiten. Am besten wäre die Übertragung der Informationen im Message-Header (Kopfdaten der Nachricht). Dadurch sind diese technischen Details von den Businessmethoden des Services getrennt. Leider ist dies nicht möglich, da SAP XI keinen vollen Zugriff auf den Header gewährt und keine Möglichkeiten bietet diesen individuell zu füllen.

Aus diesem Grund muss der Aufruf-Kontext auf eine andere Weise übertragen werden. Er könnte als Objekt in einem weiteren Message-Part mitgeschickt werden. Dadurch wäre es durch die Definition in der WSDL kein Dokumenten-Stil mehr, sondern eine Art RPC-Stil. SAP XI ist Nachrichten-orientiert und kümmert sich nur um die Verarbeitung einzelner Nachrichten-Teile. Ebenso kann WCF bei der Definition eines Message Contracts nicht mehrere Parts definieren. Somit fällt auch diese Möglichkeit weg.

Der Aufruf-Kontext lässt sich weder im Header noch als zusätzlicher Message-Part übermitteln. Deshalb bleibt nur die Übertragung innerhalb des Nachrichten-Bodys. Hierdurch vermischen sich aber die fachlichen Businessmethoden bzw. -objekte und die technischen Zusatzinformationen. Darum sollte am besten eine einzige Nachricht erstellt werden, die aus zwei Objekten besteht. Zum einen das Geschäftsobjekt, welches alle notwendigen Informationen zum Aufruf der Methode enthält, und zum anderen das Kontextobjekt, welches aus technischen Details besteht. Dadurch ist es zumindest möglich diese beiden Bereiche voneinander zu trennen. Auf .NET-Seite ist ein Message Contract für den Request und den Response anzulegen. Dabei besteht Request und Response jeweils aus zwei Objekten. Das erste Objekt enthält im Data Contract alle für den Aufruf notwendigen Business-Objekte und beim zweiten handelt es sich um den Aufruf-Kontext. Auf SAP XI-Seite sind diese beiden Teile in der Nachricht enthalten und können beliebig gemappt bzw. bearbeitet werden.

5.6 Microsoft BizTalk Server 2006

5.6.1 Verschiedene Spracheinstellungen beim RFC-Adapter

Der SAP RFC-Adapter für BizTalk bietet die Möglichkeit, mit SAP-Systemen über das RFC-Protokoll zu kommunizieren. Es kann aber zu Problemen mit der Validierung der empfangenen Daten kommen. BizTalk zeigte jedoch keinen aussagekräftigen Fehler an: *„There is an error in XML document"*.

Es ist sehr schwierig festzustellen, was an den empfangenen Daten falsch ist. Die Nachricht muss abgespeichert und manuell mittels der entsprechenden XML-Schema-Datei validiert werden. Dadurch wird ersichtlich, dass die Festpunktvariablen mit einem Komma anstatt eines Punkts als Dezimaltrenner übertragen werden. Die XML-Schema-Definition erwartet jedoch einen Punkt. Überraschend ist, dass bei einer direkten Verbindung von der .NET-Applikation mit dem ERP-System ein Punkt übertragen wird. Deshalb muss der RFC-Verkehr zwischen BizTalk und dem ERP-System untersucht werden, um das genaue Problem festzustellen.

Das binäre RFC-Protokoll wird über eine TCP/IP-Verbindung hergestellt. Die übertragenden Pakete können zum Beispiel mit dem Programm Wireshark ausgelesen werden. Der Inhalt der TCP/IP-Pakete zeigt, dass überhaupt kein Dezimaltrenner übertragen wird. Entsprechend dem deklarierten Datentyp sind die Anzahl der Stellen vor und nach dem Dezimaltrenner fest definiert und das Komma wird erst durch den Empfänger hinzugefügt.

Das Problem des Microsoft BizTalk mySAP-Adapters ist, dass ein Komma verwendet wird. Der Adapter liest die ausgewählten regionalen Einstellungen für das Dezimalformat aus und wendet es auf die empfangenen Daten an. Aufgrund dessen scheitert die folgende Validierung und Konvertierung der Werte in native .NET-Datentypen.

5.6.2 Probleme beim Zugriff auf die Datenbank

Die Webservices müssen innerhalb des Internet Information Services (IIS) unter dem Benutzerkonto bzw. -rechten des BizTalk Servers laufen. Standardmäßig werden diese jedoch unter eingeschränkten Rechten als „Network Service" ausgeführt. Aufgrund dessen scheitert der Zugriff auf die BizTalk-Datenbank.

Der erzeugte Webservice des BizTalk Servers muss unter demselben Benutzerkonto wie der BizTalk Server laufen.

5.6.3 Probleme mit Visual Studio

Die Fehlermeldung „*Unable to deploy early bindings.*" kann auftreten, wenn das Visual Studio unter einem Benutzerkonto läuft, das nicht Mitglied der Gruppe „SSO Administrators" ist.

Bearbeiten Sie den Benutzer in der Computer Management-Konsole und fügen Sie ihn der Gruppe „SSO Administrators" hinzu.

5.6.4 Deployment scheitert

Wenn die Meldung „*Anmeldung schlug für Benutzer '..'. fehl. Der Benutzer ist einer vertrauenswürdigen SQL Server-Verbindung nicht zugeordnet.*" angezeigt wird, kann dies mehrere Ursachen haben.

Lösung 1: Klicken Sie im Visual Studio auf das Menü PROJEKT und wählen den Eintrag EIGENSCHAFTEN aus. Wählen Sie KONFIGURATIONSEIGENSCHAFTEN, BEREITSTELLUNG und spezifizieren hier unter Server die korrekten SERVERDATEN, wo der BizTalk Server ausgeführt wird und die Dateien veröffentlicht werden sollen.

Problem: *http://support.microsoft.com/kb/555332/en-us*

Lösung 2: *http://msdn2.microsoft.com/en-us/library/aa215470(SQL.80).aspx*

5.6.5 WSDL kann nicht vom BizTalk Webservice empfangen werden

Der Fehler „*Seite kann nicht angezeigt werden (404)*" tritt beim Öffnen der asmx-Datei des BizTalk Webservices im IIS auf.

Lösung 1: Überprüfen Sie, ob der Link zur asmx-Datei wirklich korrekt ist. Lösung 2: Bearbeiten Sie die PROJEKTEINSTELLUNGEN im IIS. Wechseln Sie ins Register ASP.NET und konfigurieren den Service so, dass er unter der ASP .NET VERSION 2.0 anstatt der Version 1.0 läuft.

5.7 Computer Usage Rate Monitoring Webservice

5.7.1 Probleme mit den Ausführungsrechten

Der Webservice läuft im IIS unter einem bestimmten Benutzer. Der Computer Usage Rate Monitoring Webservice muss unter einem Administratorkonto laufen, da er Zugriff auf die Prozess-Statistiken von Microsoft Windows benötigt. Der Webservice kann nicht aufgerufen werden, wenn das Administratorkonto nicht Mitglied der Gruppe IIS_WPG ist, da der Workprozess des IIS darunter läuft.

5.7.2 Session Timeouts

Normalerweise sind Webservices zustandslos. Beim DOTNET_SAP_Tool wird aber z.B. eine Session benötigt, da die CPU- und Speicherauslastung während der Messungen aufgenommen und gespeichert wird. Die Zeit zwischen dem Starten und Stoppen der Messung kann oft mehrere Stunden betragen, weil dies von der Dauer der Aufrufe abhängt. Wenn mehrere GB transferiert werden und währenddessen die CPU- und Speicherauslastung gemessen wird, muss der Session Timeout mindestens so gross gewählt werden, wie die Aufrufe dauern. Der Timeout ist in der *Web.config* des Webservices und auch im IIS anzupassen.

Zudem sollte der Session Timeout nicht zu hoch gewählt werden. Der .NET Client zerstört normalerweise die Session, nachdem er die Resultate vom SAP-System erhalten hat. Falls er während des Aufrufs abstürzt, existiert diese Session solange, bis der Timeout abgelaufen ist. Durch das Ausführen von mehreren Messungen werden viele Sessions erzeugt. Dies verursacht hohe CPU- und Speicherauslastung, was die Messwerte beeinflussen kann.

5.8 .NET Client

5.8.1 Probleme mit asynchronen Aufrufen

Asynchrone Aufrufe können lange dauern. Deshalb muss ein Timeout spezifiziert werden, welcher bestimmt, wie lange die .NET-Applikation auf ein Ergebnis des asynchronen Aufrufs wartet und dieses aufbewahrt. Wenn der Timeout zu hoch gewählt wurde, überfällt sich die Warteschlange mit den Ergebnissen der Aufrufe und folgende Exception kann auftreten: *"System.Net.Sockets.SocketException: ein Vorgang an dem Socket konnte nicht ausgeführt werden, da ausreichend Pufferspeicherplatz dem System fehlte oder eine Warteschlange voll war"*.

Ein kleinerer Timeout kann diesen Overflow der Warteschlange verhindern.

6 Evaluation der Kommunikationsarten

Die verschiedenen Kommunikationsmöglichkeiten sollen basierend auf festgelegten Kriterien evaluiert werden, z.B. der .NET Connector über RFC, .NET Connector über SOAP, WCF Proxy, SAP XI und Microsoft BizTalk.

Das .NET-SAP-Tool auf CD hilft bei der Messung der Performance und Stabilität der entsprechenden Kommunikationsarten bzw. angeschlossenen Systeme. Zudem werden die Kriterien Sicherheit, Aufwand und Kosten-Nutzen-Verhältnis untersucht.

Im Anschluss daran werden die Vor- und Nachteile der Kommunikationsarten aufgelistet. Abschließend wird eine Übersicht der Features der verschiedenen Kommunikationsmöglichkeiten aufgezeigt.

6.1 Beteiligte Systeme

Das .NET-SAP-Tool bietet die Möglichkeit, die angebundenen Systeme zu konfigurieren, damit die Messungen auf beliebigen Computern durchgeführt werden können. Dadurch ist es möglich PCs mit bestimmter Hardware und Software zu testen, ob diese eine entsprechende Last im produktiven Einsatz bewältigen würden.

Folgende Hardware wurde zum Testen verwendet:

SAP ERP-System Prozessor: 2 x Intel Xeon 2,80 GHz, 64-Bit (jeder mit 1 Kern, 4 logische Prozessoren)

Speicher: 4 GB

Betriebssystem: Windows Server 2003, 32-Bit

SAP XI, Microsoft BizTalk Server Prozessor: 2 x Intel Xeon 2,80 GHz, 64-Bit (jeder mit 1 Kern, 8 logische Prozessoren)

Speicher: 4 GB

Betriebssystem: Windows Server 2003, 32-Bit

.NET Client Server Prozessor: 2 x Intel Xeon 2,80 GHz, 64-Bit (jeder mit 1 Kern, 4 logische Prozessoren)

Speicher: 8 GB

Betriebssystem: Windows Server 2003, 32-Bit

Netzwerk Gigabit-Netzwerk

6.2 Evaluationskriterien

Die verschiedenen Kommunikationsmöglichkeiten werden anhand der folgenden Kriterien untersucht:

- **Performance**

  Messung der Zeit für die Übertragung von vielen kleinen Events und Massendaten.

- **Stabilität**

  Bestimmung der maximalen Anzahl an Verbindungen und der Verluste während eines 24-Stunden-Dauertests.

- **Zuverlässige Nachrichtenübermittlung**

  Untersuchung, ob die verschiedenen Kommunikationsarten die Nachrichten garantiert zustellen können. Dabei sollte das WS-Reliable-Messaging von beiden Seiten unterstützt werden.

- **Sicherheit**

  Verschlüsselung der Transportschicht über SSL und Evaluierung der Kompatibilität der verschiedenen WS-Security-Implementierungen.

- **Aufwand und Kosten**

  Bestimmung des Aufwands für die Implementierung der einzelnen Kommunikationsarten. Zudem werden die Preise der Produkte verglichen.

Unter [GuHaDaBizPerf] ist ein Performance-Vergleich der verschiedenen BizTalk-Versionen aufgezeigt. Im Folgenden sollen nicht die unterschiedlichen Releases verglichen werden, sondern die verschiedenen Kommunikationsarten.

6.2.1 Performance

Performance bedeutet, welche der Kommunikationsarten schneller ist. Es gibt zwei verschiedene Wege, die untersucht werden sollen. Zum einen wird im Kapitel *Einzelevents* der Transfer von vielen kleinen Paketen gemessen. Dabei sind die Latenz und Echtzeitfähigkeit der Kommunikationskanäle entscheidend. Zum anderen werden in den Abschnitten *Massendaten* und *Optimale Nachrichtengröße* große Datenmengen übertragen. Dabei müssen die Systeme und Kommunikationskanäle extremen Lasten standhalten und die Verbindung aufrecht erhalten. Es soll die optimale Nachrichtengröße bei der Übertragung großer Daten festgestellt werden.

Einzelevents

Anwendungsfall 1 „Übertragen kleiner Datenpakete" erklärt wie dabei vorgegangen wurde, kleine Einzelevents zwischen einem SAP ERP-System und einem .NET Client zu übertragen. Drei Messreihen wurden für jede der Verbindungsarten durchgeführt.

In der ersten Reihe wird die Dauer für die Übertragung von 10 bis 100 Einzelevents in Zehnerschritten gemessen. Die zweite Reihe misst die Übertragung von 100 bis 1000 Events in

Schritten von 100. Die dritte Messreihe soll dann viele kleine Datenpakete simulieren, von 1000 bis 10000 Stück in Schritten von 1000.

Das Logging der MOMs (SAP XI und Microsoft BizTalk) wurde während dieser Messreihen deaktiviert.

Im Folgenden ist eine Übersicht der einzelnen Messpunkte:

Dauer eines Aufrufs in [s] In der ersten Reihe ist die Anzahl der Aufrufe dargestellt und im Folgenden werden dann die Messpunkte in der Einheit Sekunden aufgelistet.

Kommunikationsart	10	20	30	40	50
SAP RFC Library	0,02	0,05	0,07	0,09	0,13
.NET Connector - RFC	0,12	0,08	0,11	0,16	0,17
.NET Connector - SOAP	0,34	0,34	0,50	0,66	0,83
WCF Proxy	0,44	0,33	0,56	0,66	0,83
SAP XI	7,95	14,87	23,44	28,01	38,92
Microsoft BizTalk	10,94	24,05	35,12	49,42	57,58

Kommunikationsart	60	70	80	90	100
SAP RFC Library	0,14	0,17	0,20	0,22	0,24
.NET Connector - RFC	0,20	0,23	0,27	0,30	0,33
.NET Connector - SOAP	1,02	1,19	1,36	1,53	1,69
WCF Proxy	1,00	1,17	1,34	1,52	1,67
SAP XI	42,73	55,98	61,30	74,17	76,33
Microsoft BizTalk	74,98	86,92	102,42	111,25	125,03

Tabelle 6.1: Einzelevents 10 - 100

Kommunikationsart	100	200	300	400	500
SAP RFC Library	0,24	0,49	0,74	0,98	1,24
.NET Connector - RFC	0,33	0,64	0,91	1,25	1,55
.NET Connector - SOAP	1,69	3,37	5,30	6,80	8,44
WCF Proxy	1,67	3,34	5,03	6,83	8,45
SAP XI	76,33	164,25	240,85	305,23	380,24
Microsoft BizTalk	125,03	243,51	380,00	484,87	611,87

Tabelle 6.2: Einzelevents 100 - 1000

Kommunikationsart	600	700	800	900	1000
SAP RFC Library	1,52	1,72	2,00	2,22	2,51
.NET Connector - RFC	2,16	2,08	2,45	2,72	3,12
.NET Connector - SOAP	10,19	11,84	13,55	15,28	16,89
WCF Proxy	10,22	11,83	13,48	15,22	16,89
SAP XI	469,47	575,58	638,50	723,42	814,95
Microsoft BizTalk	740,46	868,68	994,03	1132,14	1294,91

Tabelle 6.2: Einzelevents 100 - 1000 (Forts.)

Kommunikationsart	1000	2000	3000	4000	5000
SAP RFC Library	2,51	4,91	7,44	9,98	12,47
.NET Connector - RFC	3,12	6,37	9,27	12,33	15,47
.NET Connector - SOAP	16,89	33,70	50,47	67,40	84,33
WCF Proxy	16,89	33,44	50,34	67,17	83,84
SAP XI	814,95	1579,77	2416,61	2863,65	3137,15
Microsoft BizTalk	1294,91	2476,84	3706,45	5080,62	6351,97

Kommunikationsart	6000	7000	8000	9000	10000
SAP RFC Library	15,00	17,40	19,94	22,35	24,79
.NET Connector - RFC	18,48	21,30	24,66	27,72	30,51
.NET Connector - SOAP	101,09	117,68	134,70	151,59	168,23
WCF Proxy	100,72	117,40	134,47	151,28	167,92
SAP XI	4482,07	5652,59	5476,22	6819,40	6851,00
Microsoft BizTalk	7632,08	9068,01	10429,94	11636,82	13129,11

Tabelle 6.3: Einzelevents 1000 - 10000

Das waren die numerischen Fakten. Nun wird zur Veranschaulichung ein Graph mit den Messwerten gezeigt:

Grafische Auswertung Die ersten drei Graphen enthalten nur die direkten Kommunikationsarten. Deren Zeitspanne ist im Vergleich zu den Aufrufen über SAP XI und Microsoft BizTalk sehr klein.

Evaluationskriterien

Legende für Abbildung 6.1 bis Abbildung 6.6:

- ◆ RFC Library
- ■ .NET Connector - RFC
- ▲ .NET Connector - SOAP
- ✕ WCF Proxy
- ✳ SAP XI
- ● Microsoft BizTalk

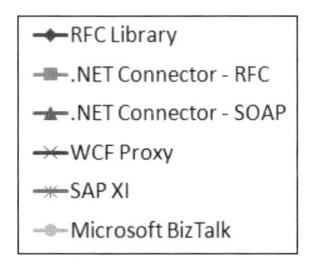

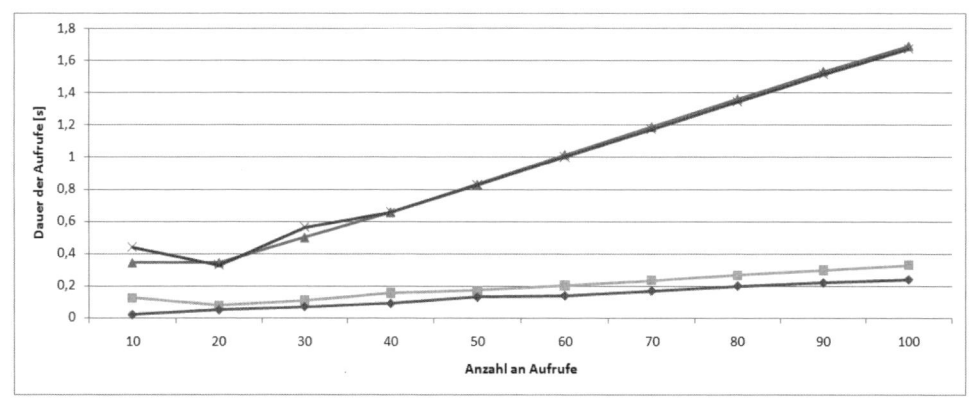

Abbildung 6.1: Einzelevents 10 – 100, direkte Aufrufe

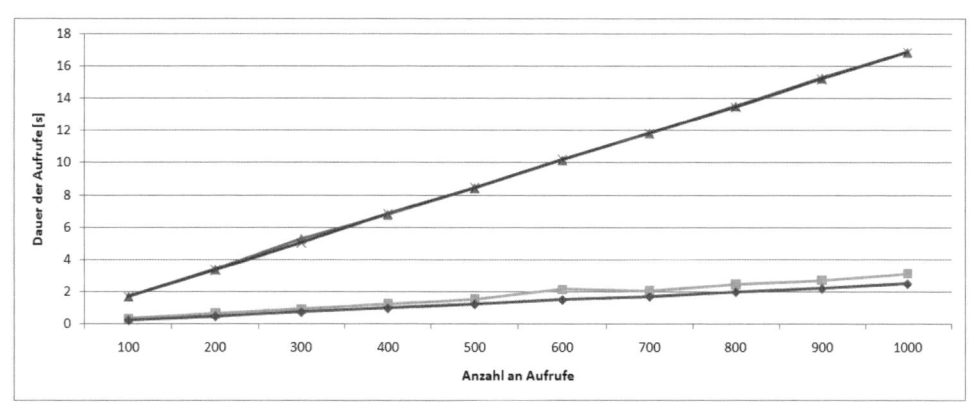

Abbildung 6.2: Einzelevents 100 – 1000, direkte Aufrufe

SAP/.NET Prozessintegration

6 – Evaluation der Kommunikationsarten

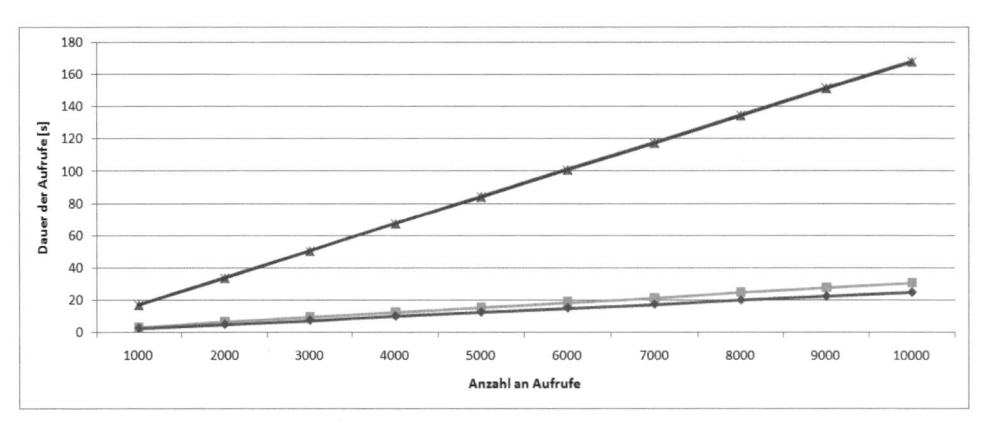

Abbildung 6.3: Einzelevents 1000 – 10000, direkte Aufrufe

In Abbildung 6.1 sind die Punkte am Anfang kleine Messfehler. Die Übertragung von zehn kleinen Datenpaketen ist in diesem Fall langsamer als bei 20 Paketen. Der Grund dafür könnte sein, dass der .NET Timer zum Stoppen der Zeit nicht exakt ist, weil es sich hier nur um Millisekunden handelt. Es wäre auch denkbar, dass Windows die Prozesse des SAP ERP-Systems auf der Festplatte auslagert. Beim ersten Aufruf müssen dann diese Prozesse zunächst zurück in den Hauptspeicher geladen werden, was etwas Zeit kostet.

Nachfolgend ein Vergleich der beiden Middleware-Komponenten SAP XI und Microsoft BizTalk.

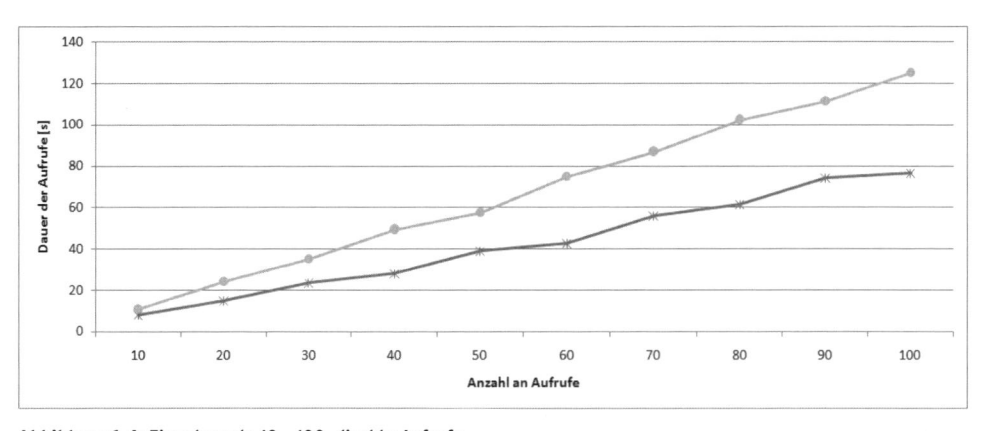

Abbildung 6.4: Einzelevents 10 – 100, direkte Aufrufe

Evaluationskriterien

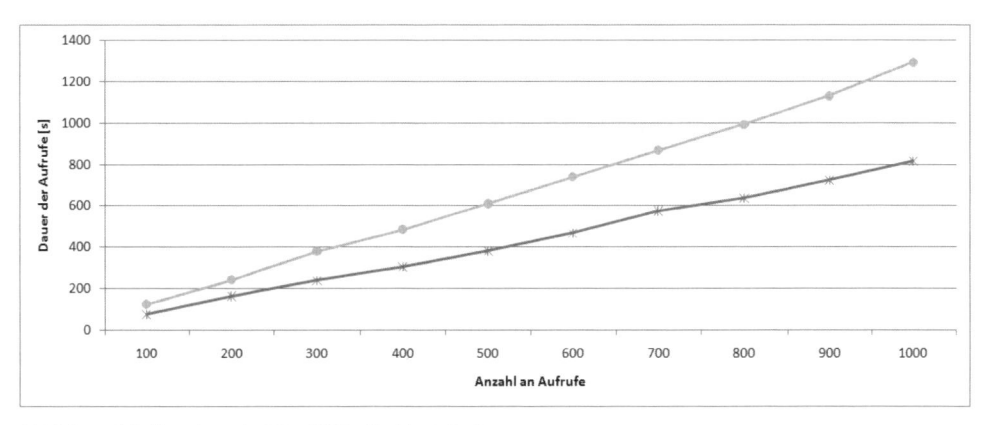

Abbildung 6.5: Einzelevents 100 – 1000, direkte Aufrufe

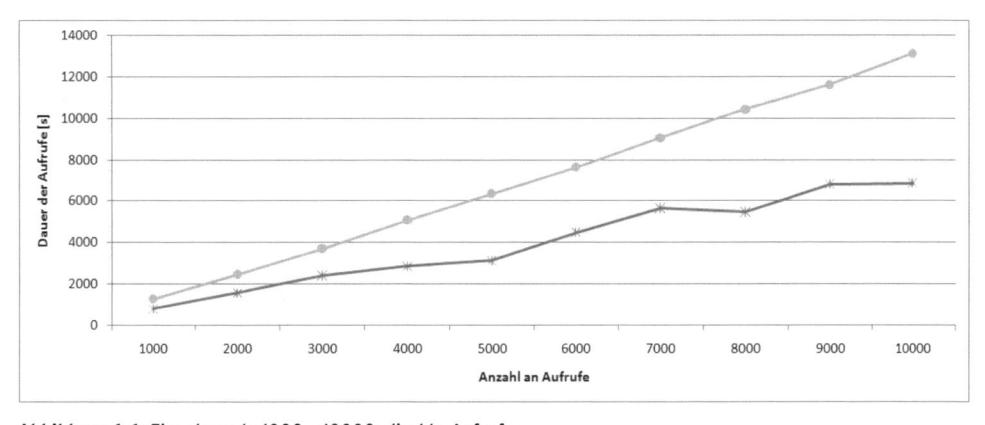

Abbildung 6.6: Einzelevents 1000 – 10000, direkte Aufrufe

Analyse Die durchschnittliche Zeit für die Übertragung eines Datenpakets wurde berechnet. Als Vergleichsbasis wurde ein C++ Aufruf der SAP RFC Library gemessen.

Kommunikationsart	1	Logging
SAP RFC Library	0,002	n.v.
.NET Connector - RFC	0,004	n.v.
.NET Connector - SOAP	0,018	n.v.
WCF Proxy	0,018	n.v.
SAP XI	0,766	-
Microsoft BizTalk	1,243	-
SAP XI	0,866	X
Microsoft BizTalk	1,318	X

Tabelle 6.4: Durchschnittliche Zeit für die Übertragung eines Einzelevents

n.v. nicht verfügbar;   X aktiviert;   - deaktiviert

SAP/.NET Prozessintegration

Anhand der Messwerte ist ersichtlich, dass das SOAP-Protokoll im Vergleich zum RFC-Protokoll fast 5mal langsamer ist. Viele Einzelevents sind bei HTTP/SOAP kritisch, da dadurch ein zu großer Protokoll-Overhead entsteht. SOAP erhöht die zu übertragenden Datenmengen in diesem Fall erheblich. Zudem nimmt das Generieren und Parsen der SOAP-Nachrichten im Vergleich zum SAP RFC-Protokoll relativ viel Zeit in Anspruch. RFC ist ein binäres Protokoll, deshalb sind viele kleine Pakete kein Problem.

Die unterschiedlichen .NET Proxy-Implementierungen des SAP .NET Connectors und des .NET Frameworks 3.0 brauchen nahezu die identische Zeit. In diesem Fall wurde nur eine Instanz der Proxy-Klasse vor dem ersten Aufruf angelegt. Der .NET 3.0 WCF Proxy benötigt hierfür ziemlich lange, ist jedoch bei den Aufrufen etwas schneller. Mit dem Singleton-Pattern kann man sicherstellen, dass nur eine Objektinstanz erzeugt wird und diese für alle weiteren Aufrufe verwendet wird.

SAP XI ist bei der Übertragung eines einzelnen Events über 40mal langsamer als ein direkter SOAP-Aufruf. Es ist anzumerken, dass im Falle der MOMs zwei Webservice-Aufrufe durchgeführt werden müssen. Von dem .NET Client zur MOM und diese ruft dann das SAP ERP-System auf. Trotzdem sind aber die XI-Aufrufe 20mal langsamer als normale Webservice-Aufrufe. BizTalk ist sogar 70- bzw. 35mal langsamer als ein einzelner SOAP-Aufruf. SAP XI und Microsoft BizTalk parsen und validieren die eingehende SOAP-Nachricht. Es dauert verhältnismäßig lange die Nachricht über die entsprechenden Adapter zu konvertieren und diese dem passenden Szenario zuzuweisen. Dann müssen noch Mappings durchgeführt sowie der richtige Sendeport bestimmt werden. All diese Informationen werden in einer Datenbank gehalten. Es müssen viele SQL Querys abgesetzt werden, um diese Informationen zu erhalten. Das dauert seine Zeit, deswegen verlängert sich das Intervall.

Ein Vergleich von SAP XI und Microsoft BizTalk zeigt, dass BizTalk 1 1/2mal länger für einen einzelnen Aufruf braucht, wie das SAP XI-System. Dieser ziemlich große Unterschied ist erstaunlich.

Massendaten

Im nächsten Schritt wird versucht große Datenmengen in einer einzelnen Nachricht zu übertragen. Bis zu 5 GB sollen vom ERP-System gelesen werden.

Über den Remote Function Call Z_RFC_READ_MASSDATA werden die Daten am SAP ERP-System bereitgestellt. Damit die Geschwindigkeit der Datenbankschnittstelle nicht in die Messergebnisse mit einfließt, wurde eine interne Tabelle für die Dummydaten angelegt. Das ERP-System hält den Inhalt dieser Tabelle im Speicher. Deshalb wird keine Datenbankverbindung benötigt.

Es stellt sich heraus, dass die Systeme sehr schnell an ihre Grenzen stoßen. Die maximale SOAP-Nachrichtengröße liegt bei ungefähr 200 MB. Gemäß des SAP Exchange Infrastructure Tuning Guide [SapXITun, Seite 17] berechnet sich die maximale Größe von SOAP Messages nach der folgenden Formel:

3 MB + 5 * (XML-Dokumentengröße in MB)

Wenn die XML-Dokumentengröße = 200 MB ist: 3 MB + 5 * 200 MB = 1003 MB.

Die maximale virtuelle Speichergröße für 32 Bit Systeme ist 4 GB = 4096 MB. 2 GB werden vom Betriebssystem (Kernel) verwendet und die anderen 2 GB sind für Prozesse (Applikationen) verfügbar. Die 1003 MB (ca. 1 GB) nutzen nahezu den komplett verfügbaren Heap des Prozesses. Unter Windows ist die maximale Heap-Größe für Java ca. 1,2 - 1,4 GB. Die restlichen Speicherbereiche werden von Java Klassenbibliotheken benötigt.

Deshalb funktioniert die Übertragung von Nachrichten mit einer Größe von über 200 MB nicht. Die 5 GB Nachricht kann in kleine Stücke aufgeteilt und in vielen Paketen geschickt werden. Dies wird im nächsten Kapitel durchgeführt.

Optimale Nachrichtengröße

Anwendungsfall 2 „Übertragen großer Datenmengen" zeigt, wie realisiert wurde, eine riesige Menge an Daten vom SAP ERP-System an den .NET Client zu schicken. Die Übertragung einer einzelnen Nachricht mit einer Größe von bis zu mehreren GB wird nicht funktionieren. Die Nachricht muss aufgeteilt und in mehreren Teilen versandt werden.

Es wurde eine große Messreihe durchgeführt, bei der 5 GB Daten in Paketen von 1 - 20 MB übertragen wurden. Die Ergebnisse dieser Messreihe sind für Datenmengen ab einer Größe von 20 MB gültig. Die gewählten 5 GB sind nur ein Beispiel für riesige Datenmengen. Die Logging-Mechanismen der Middlewares wurden deaktiviert, weil diese vielen Nachrichten schnell die Datenbank füllen. Zudem können die Ergebnisse besser mit den direkten Aufrufen verglichen werden, weil sie keinen Logging-Mechanismus haben.

Hier eine Übersicht der gemessenen Punkte.

Dauer für die Übertragung von 5 GB Data aufgeteilt in Pakete einer bestimmten Größe
[s] In der ersten Zeile der Tabellen ist die Größe der einzelnen Pakete von 1 bis 20 MB angegeben. Die nächsten Zeilen enthalten dann die Messpunkte für die Übertragung der kompletten 5 GB, gemessen in Sekunden.

Kommunikationsart	1	2	3	4	5
SAP RFC Library	204,45	198,60	199,90	195,13	198,16
.NET Connector - RFC	428,43	431,71	442,57	441,40	440,85
.NET Connector - SOAP	5540,27	4538,63	4263,94	3955,11	3995,73
WCF Proxy	6084,87	5665,33	5369,55	4837,91	4727,52
SAP XI	10307,96	9027,11	7487,95	8394,19	7473,96
Microsoft BizTalk	14939,26	9171,68	8332,63	7437,87	6976,94

Tabelle 6.5: Optimale Nachrichtengröße - Paketgröße von 1 - 20 MB

Kommunikationsart	6	7	8	9	10
SAP RFC Library	196,82	195,03	195,37	194,30	194,01
.NET Connector - RFC	443,20	450,31	447,96	449,99	446,95
.NET Connector - SOAP	4425,10	4702,83	4021,75	4026,20	4005,65
WCF Proxy	4566,74	3851,23	4303,44	4668,05	4600,40
SAP XI	7313,01	7221,59	6567,29	6241,56	6366,28
Microsoft BizTalk	7008,27	6789,13	7048,66	6730,85	6416,17

Kommunikationsart	11	12	13	14	15
SAP RFC Library	195,72	194,44	194,75	193,57	194,70
.NET Connector - RFC	450,70	452,73	451,32	454,13	454,45
.NET Connector - SOAP	4109,95	4275,96	4023,23	4091,35	4272,29
WCF Proxy	4911,64	4559,30	5259,61	5219,92	5190,31
SAP XI	6992,75	7137,77	8015,1	7296,3	8027,42
Microsoft BizTalk	7002,88	6779,05	6634,29	6572,03	6542,75

Kommunikationsart	16	17	18	19	20
SAP RFC Library	194,83	194,83	194,40	197,26	194,79
.NET Connector - RFC	454,92	458,28	453,82	458,04	459,06
.NET Connector - SOAP	4518,61	4477,76	4912,28	5557,51	4909,39
WCF Proxy	4858,44	5334,54	5397,20	5409,31	5447,51
SAP XI	7829,04	5801,08	7481,83	6653,17	7324,57
Microsoft BizTalk	6652,65	6507,42	6457,89	6811,48	6809,91

Tabelle 6.5: Optimale Nachrichtengröße – Paketgröße von 1 - 20 MB (Forts.)

Die folgenden Diagramme enthalten die Messwerte aus den beiden Tabellen zuvor.

Grafische Auswertung: Zeitmessung für die Übertragung von 5 GB Legende für Abbildung 6.7 und Abbildung 6.8:

- RFC Library
- .NET Connector - RFC
- .NET Connector - SOAP
- WCF Proxy
- SAP XI
- Microsoft BizTalk

Evaluationskriterien

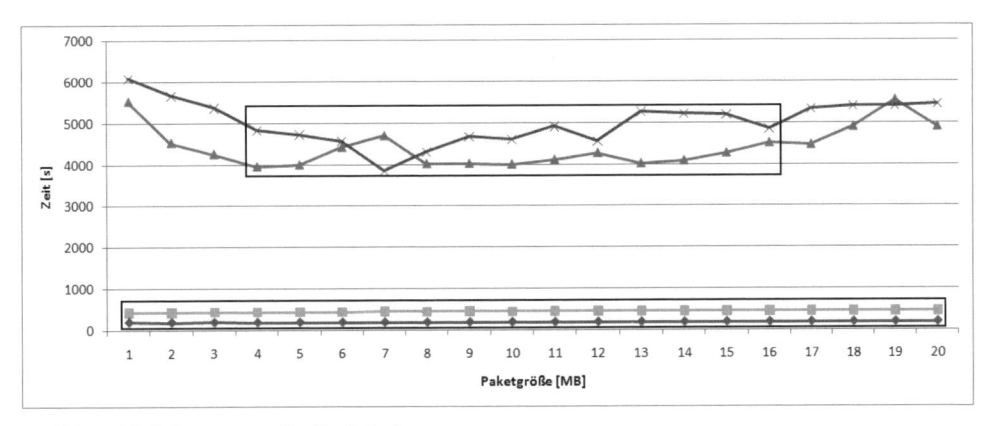

Abbildung 6.7: Zeitmessung – Direkte Aufrufe

Die Dauer der direkten SOAP-Aufrufe nimmt mit Paketen, die größer als 5 MB sind, nur minimal ab. Aufgrund des geringen Overheads des RFC-Protokolls bleibt die Zeitdauer für den Transfer konstant, auch mit unterschiedlichen Paketgrößen.

Die optimale Paketgröße für eine möglichst geringe Übertragungsdauer und einer niedrigen Auslastung der Systeme muss innerhalb des markierten Rechtecks liegen.

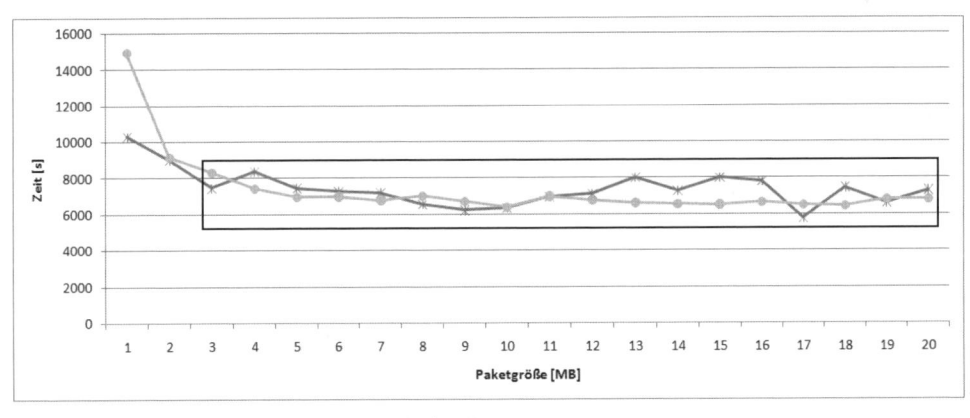

Abbildung 6.8: Zeitmessung – SAP XI, Microsoft BizTalk

Die Übertragungsdauer von SAP XI und Microsoft BizTalk ist fast gleich. Der Bereich der optimalen Paketgröße liegt im Rechteck in Abbildung 6.8.

Abbildung 6.7 zeigt die Zeitdauer für die Übertragung mit Hilfe der Kommunikationsarten .NET Connector über RFC und SOAP-Protokoll sowie Webservice-Aufruf mit dem .NET 3.0 Proxy. Das Diagramm hat einen Bereich von 0 bis 6000 Sekunden. Abbildung 6.8 visualisiert die Dauer mit dem SAP XI und Microsoft BizTalk Systemen. Dieser Graph hat eine Skala von 2000 Sekunden-Schritten. Aufgrund der großen Zeitdifferenzen wurden zwei separate Diagramme erstellt.

6 – Evaluation der Kommunikationsarten

Sie können hier sehen, dass bei SOAP-basierenden Kommunikationsarten, wie der Webservice-Aufruf, SAP XI und Microsoft BizTalk, die Übertragungsdauer für die kompletten 5 GB mit größeren Paketen abnimmt. Das ist wegen des relativ großen Overheads. Dafür sind der HTTP- und SOAP-Header sowie die XML-Struktur bzw. Deklarationen verantwortlich. Zudem müssen diese aufgeblähten SOAP Messages im .NET Framework erzeugt, über das Netzwerk übertragen und zum Schluss noch im Zielsystem überprüft und verarbeitet werden. Der ganze Vorgang ist jeweils für Hin- und Rückweg durchzuführen.

Aufrufe vom .NET Connector, basierend auf dem RFC-Protokoll, benötigen unabhängig von der ausgewählten Paketgröße annähernd die gleiche Zeit. Das RFC-Protokoll verwendet direkt die TCP/IP Schicht und erzeugt so gut wie keinen Overhead.

Der .NET Connector über SOAP und die WCF .NET 3.0 Proxys benötigen fast dieselbe Zeit. Jedoch nur wenn der TransferMode im WCF Binding auf StreamedResponse gesetzt wird. Das bedeutet, dass der Response mit dem riesigen Datenblock von dem .NET Client verarbeitet wird, bevor er überhaupt komplett angekommen ist. Deshalb werden keine großen Speicherbuffer benötigt und die Nachricht kann schnell verarbeitet werden.

Die Dauer einer Übertragung nimmt mit zunehmenden Paketgrößen so lange ab, bis die beteiligten Systeme an ihre Grenzen stoßen und diese großen Nachrichten nicht mehr verarbeiten und speichern können. Deshalb sieht es auf den ersten Blick so aus, als ob es immer besser ist größere Nachrichten zu verwenden. Sobald jedoch eine bestimmte Übertragungsdauer erreicht wurde, ist der Zeitgewinn mit der Erhöhung der Paketgröße nur noch minimal und die CPU bzw. Speicherauslastung nimmt zu. In den nächsten beiden Abschnitten sind die Messwerte tabellarisch dargestellt.

CPU Zeit während der Übertragung in [s]

Kommunikationsart	1	2	3	4	5
.NET Connector - RFC	1045,34	983,97	959,05	1009,42	1004,83
.NET Connector - SOAP	1893,77	1824,98	1805,14	1754,88	1619,44
WCF Proxy	1996,39	1882,19	1760,08	1722,78	1715,05
SAP XI	5285,31	4424,89	4189,27	4365,81	4182,89
Microsoft BizTalk	1871,88	1380,13	1197,97	1125,33	1139,97

Kommunikationsart	6	7	8	9	10
.NET Connector - RFC	1001,33	1042,98	1077,73	1015,84	1015,88
.NET Connector - SOAP	1643,22	1550,50	1481,53	1580,55	1525,00
WCF Proxy	1767,66	1530,80	1466,41	1455,91	1409,77
SAP XI	4120,28	4139,20	4172,25	4285,66	4269,86
Microsoft BizTalk	1030,95	1023,47	991,86	978,72	969,03

Tabelle 6.6: CPU Zeit – Paketgröße von 1 - 20 MB

Evaluationskriterien

Kommunikationsart	11	12	13	14	15
.NET Connector - RFC	1033,45	1053,14	1021,28	1026,70	1017,89
.NET Connector - SOAP	1568,41	1491,84	1603,59	1526,22	1533,23
WCF Proxy	1376,50	1525,44	1408,88	1415,59	1393,34
SAP XI	4397,56	4209,09	4214,14	4353,54	4492,92
Microsoft BizTalk	976,39	950,58	957,57	934,59	907,89

Kommunikationsart	16	17	18	19	20
.NET Connector - RFC	1039,38	1049,80	1096,02	1020,08	976,83
.NET Connector - SOAP	1658,00	1641,59	1556,78	1556,00	1555,41
WCF Proxy	1425,86	1443,59	1493,73	1444,86	1471,27
SAP XI	4340,92	4414,84	4262,31	4485,67	4395,44
Microsoft BizTalk	913,06	835,86	947,13	947,88	940,06

Tabelle 6.6: CPU Zeit – Paketgröße von 1 - 20 MB (Forts.)

Grafische Auswertung: CPU Zeit Legende für Abbildung 6.9 und Abbildung 6.10:

- .NET Connector - RFC
- .NET Connector - SOAP
- WCF Proxy
- SAP XI
- Microsoft BizTalk

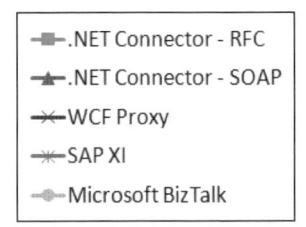

Abbildung 6.9: CPU Zeit – Direkte Aufrufe

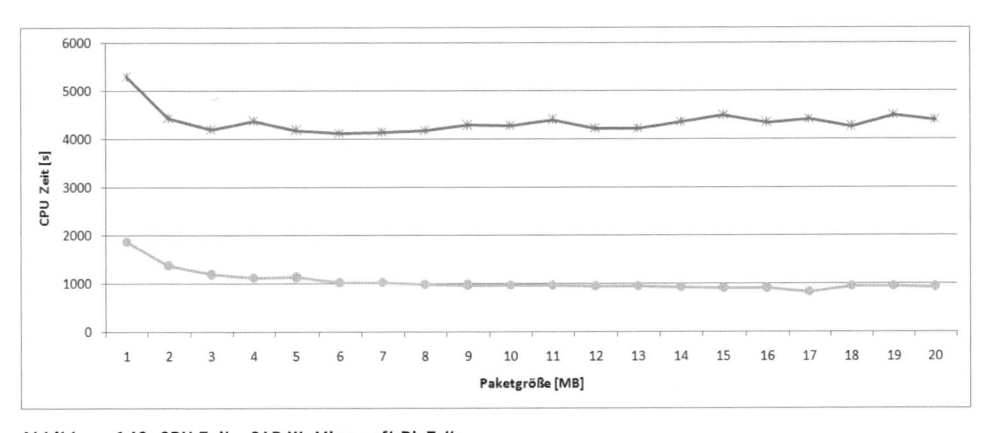

Abbildung 6.10: CPU Zeit – SAP XI, Microsoft BizTalk

SAP/.NET Prozessintegration

6 – Evaluation der Kommunikationsarten

Es ist schnell klar geworden, dass die CPU-Zeit nicht so wichtig ist. Die CPU-Zeit bleibt unabhängig von der Paketgröße nahezu konstant, weil immer die komplette Nachricht verarbeitet wird, egal ob in Stücken von 10, 20 oder 100 MB.

Als Nächstes ist die Speicher-Auslastung während der Übertragung zu bestimmen. Dies wird im folgenden Abschnitt durchgeführt.

Speicherauslastung während der Übertragung [MB]

Kommunikationsart	1	2	3	4	5
.NET Connector - RFC	4,42	7,41	8,26	8,89	9,42
.NET Connector - SOAP	2,73	4,72	5,42	5,78	6,93
WCF Proxy	19,51	31,51	48,20	61,82	91,54
SAP XI	211,82	297,86	333,64	393,86	407,01
Microsoft BizTalk	217,50	281,47	280,66	284,95	232,84

Kommunikationsart	6	7	8	9	10
.NET Connector - RFC	10,06	10,51	11,28	11,86	12,32
.NET Connector - SOAP	7,70	8,24	12,14	17,68	21,01
WCF Proxy	109,04	116,80	200,16	296,27	365,32
SAP XI	431,53	524,93	618,22	643,48	657,76
Microsoft BizTalk	365,18	484,83	461,82	463,99	486,88

Kommunikationsart	11	12	13	14	15
.NET Connector - RFC	13,25	13,84	14,36	15,16	15,65
.NET Connector - SOAP	21,83	22,10	22,12	23,24	24,26
WCF Proxy	369,30	373,27	377,19	384,59	390,12
SAP XI	672,82	695,08	710,65	712,85	715,05
Microsoft BizTalk	605,32	606,12	605,82	605,46	883,54

Kommunikationsart	16	17	18	19	20
.NET Connector - RFC	16,34	16,97	18,06	31,17	31,15
.NET Connector - SOAP	24,04	24,67	27,256	28,13	29,79
WCF Proxy	394,00	401,56	412,05	420,84	436,30
SAP XI	701,95	714,79	727,27	693,08	707,19
Microsoft BizTalk	859,39	837,02	894,47	975,79	1052,37

Tabelle 6.7: Durchschnittliche Speicherauslastung – Paketgröße von 1 - 20 MB

Evaluationskriterien

Grafische Auswertung: Speicherauslastung Die optimalen Paketgrößen wurden in den Graphen markiert. Bei ihnen ist das Zeitdauer-Auslastungs-Verhältnis optimal.

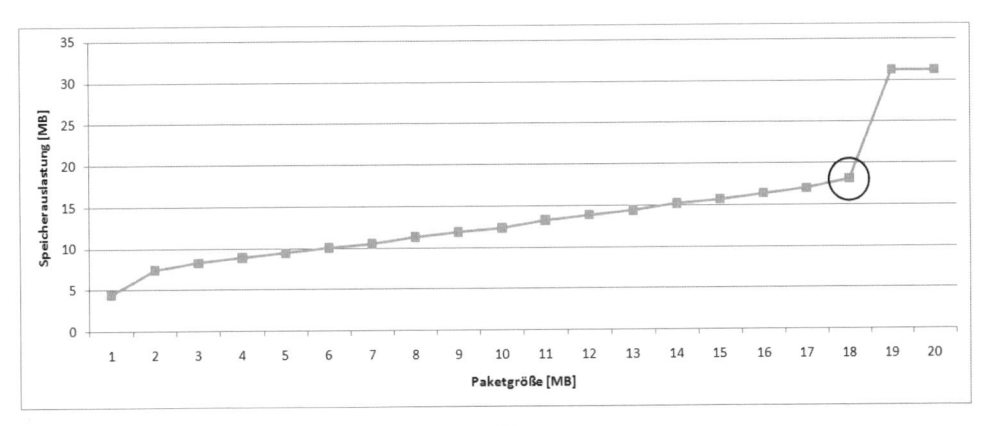

Abbildung 6.11: Speicherauslastung – .NET Connector – RFC

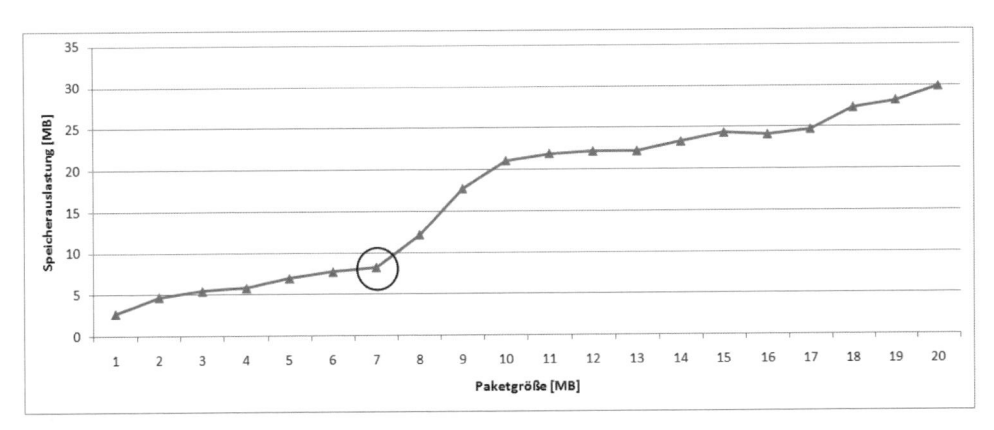

Abbildung 6.12: Speicherauslastung – .NET Connector – SOAP

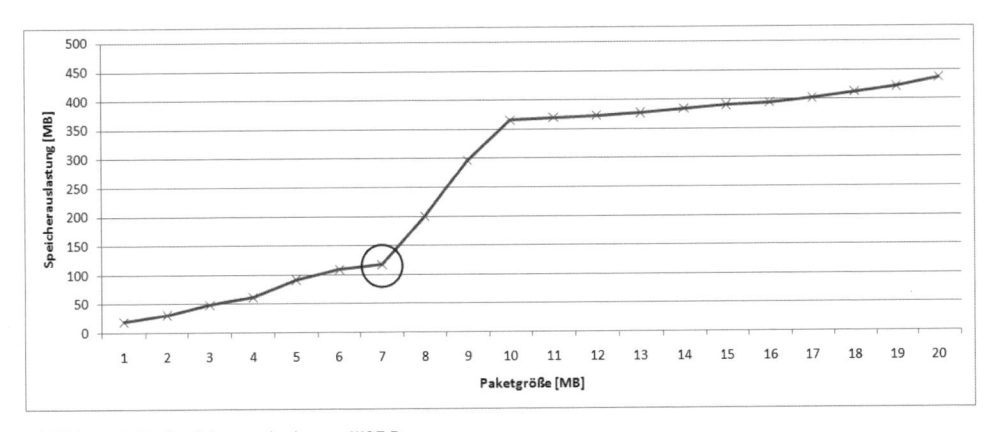

Abbildung 6.13: Speicherauslastung – WCF Proxy

SAP/.NET Prozessintegration

6 – Evaluation der Kommunikationsarten

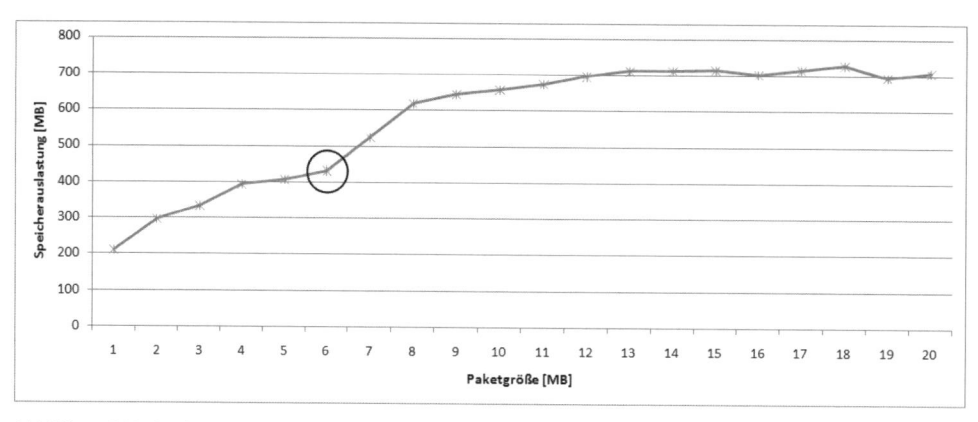

Abbildung 6.14: Speicherauslastung – SAP XI

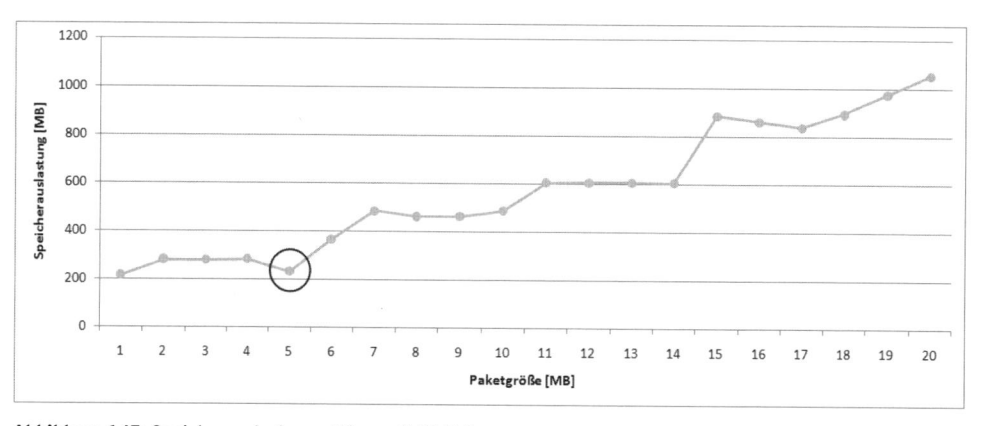

Abbildung 6.15: Speicherauslastung – Microsoft BizTalk

Die Werte in den Diagrammen zeigen die durchschnittliche Speicherauslastung während der Übertragung der kompletten 5 GB Daten.

Jeder Graph ist separat zu betrachten, da die Speicherauslastung in relativen Werten angegeben wurde. Die Werte beschreiben den zusätzlichen Speicherplatz der Systeme, welcher während der Übertragung angefordert wurde. Jedes System benötigt einen unterschiedlichen initialen Speicherplatz. Die Werte in den Graphen sind der Speicherplatz, welchen die Systeme während der Verarbeitung der Nachrichten anfordern.

Diese Abbildungen helfen dabei die Nachrichtengrößen zu bestimmen, welche eine optimale Balance zwischen der benötigten Zeit und dem verwendeten Speicherplatz bieten.

Analyse Unter Einbeziehung der Zeitmessung und der Speicherauslastung konnten folgende optimale Nachrichtengrößen festgestellt werden.

Diese Werte hängen von den beteiligten SAP ERP, SAP XI und Microsoft BizTalk Systemen sowie der zugrunde liegenden Hardwareausstattung ab.

Kommunikationsart	Optimale Nachrichtengröße
.NET Connector - RFC	18 MB
.NET Connector - SOAP	7 MB
WCF Proxy	7 MB
SAP XI	6 MB
Microsoft BizTalk	5 MB

Tabelle 6.8: Optimale Nachrichtengröße

6.2.2 Stabilität

Die Stabilität der verschiedenen Kommunikationsarten soll nun getestet werden. Als Erstes wird die maximale Anzahl an parallelen Verbindungen gemessen. Diese Werte hängen von den beteiligten Systemen sowie den Windows bzw. .NET Framework-Einstellungen ab. Danach wird ein 24-Stunden-Dauertest gefahren, der eine zufällige Anzahl an Verbindungen aufbaut und eine zufällige Menge an Daten überträgt.

Parallele Verbindungen

Es ist sehr schwierig festzustellen, wie viele parallele Verbindungen mit den einzelnen Kommunikationsarten aufgebaut werden können.

Die gemessenen Werte weichen in der Praxis ab, da in diesem Anwendungsfall nur Verbindungen aufgebaut und keine Daten übertragen werden. Die maximale Anzahl an Verbindungen hängt sehr stark von der Menge der Daten ab, welche über diese Kanäle übertragen werden. Jedoch sind diese Werte eine gute Referenz, wie viele Anwender maximal gleichzeitig verarbeitet werden können.

Alle diese Clients sind über denselben RFC-Benutzer mit dem ERP-System verbunden. Dies macht nur Sinn, wenn keine Benutzer-spezifischen Daten übertragen werden. Wenn jeder Benutzer seine eigene Autorisierung am ERP-System benötigt, dann ist jede Client-Verbindung über einem separaten Benutzerkonto aufzubauen. Das führt unter Umständen zu anderen Messergebnissen.

Maximale Anzahl an parallelen Verbindungen

Kommunikationsart	Von einem Client	Von mehreren Clients (n)
.NET Connector - RFC	99	182
.NET Connector - SOAP	99	182
WCF Proxy	182 (Default: 2)	182 (Default: n * 2)
SAP XI	173	173
Microsoft BizTalk	Eingehend: nahezu unbeschränkt	Eingehend: nahezu unbeschränkt

Tabelle 6.9: Maximale Anzahl an parallelen Verbindungen

6 – Evaluation der Kommunikationsarten

Die maximale Anzahl von 99 Verbindungen mit dem .NET Connector ist wahrscheinlich eine Einschränkung aufgrund der Implementierung.

Wie Sie am Messergebnis sehen können, hat das SAP ERP-System in diesem Fall eine Limitierung von ungefähr 182 Verbindungen.

Der WCF Proxy erzeugt die maximale Anzahl an Verbindungen, welche das ERP-System handhaben kann. Zunächst ist die Anzahl an erlaubten parallelen Verbindungen vom Standardwert 2 auf 182 oder höher zu setzen. Für das aktuelle Projekt ist dies in der *web.config* einzugeben. Für alle .NET-Anwendungen ist dies in der globalen Datei *machine.config* anzupassen. [MsConMgm]

SAP XI hat ein Limit von 173 parallelen Verbindungen. Das ist ähnlich zum ERP-System. Der Unterschied könnte aufgrund bereits existierender Verbindungen zum SLD und anderen Systemen entstehen.

BizTalk erlaubt eine nahezu unbeschränkte Anzahl an eingehenden Verbindungen. Standardmäßig jedoch nur zwei parallele ausgehende Verbindungen. Wenn mehr eingehende als ausgehende Verbindungen hergestellt werden, dann werden diese seriell verarbeitet. Die Anzahl an ausgehenden Verbindungen kann analog zu den WCF Proxys in der *machine.config* des .NET Frameworks angepasst werden. BizTalk verwendet maximal 48 simultane ausgehende Verbindungen.

Analyse Das Limit des .NET Connectors von maximal 99 Verbindungen eines Clients sollte in der Praxis kein Problem darstellen. Im Normalfall werden nie mehr als zehn parallele Verbindungen mit einem Client hergestellt. Wenn der .NET Connector von vielen Clients aus verwendet wird, sind bis zu 182 Verbindungen mit dem ERP-System möglich, unabhängig von dem eingesetzten Protokoll (RFC oder SOAP).

Im Gegensatz zu SAP XI verkraftet der BizTalk Server mehr eingehende Verbindungen. Er bearbeitet die Anfragen seriell, sobald Sendekanäle wieder frei sind. SAP XI bricht neue eingehende Verbindungen ab, wenn das Maximum erreicht ist.

Oft blieb das SAP XI-System für mehrere Minuten hängen oder ist sogar ausgefallen, nachdem die maximale Anzahl an Verbindungen überschritten wurde. (Fehlermeldung: *„Dispatcher - Running but Dialog Queue standstill"*) Der BizTalk Server hatte während diesen Tests keine Probleme mit einer sehr großen Anzahl von Verbindungen. Wenn der BizTalk Server zu lange braucht, um diese zu verarbeiten, liefen die Verbindungen in einen Timeout. Dieser Timeout kann problemlos erhöht werden.

Dauertest (24h)

Ein anderes Kriterium für Stabilität der Kommunikationsarten und beteiligten Systeme ist, ob diese über eine längere Zeit einen Stresstest aushalten.

Das .NET-SAP-Tool erlaubt es, die Dauer des Durchlaufs und die Menge der simultanen Verbindungen einzustellen. Kleine und große Pakete werden zufällig gesendet. In diesem Fall werden bis zu 100 kleine Pakete oder Daten mit einer maximalen Größe von 50 MB in Paketen von 1-10 MB übertragen.

Parameter	Wert
Duration	24h
Simultaneous connections	0 - 10
Total message size	1 - 50 MB
Package message size	1 - 10 MB
Single events	1 - 100

Tabelle 6.10: Einstellungen für den Dauertest

Erfolgreiche und gescheiterte Aufrufe beim Dauertest

Kommunikationsart	Insgesamt	Erfolgreich	Gescheitert
.NET Connector - RFC	24165	24165 (100 %)	0 (0 %)
.NET Connector - SOAP	2484	2484 (100 %)	0 (0 %)
WCF Proxy	3350	3350 (100 %)	0 (0 %)
SAP XI	1736	1736 (100 %)	0 (0 %)
Microsoft BizTalk	1524	1524 (100 %)	0 (0 %)

Tabelle 6.11: Erfolgreiche und gescheiterte Aufrufe beim Dauertest

Analyse Wie erwartet hatte keine Kommunikationsart und kein System Probleme mit einem Stresstest über 24 Stunden. Wenn die Systeme korrekt konfiguriert wurden und die Last nicht ihre Grenzen überschreitet, dann können diese Anfragen problemlos auch über eine längere Zeitdauer verarbeitet werden. Die Kommunikationsarten sind für eine Dauerbelastung konzipiert, vor allem auch die Middlewares SAP XI und Microsoft BizTalk.

Es konnte nur ein Problem mit den Datenbanken der Middleware-Komponenten festgestellt werden. Falls das Logging der Nachrichten aktiviert wurde, müssen sehr viele Messages in der Datenbank gespeichert werden. Deshalb kann es passieren, dass nicht genügend Festplattenspeicher für die Nachricht vorhanden ist und die Operation abbricht.

Es gab keine weiteren Probleme.

6.2.3 Zuverlässige Nachrichtenübermittlung

In diesem Abschnitt wird untersucht, wie garantiert werden kann, dass die Nachrichten eines .NET Clients seinen Empfänger, das SAP-System, erreichen. Dabei soll zugesichert werden, dass eine Nachricht genau einmal vom SAP-System verarbeitet wird. Es sollen Duplikate und der Verlust von Nachrichten verhindert werden. Dazu dient das Protokoll WS-Reliable-Messaging (WS-RM).

WS-RM wurde erst im Juni 2007 als OASIS Standard verabschiedet und ist deshalb in vielen Systemen noch nicht vollständig implementiert.

Es gibt drei verschiedene Zustellungsgarantien für die zuverlässige Übertragung einer Nachricht:

6 – Evaluation der Kommunikationsarten

- Beim Modus **at-least-once** wird sichergestellt, dass die Nachricht auf jeden Fall beim Empfänger ankommt. Es kann aber auch vorkommen, dass eine Nachricht mehrmals am System ankommt und somit Duplikate entstehen.
- **At-most-once** stellt sicher, dass eine Nachricht nicht mehrfach am Zielsystem ankommt. Es kann aber sein, dass die Nachricht überhaupt nicht ankommt.
- **Exactly-once** ist der sicherste Modus. Hier sichert das Protokoll zu, dass eine Nachricht genau einmal am Zielsystem ankommt bzw. exakt einmal durch das Zielsystem verarbeitet wird.
- Neben den drei zuvor genannten Modi kann zusätzlich **in-order** aktiviert werden. Dadurch kommen die Nachrichten in derselben Reihenfolge an, wie sie vom Sender verschickt wurden.

Die beiden Zustellungsgarantien at-most-once und at-least-once sind relativ einfach zu implementieren. Bei at-most-once ist die Nachricht nur einmal zu verschicken. Entweder kommt die Nachricht beim Empfänger an oder eben nicht (fire and forget). Bei at-least-once ist die Nachricht so lange zu versenden, bis ein Response empfangen wird, der eine erfolgreiche Verarbeitung bestätigt. Im Folgenden wird sich deshalb ausschließlich auf die Zustellungsgarantien exactly-once und in-order bezogen.

Um gleiche Nachrichten zu identifizieren, wird jede Message mit einer global eindeutigen ID ausgestattet. Eine solche ID wird Global Unique Identifier, kurz GUID, genannt.

Es gibt neben der Verwendung des WS-Reliable-Messaging-Protokolls noch andere Wege, um eine exactly-once Zustellung zwischen .NET und SAP zu gewährleisten. Es sollen jedoch nur Mechanismen untersucht werden, die keine eigenen Implementierungen benötigen. Natürlich wäre es bei allen Kommunikationsarten mit entsprechendem Aufwand möglich, ein eigenes Protokoll zur zuverlässigen Nachrichtenübermittlung zu implementieren. Das ist aber nicht der Zweck dieser Untersuchung. Im Folgenden soll überprüft werden, welche Möglichkeiten momentan zur Verfügung stehen, um möglichst einfach Reliable Messaging zu verwenden.

Diese Möglichkeiten werden näher untersucht:

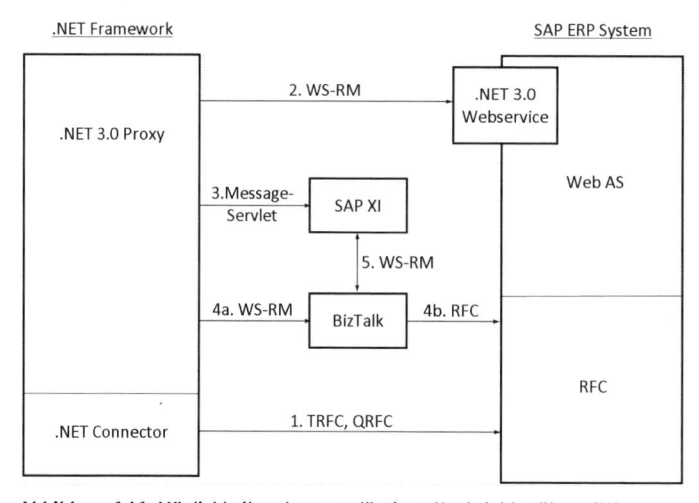

Abbildung 6.16: Möglichkeiten der zuverlässigen Nachrichtenübermittlung

Evaluationskriterien

1. SAP .NET Connector
   - **RFC-Protokoll** unterstützt Fernprozeduraufrufe mit Transaktions- und Queue-IDs
2. WCF-Proxy
   - WS-Reliable-Messaging zwischen **.NET-Anwendungen**.
3. SAP XI
   - Manuelle **Message Servlet-ID** übertragen.
4. Microsoft BizTalk
   - WS-Reliable-Messaging zwischen **WCF Proxy und BizTalk**
   - BizTalk mit **mySAP RFC-Adapter**
5. SAP XI - Microsoft BizTalk
   - WS-Reliable-Messaging zwischen **SAP XI und Microsoft BizTalk**

Zusätzliche Möglichkeit

6. Zuverlässiger Austausch über **Datenbank**

SAP .NET Connector

Der SAP .NET Connector ermöglicht die Kommunikation zwischen .NET und SAP mit Hilfe des RFC- und SOAP-Protokolls.

Im Standard des RFC-Protokolls sind so genannte Transaktionale- und Queued-RFCs definiert. Mit diesen Aufrufen ist es möglich, die Zustellungsgarantien exactly-once und in-order zu gewähren.

Das SOAP-Protokoll des .NET Connectors bietet standardmäßig keine Möglichkeit WS-Reliable-Messaging oder Ähnliches einzubinden.

RFC-Protokoll unterstützt Fernprozeduraufrufe mit Transaktions- und Queue-IDs

In Listing 6.1 wird gezeigt, wie mit dem .NET Connector über RFC eine einmalige (exactly-once) Ausführung garantiert werden kann. Dazu ist zunächst der Proxy für die aufzurufende Funktion zu generieren. Anschließend kann dieser instanziiert werden, indem der Connection String übergeben wird. Es muss eine neue und eindeutige Transaktions-ID erstellt wurden. Dies funktioniert mit dem Kommando `RfcTID.NewTID()`. Nun kann einfach die Funktion `TRfc...` aufgerufen werden. Zum Schluss ist dann die Transaktions-ID zu bestätigen.

> **Nicht vergessen die Transaktions-ID zu bestätigen**
>
> Es sollte nicht vergessen werden, die Methode `ConfirmTID` mit der zuvor verwendeten Transaktions-ID aufzurufen. Ansonsten wird der Aufruf am SAP-System zurückgesetzt.

```csharp
public bool StoreOrder(Order order)
{
    // Instanziiere den Proxy
    Order_SAPProxy client = new Order_SAPProxy(_connectionString);

    // Erzeuge eindeutige ID für den TRFC
    RfcTID tid = RfcTID.NewTID();

    try
    {
        // Aufrufen der Fernprozedur als TRFC
        client.TRfcZ_STORE_ORDER(
            order,
            tid
        );
    }
    catch (Exception)
    {
        return false;
    }

    // Bestätigen des Aufrufs, Daten werden im SAP-System gespeichert
    // Falls dieser Aufruf nicht durchgeführt wird,
    // macht das SAP-System einen Rollback
    client.ConfirmTID(tid);

    return true;
}
```
Listing 6.1: .NET Connector – TRFC, RFC mit Transaktions-ID

TRFC und QRFC geben keine Werte zurück

Es ist nicht möglich, bei exactly-once- bzw. in-order-Aufrufen einen Rückgabewert zu erhalten. Export-Parameter werden komplett ignoriert. Alle Table- und Changing-Parameter dienen nur als Input-Parameter.

Aus diesem Grund können nur Update- und Delete-Methoden sinnvoll in diesem Zusammenhang verwendet werden. Problem dabei ist, dass diese so aufgebaut sein sollten, dass sie keine Werte zurückgeben, die zum weiteren Ablauf notwendig sind.

Wenn nicht nur eine einmalige Ausführung zu gewährleisten ist, sondern die gesendeten Aufrufe auch in der richtigen Reihenfolge durchgeführt werden sollen, dann sind die QRfc...-Methoden des Proxys auszuführen.

Dazu ist zunächst eine Warteschlange einzurichten, in der sich die Aufrufe in einer gewissen Reihenfolge einreihen. In diesem Fall wurde eine `OrderQueue` erstellt. Sobald ein Funktionsaufruf einer Warteschlange hinzufügt werden soll, wird überprüft, ob diese bereits existiert. Falls nicht, wird die Warteschlange angelegt.

Bei der Variable `_queueIndex` handelt es sich um eine statische Variable, die nach jedem In-Order-Aufruf inkrementiert wird. Dieser Warteschlangen-Index legt die Ausführungsreihenfolge der Funktionsaufrufe fest.

Zudem ist beim `RfcQueueItem` auch eine eindeutige Transaktions-ID anzugeben.

Listing 6.2 zeigt exemplarisch den Aufruf einer `Z_STORE_ORDER`-Methode, welche die übergebene Bestellung im SAP-System abspeichert. Dabei ist in diesem Fall gewährleistet, dass die Bestellungen einmalig in der richtigen Reihenfolge am SAP-System ankommen bzw. vom SAP-System verarbeitet werden.

```
public bool StoreOrder(Order order)
{
    // Instanziiere den Proxy
    Order_SAPProxy client = new Order_SAPProxy(_connectionString);

    // Erzeuge eindeutige ID für den QRFC
    RfcTID tid = RfcTID.NewTID();

    // Erzeuge Eintrag in Queue für den QRFC
    RfcQueueItem orderQueue =
        new RfcQueueItem("OrderQueue", _queueIndex, tid);

    try
    {
        // Aufrufen der Fernprozedur als QRFC
        client.QRfcZ_STORE_ORDER(
            order,
            orderQueue
            );
    }
    catch (Exception)
    {
        return false;
    }

    // Erhöhe den Queue-Index
    queueIndex++;

    return true;
}
```

Listing 6.2: .NET Connector – QRFC, RFC mit Transaktions- und Queue-ID

WCF-Proxy

Die Windows Communication Foundation (WCF) des .NET Frameworks 3.0 unterstützt WS-Reliable-Messaging. Durch die einfache Konfiguration des Client- und Service-Bindings kann das WS-RM Protokoll aktiviert werden.

Mit SAP XI 3.0 SP20 (bzw. SAP XI 7.0 SP 12) und der SAP Business Suite funktioniert WS-Reliable-Messaging nicht. SAP PI 7.1 soll dieses Feature erstmals korrekt unterstützen. Aus diesem Grund sind momentan noch Workarounds anzuwenden, um zwischen .NET und SAP eine zuverlässige Nachrichtenübermittlung zu garantieren.

WS-Reliable-Messaging zwischen .NET-Anwendungen. Eine Möglichkeit ist das Reliable Messaging zwischen zwei .NET-Anwendungen. Am Client und Server wird jeweils eine .NET-Anwendung gestartet, die untereinander zuverlässig Nachrichten mit Hilfe des WS-RM Protokolls übertragen können. Die .NET-Server-Anwendung befindet sich dabei auf dem Computer, wo auch das SAP-System bzw. die Datenbank des SAP-Systems läuft. Die .NET-Server-Anwendung nimmt die Daten zuverlässig entgegen und speichert sie entweder direkt in der Datenbank oder übergibt sie dem SAP-System über eine bestimmte Schnittstelle. Abbildung 6.17 veranschaulicht dieses Szenario. Hier wird zwischen einem .NET Client (Proxy) und einem .NET Webservice eine zuverlässige Sitzung (reliable Session) aufgebaut. Diese garantiert eine einmalige Verarbeitung und die richtige Reihenfolge der einzelnen Nachrichten.

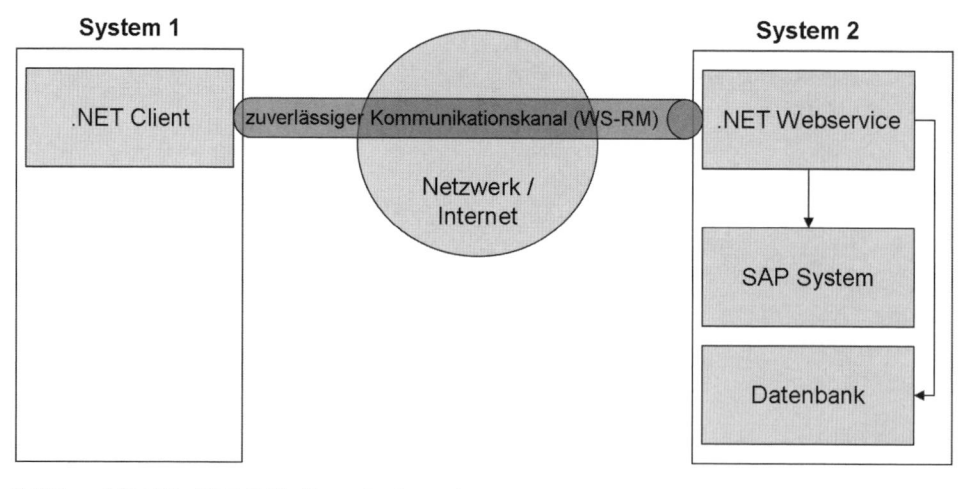

Abbildung 6.17: WCF - WS-Reliable-Messaging Szenario

Das WS-Reliable-Messaging-Protokoll zwischen zwei .NET-Anwendungen zu aktivieren funktioniert relativ einfach. Dazu muss nur der Parameter reliableSession in der Konfigurationsdatei der beiden .NET-Anwendungen hinzugefügt werden.

Beispiel für die .NET-Webservice-Konfiguration:

```xml
<?xml version="1.0" encoding="utf-8" ?>
<configuration>
  <system.serviceModel>

    <bindings>
      <wsHttpBinding>
        <binding name="WSHttpBinding_ITestService">
          <reliableSession enabled="true"
                           ordered="true"
                           inactivityTimeout="00:10:00"/>
          <security mode="None" />
        </binding>
      </wsHttpBinding>
    </bindings>

    <services>
      <service name="WCF_Service.Service.TestService">

        <endpoint name="WSHttpBinding_ITestService"
                  address=""
                  binding="wsHttpBinding"
                  bindingConfiguration="WSHttpBinding_ITestService"
                  contract="WCF_Service.Service.ITestService" />

      </service>
    </services>

  </system.serviceModel>
</configuration>
```
Listing 6.3: WCF - .NET Webservice-Konfiguration

Beispiel für die .NET Client-Konfiguration:

```xml
<?xml version="1.0" encoding="utf-8" ?>
<configuration>
  <system.serviceModel>

    <bindings>
      <wsHttpBinding>
        <binding name="WSHttpBinding_ITestService">
          <reliableSession enabled="true"
```
Listing 6.4: WCF - .NET Client-Konfiguration

```
                    ordered="true"
                    inactivityTimeout="00:10:00"/>
        <security mode="None" />
      </binding>
    </wsHttpBinding>
  </bindings>

  <client>

    <endpoint
       name="BasicHttpBinding_ITestService"
       address="http://localhost:1864/WCF_Service.Host/TestService.svc"
       binding="wsHttpBinding"
       bindingConfiguration="WSHttpBinding_ITestService"
       contract="WCF_Service.Client.localhost.ITestService" />

  </client>

  </system.serviceModel>
</configuration>
```
Listing 6.4: WCF - .NET Client-Konfiguration (Forts.)

Listing 6.3 und Listing 6.4 zeigen wie der Webservice und die Clients konfiguriert werden müssen, um zuverlässige Nachrichtenübermittlung zu gewährleisten. In diesem Fall wurde das ordered-Flag in den Binding-Einstellungen auf true gestellt. Dadurch wird nicht nur die Zustellungsgarantie exactly-once aktiviert, sondern auch die Verarbeitung der Aufrufe in der richtigen Reihenfolge (WS-Reliable-Messaging:in-order).

SAP XI

SAP XI 3.0 SP20 und SAP XI 7.0 SP 12 haben nicht das WS-Reliable-Messaging-Protokoll implementiert. SAP arbeitet aber daran, dass eine der nächsten XI/PI-Versionen WS-RM unterstützt und kompatibel zur Microsoft .NET-3.0-Implementierung ist.

Um trotzdem eine zuverlässige Nachrichtenübermittlung zwischen .NET und SAP XI zu bewerkstelligen, kann die provisorische Lösung aus dem vorherigen WCF-Proxy Abschnitt verwendet werden. Dabei kommunizieren zwei .NET-Anwendungen miteinander. Die .NET-Server-Anwendung ruft nach dem Erhalt der Nachricht das lokale SAP-System auf und übergibt die empfangenen Daten. Dadurch kann zwischen dem .NET Client und .NET Server ein beliebiges Netzwerk (z.B. Internet) liegen und die Nachricht wird, trotz Verluste innerhalb dieses Netzwerks, genau einmal zugestellt (ggf. auch in der Reihenfolge, wie sie der Sender verschickt hat).

Es ist sehr umständlich, eine zusätzliche .NET-Server-Anwendung zu programmieren, welche die übertragenden Daten einfach an das SAP-System weiterleitet, nur um eine zuverlässige Nachrichtenübermittlung zu gewährleisten. Mit einem kleinen Trick kann die einmalige Verarbeitung von Nachrichten am SAP XI-System wesentlich leichter ermöglicht werden. Dieser Workaround wird nachfolgend Schritt für Schritt erläutert.

Manuelle Message Servlet-ID übertragen SAP XI verwendet eine interne Message-Servlet-ID, um zu überprüfen, ob eine Nachricht zuvor schon einmal angekommen ist. Es werden alle IDs der verarbeiteten Nachrichten in einer Datenbanktabelle abgelegt. Bei jeder eingehenden Nachricht wird in der Tabelle nachgeschaut, ob die ID bereits benutzt wurde. Falls eine Nachricht mit einer bereits verwendeten ID ankommt, verarbeitet SAP XI diese nicht.

Um diesen Mechanismus am SAP XI-System zu aktivieren, sind die folgenden Schritte notwendig:

- Bearbeiten des entsprechenden Senderkanals

- Aktivieren der Box KODIERTE HEADER VERWENDEN und QUERY STRING VERWENDEN
  Dadurch empfängt der Kanal die Nachrichten nicht mehr über den Integration Server, sondern über ein Message Servlet. Die Szenario-Informationen werden nicht mehr im SOAP-Header übertragen. Das Message Servlet bekommt die Informationen als Query String übergeben.

- Als QUALITY-OF-SERVICE ist EXACTLY ONCE auszuwählen
  Dies aktiviert den oben beschriebenen Mechanismus. Das SAP XI-System prüft die IDs der eingehenden Nachrichten anhand einer Datenbanktabelle, die alle bereits verarbeiteten Nachrichten enthält. XI bricht mit der weiteren Bearbeitung ab, wenn die ID bereits zuvor verwendet wurde.

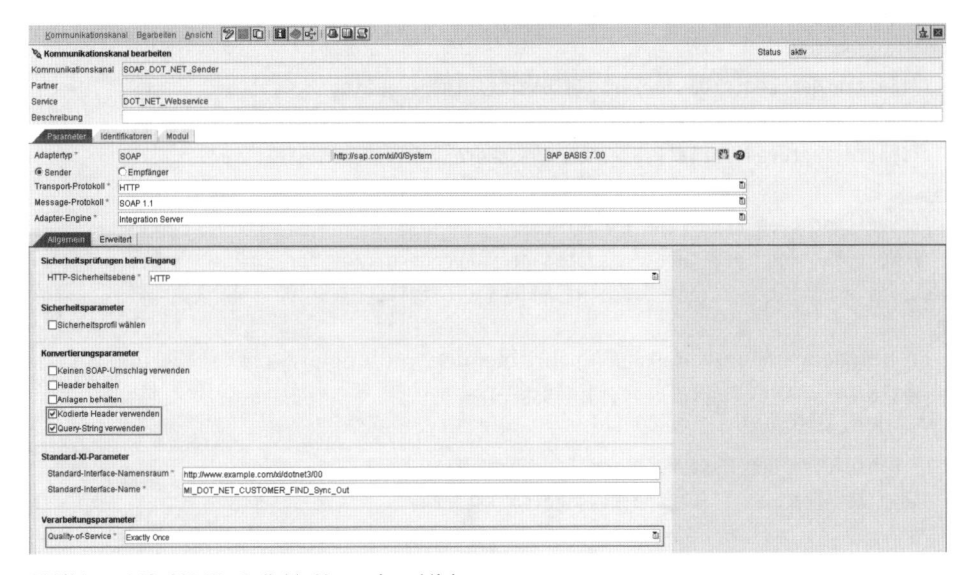

Abbildung 6.18: SAP XI – Reliable Messaging aktivieren

- DER SENDERKANAL MUSS GESPEICHERT UND AKTIVIERT WERDEN
- GENERIERUNG EINER NEUEN WSDL ÜBER DEN MENÜEINTRAG WERKZEUGE und WEBSERVICE DEFINIEREN

Die .NET Client-Anwendung ist zuständig für die Generierung und die Übergabe einer eindeutigen ID. Das Message-Servlet akzeptiert als zusätzlichen Parameter eine MessageId.

Die folgenden Schritte sind auf .NET-Seite notwendig:

- Erzeugung eines neuen WCF Proxys aus der neuen WSDL des SAP XI-Systems
- Das Svcutil erzeugt neben den Proxy-Klassen auch eine Konfigurationsdatei, die der .NET Client-Konfigurationsdatei (*App.config* bzw. *Web.config*) hinzugefügt werden muss.
  Diese Datei sollte den folgenden Eintrag enthalten:

```
<endpoint address="http://sapxi.example.com:50100/XISOAPAdapter/MessageServlet?
channel=:DOT_NET_Webservice:SOAP_DOT_NET_Sender&amp;version=3.0&amp;Sender.Service=
DOT_NET_Webservice&amp;Interface=http%3A%2F%2Fwww.example.com%2Fxi%2Fdotnet3%
2F00%5EMI_DOT_NET_CUSTOMER_GETDETAIL2_Sync_Out&amp;QualityOfService=ExactlyOnce"
```

Listing 6.5: SAP XI - .NET-Endpunkt

- Der Endpunkt muss programmatisch um eine Message-ID erweitert werden. Dazu kann der folgende Code verwendet werden:

```
// Instanziiere den Proxy
MI_DOT_NET_CUSTOMER_GETDETAIL2_Sync_OutClient client =
  new MI_DOT_NET_CUSTOMER_GETDETAIL2_Sync_OutClient();

// Setzen der Login-Daten für die Basic Authentication
client.ClientCredientials.UserName.UserName = "BENUTZERNAME";
client.ClientCredientials.UserName.Password = "***";

// Speichern des aktuellen Endpoints
// Wert aus der Konfigurationsdatei der Anwendung (App.config bzw. Web.config)
string endpoint = client.Endpoint.Address.ToString();

// Erzeuge eindeutige Message-ID
string messageID = Guid.NewGuid().ToString();

// Hinzufügen der MessageID zum Endpunkt
endpoint = endpoint + "&amp;MessageId="+messageID;

// Setze den neuen Endpunkt
client.Endpoint.Address = new System.ServiceModel.EndpointAddress(endpoint);
```

Listing 6.6: SAP XI - .NET-Endpunkt um Message-ID erweitern

- Der Client muss solange die Funktion aufrufen, bis er vom Server einen erfolgreichen HTTP 200-Response oder einen fehlerhaften HTTP 500-Response mit dem SOAP Fault `DuplicateMessageException` erhält.

```
// Gibt an, ob vorheriger Aufruf erfolgreich war
// oder ein weiterer Sendeversuch durchgeführt werden soll
bool resend = true;

// Solange resend = true ist, wird die Webservice-Funktion aufgerufen
while (resend)
{
    try
    {
        // Aufrufen der Fernprozedur
        client.RFC("...");

        // Aufruf war erfolgreich (HTTP 200)
        resend = false;
    }
    catch (Exception ex)
    {
        // Aufruf ist gescheitert (HTTP 500)
        // Prüfen, ob der Aufruf wegen DuplicateMessageException gescheitert ist
        resend = !ex.Message.Contains("DuplicateMessageException");
    }
}
```

Listing 6.7: SAP XI – .NET ruft XI Webservice auf

Durch diese Einstellungen wird Reliable Messaging zwischen .NET Clients und SAP XI ermöglicht. Die Nachricht kommt auf jeden Fall beim Empfänger an und es wird erkannt, wenn eine Nachricht mehrfach gesendet wurde.

Zustellungsgarantie in-order verwenden

Um neben der einmaligen Ausführung auch eine Verarbeitung in der gewünschten Reihenfolge zu erreichen, ist in SAP XI im Sendekanal die Auswahlbox QUALITY-OF-SERVICE auf EXACTLY ONCE IN ORDER zu stellen. Zudem muss auf .NET-Seite eine QueueId erzeugt und an die Endpunkt-Adresse angehängt werden.

Microsoft BizTalk

Microsoft BizTalk 2006 R2 unterstützt erstmals das .NET Framework 3.0 und beinhaltet Adapter (z.B. WsHttp Adapter) zur Einbindung von WCF Webservices. Dadurch können auch .NET Webservices eingebunden werden, die WS-Reliable-Messaging unterstützen.

6 – Evaluation der Kommunikationsarten

Im Folgenden werden die Möglichkeiten untersucht, um WS-RM zwischen einem BizTalk Webservice und einem .NET 3.0 Proxy zu verwenden. Zudem soll die Ausführung von TRFCs und QRFCs überprüft werden, damit zuverlässig mit SAP-Systemen kommuniziert werden kann.

WS-Reliable-Messaging zwischen WCF Proxy und Microsoft BizTalk BizTalk unterstützt selbst kein Reliable Messaging für die veröffentlichten Webservices. Es kann aber Microsoft Message Queuing (MSMQ) eingebunden werden, das sich um die zuverlässige Nachrichtenzustellung kümmert.

MSMQ ist Teil der Microsoft Windows Server Betriebssysteme und kann über einen entsprechenden Adapter vom BizTalk Server genutzt werden. Seit BizTalk 2006 wird dieser Adapter standardmäßig installiert.

Microsoft BizTalk mit mySAP RFC-Adapter Der mySAP RFC-Adapter erlaubt die zuverlässige Nachrichtenübermittlung zwischen Microsoft BizTalk und einem SAP-System. Der BizTalk mySAP Adapter basiert auf der Laufzeitbibliothek des SAP .NET Connectors und unterstützt dessen volle Funktionalität. Dadurch ist es möglich, RFCs mit einer Transaktions-ID und einer Queue-ID durchzuführen.

Um mit BizTalk einen TRFC oder QRFC aufzurufen, sind folgende Schritte notwendig:

1. Existierende Nachrichten sind in BizTalk unveränderbar und können nur unter bestimmten Umständen manipuliert werden. Deshalb muss im Szenario vor dem Aufruf am SAP-System eine neue Nachricht erzeugt werden.
Fügen Sie, wie in Abbildung 6.19, eine `Construct Message` und innerhalb dieser ein `Message Assignment`-Steuerelement dem Szenario hinzu. Dies muss vor dem Aufruf des SAP-Systems geschehen.

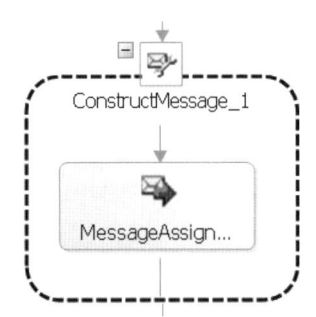

Abbildung 6.19: BizTalk – Nachricht erzeugen und Inhalt manipulieren

2. Erstellen Sie eine neue Request-Nachricht für den Aufruf des SAP-Systems.
Klicken Sie dazu in der ORCHESTRATION VIEW mit der rechten Maustaste auf MESSAGES und wählen Sie NEW MESSAGE. Geben Sie als Namen unter Identifier `CustomerGetDetail2Request2` ein und wählen als Typ die entsprechende Request-Nachricht aus.

3. Das `Construct Message`-Steuerelement ist so einzustellen, dass es eine `CustomerGetDetail2Request2`-Nachricht erzeugt.

Evaluationskriterien

4. Message Assignment sollte bei einem TRFC-Aufruf den Code aus Listing 6.8 enthalten und bei QRFC-Aufrufen den aus Listing 6.9. CustomerGetDetail2Request1 ist dabei die Nachricht, welche vom .NET Port den BizTalk Server erreicht.

```
CustomerGetDetail2Request2 = CustomerGetDetail2Request1;

CustomerGetDetail2Request2(SAPSend.RFCType) = "TRFC";
```
Listing 6.8: BizTalk - TRFC mit mySAP RFC-Adapter

```
CustomerGetDetail2Request2 = CustomerGetDetail2Request1;

CustomerGetDetail2Request2(SAPSend.RFCType) = "QRFC";
CustomerGetDetail2Request2(SAPSend.qRFCQueueName) = "GetDetail2Queue";
```
Listing 6.9: BizTalk - QRFC mit mySAP RFC-Adapter

1. Das Szenario sollte nun fehlerfrei kompiliert und bereitgestellt werden.
2. In der BizTalk – Administrationskonsole ist der Sendeport zu konfigurieren. Stellen Sie den TYPE auf SAP und klicken den CONFIGURE...-Knopf. Anschließend können die Transporteigenschaften spezifiziert werden.
3. Jetzt sollten die TRFC- und QRFC-Aufrufe funktionieren.

> **BizTalk Ports können nur mit SAP-Systemen über RFC kommunizieren, wenn der mySAP RFC-Adapter installiert ist.**
>
> Der Typ SAP ist nur bei den BizTalk Ports verfügbar, wenn der mySAP RFC-Adapter installiert wurde.

SAP XI - Microsoft BizTalk

Es ist möglich zwischen SAP XI und Microsoft BizTalk Reliable Messaging zu bewerkstelligen. Die Einrichtung dieses Szenarios ist zwar relativ umständlich, aber immerhin funktioniert es problemlos.

WS-Reliable-Messaging zwischen SAP XI und Microsoft BizTalk In Zusammenarbeit von SAP und Microsoft wurde ein Dokument erstellt, das ausführlich die Konfiguration eines SAP XI-Microsoft-BizTalk-Szenarios beschreibt, welches Reliable Messaging einsetzt. Dieses Dokument ist unter [SapMsRMXIBiz] verfügbar. Leider bezieht es sich nur auf den BizTalk Server 2004, jedoch lässt sich die Vorgehensweise einfach auf den BizTalk Server 2006 übertragen.

Zusätzliche Möglichkeit

Es kann auch ein ganz anderer Weg gegangen werden, indem die Daten über eine Datenbank ausgetauscht werden.

Zuverlässiger Austausch über Datenbank Auf .NET- und SAP-Seite sind die Schnittstellen für die Kommunikation mit Datenbanken sehr weit entwickelt. Beide liefern Bibliotheken mit, um den Zugriff auf Datenbanken über TCP/IP leicht zu ermöglichen. Das .NET Framework bietet ADO.NET an und bei SAP XI kann auf den JDBC-Adapter zurückgegriffen werden.

Es ist eine Tabelle anzulegen, deren Primärschlüssel eine GUID (eindeutige ID) ist. Dadurch kann der Client solange seine Insert-Anweisung verschicken, bis er eine Bestätigung erhält, dass die Daten erfolgreich in die Datenbank eingetragen wurden oder dass bereits ein Eintrag mit demselben GUID existiert. In letzterem Fall ist die Bestätigung auf dem Weg zum Client verloren gegangen.

Das SAP-System kann anschließend die Daten beliebig abholen und weiterverarbeiten. Ein Problem an dieser Lösung ist, dass der Server nicht weiß, wann neue Daten eingetragen wurden. Er muss sich entweder vom Datenbankmanagementsystem benachrichtigen lassen (was inzwischen von vielen Datenbanken unterstützt wird) oder in gewissen Zeitabständen die Datenbank abfragen (polling).

Zudem ist diese Lösung umständlich am Client zu programmieren. Sobald sich die Datenbanktabelle ändert, müssen alle Clients angepasst werden.

Analyse

Kommunikationsart	Reliable Messaging
.NET Connector - RFC	TRFC- und QRFC-Aufrufe
.NET Connector - SOAP	nicht möglich
WCF Proxy	leicht konfigurierbar
SAP XI	über MessageServlet mit Workaround
Microsoft BizTalk	MSMQ-Adapter

Tabelle 6.12: Reliable Messaging bei den einzelnen Kommunikationsarten

WS-Reliable-Messaging ist ein relativ neues Protokoll und es hat sich gezeigt, dass es momentan noch in sehr wenigen Bereichen vollständig implementiert wurde. Nichtsdestotrotz gibt es sehr viele Möglichkeiten, um eine zuverlässige Nachrichtenübertragung zu gewährleisten.

Reliable Messaging über den RFC-Adapter funktioniert problemlos. Dieser Mechanismus wird auch schon seit Jahren produktiv eingesetzt. Es ist aber etwas störend, dass die Aufrufe keine Ergebnisse zurückliefern können.

Die zuverlässige Kommunikation zwischen .NET und der SAP Business Suite über SOAP-basierenden Webservices ist leider noch nicht möglich. Falls dies jedoch zwingend notwendig ist, kann mit dem WCF Framework zwischen zwei .NET-Anwendungen eine reliable Session hergestellt und die Daten an das lokale SAP-System übergeben werden. Dies funktioniert problemlos mit nur ein paar kleinen Einstellungen in der Konfigurationsdatei der Anwendungen.

Sehr gut funktioniert Reliable Messaging über SAP XI. Mit einem kleinen Trick in den Einstellungen können WCF Clients ohne Nachrichtenverluste mit dem SAP XI-System kommunizieren.

BizTalk unterstützt Reliable Messaging nur in Zusammenhang mit dem Microsoft Message Queuing Dienst. Zwischen BizTalk und SAP lassen sich aber mit dem mySAP Adapter über das RFC-Protokoll zuverlässig Nachrichten austauschen.

Es ist sogar möglich, zwischen SAP XI und Microsoft BizTalk Reliable Messaging zu implementieren und falls alle Stricke reißen kann auch über eine Datenbank eine Art Reliable Messaging durchgeführt werden. Dazu ist aber mehr Programmieraufwand notwendig.

6.2.4 Sicherheit

Webservices sind sehr komplex und werden oft out-of-the-box verwendet. Dadurch wird die Sicherheit vernachlässigt. Die Spezifikationen und Implementierungen sind relativ neu und unterliegen enormen Veränderungen. Deshalb ist es relativ schwierig einen sicheren Webservice zu erstellen.

Zunächst werden einige Grundlagen zum Thema Sicherheit erläutert, da dies ein sehr komplexes Gebiet ist.

Der zweite Abschnitt handelt von der Transportverschlüsselung. SAP Web AS kann TLS 1.0 oder ältere SSL Varianten verwenden, um die Transportschicht zu verschlüsseln. Transport Layer Security (TLS) ist der Nachfolger von Secure Sockets Layer (SSL) Version 3.0. TLS 1.0 wird oft als SSL 3.1 bezeichnet. Der dritte und vierte Punkt beschreibt die Methoden der Nachrichtenverschlüsselung, wie Dokumenten-Verschlüsselung und -Signatur. Für jede Methode werden die durchführbaren Angriffe beschrieben und gezeigt, wie hoch das Risiko für einen solchen Angriff ist. Dabei handelt es sich nur um eine Auswahl von vielen möglichen.

Alle diese Verschlüsselungsmethoden verwenden verschiedene Algorithmen. Im Folgenden werden nur die Sicherheitslücken der verschiedenen Protokolle betrachtet. Die Schwächen der Verschlüsselung hängen vom gewählten Algorithmus und der Implementierung ab. Es wird nicht diskutiert, welche Algorithmen momentan als sicher erachtet werden.

Grundlagen

Zunächst sollen Grundlagen zum Thema Sicherheit geschaffen werden. Es werden ein paar Begriffe erklärt und die verschiedenen Arten der Authentifizierung einer Person beschrieben. Die verschiedenen Verschlüsselungsmethoden und die Funktionsweise einer digitalen Signatur werden erklärt. Danach wird auf Zertifikate näher eingegangen, da diese für die sichere Kommunikation eine wichtige Rolle spielen. Mit diesen Grundlagen können dann die Public-Key-Infrastruktur und Single Sign On kurz erläutert werden.

Begriffsdefinitionen

- **Authentifizierung** bezeichnet die Verifikation einer behaupteten Identität am System.

- **Autorisierung** ist die Genehmigung von bestimmten Rechten einer Person am System.

- **Integrität** einer Nachricht ist die Sicherstellung, dass ein Dokument nicht von Dritten manipuliert wurde.

- **Hash** ist eine Art Quersumme bzw. Fingerabdruck eines Dokuments. Es wird mit einem mathematischen Algorithmus eine kleine Teilmenge eines Dokuments erzeugt. Dieser Algorithmus kann nicht umgekehrt werden. Gleiche Dokumente haben auch dieselben Hash-Werte. Wird nur eine Kleinigkeit am Dokument verändert, so entsteht ein komplett neuer Hash-Wert. Dadurch kann die Integrität einer Nachricht sichergestellt werden.

- **Signatur** ist eine digitale Unterschrift, um den Autor eines Dokuments eindeutig identifizieren zu können.

- **Verschlüsselung** ist das unleserlich machen eines Klartexts durch bestimmte Algorithmen. Nur mit Hilfe eines passenden Schlüssels kann dieser Geheimtext wieder gelesen werden.

- **Kanonisierungsmethoden** konvertieren XML-Dokumente in ein eindeutig festgelegtes Format. XML-Dokumente, die inhaltlich gleich sind, können auf Byte-Ebene unterschiedlich sein, da es verschiedene Darstellungsmöglichkeiten für gleiche Elemente gibt. Nach einer Kanonisierung sind inhaltlich gleiche Dokumente komplett identisch.

Arten der Authentifizierung Generell gibt es drei verschiedene Methoden eine Person zu authentifizieren:

- **Wissen**, z.B. Passwort oder PIN
- **Besitz**, z.B. Hardware Sicherheits-Token oder Mobiltelefon
- **Biometrie**, z.B. Fingerabdruck oder Iris

Eine einfache Authentifizierung bedeutet, dass nur eine dieser drei Methoden angewandt wird. Im Gegensatz dazu verwendet eine starke Authentifizierung mindestes zwei dieser Mechanismen. Einige Banken verwenden beispielsweise die Wissens- und Besitzmethode. Als Erstes muss sich ein Benutzer mit seinem PIN einloggen. Sobald er eine Überweisung durchführen möchte, bekommt er einen Code auf sein Handy geschickt. Dieser Code muss in der Applikation angegeben werden, um den Transfer abzuschließen. Die starke Authentifizierung ist sehr sicher und für Angreifer schwierig zu knacken. In den meisten Fällen wird die einfache Authentifizierung über die Wissensmethode verwendet, weil sie leichter zu implementieren und anzuwenden ist.

Evaluationskriterien

Verschlüsselungsmethoden Damit Dritte beim Datenaustausch zwischen zwei Systemen die Nachrichten nicht lesen können, wird Verschlüsselung eingesetzt. Es gibt generell zwei verschiedene Arten von Verschlüsselungsmethoden:

- Bei der **symmetrischen Verschlüsselung** müssen beide Kommunikationspartner im Besitz des gleichen geheimen Schlüssels sein. Dieser Schlüssel wird auf Senderseite zum Verschlüsseln und auf Empfängerseite zum Entschlüsseln verwendet.

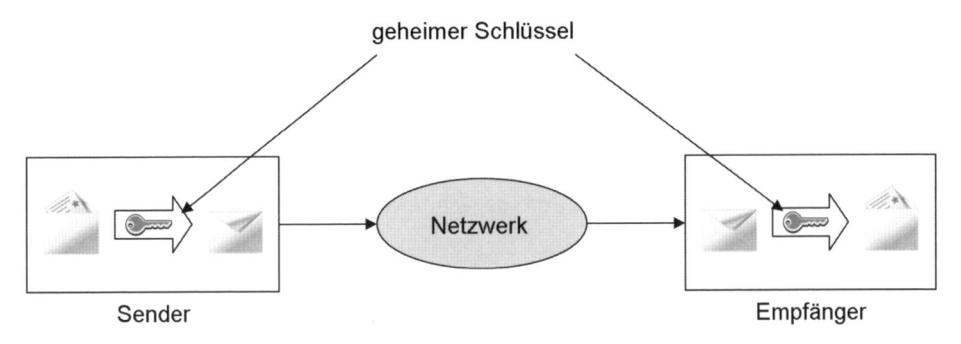

Abbildung 6.20: Symmetrische Verschlüsselung

- Vorteile:
  - Benötigt relativ geringe Rechenleistung und ist dadurch ziemlich schnell
- Nachteile:
  - Sicherer Austausch des geheimen Schlüssels gestaltet sich in öffentlichen Netzwerken schwierig
  - Die Anzahl an privaten Schlüsseln steigt quadratisch mit der Teilnehmerzahl, da für jeden Kommunikationskanal ein separater Schlüssel benötigt wird
  - Bei der asymmetrischen Verschlüsselung wird der öffentliche Schlüssel des Empfängers zur Verschlüsselung von Dokumenten verwendet. Diese Nachrichten können nur mit Hilfe des privaten Schlüssels des Empfängers entschlüsselt werden.

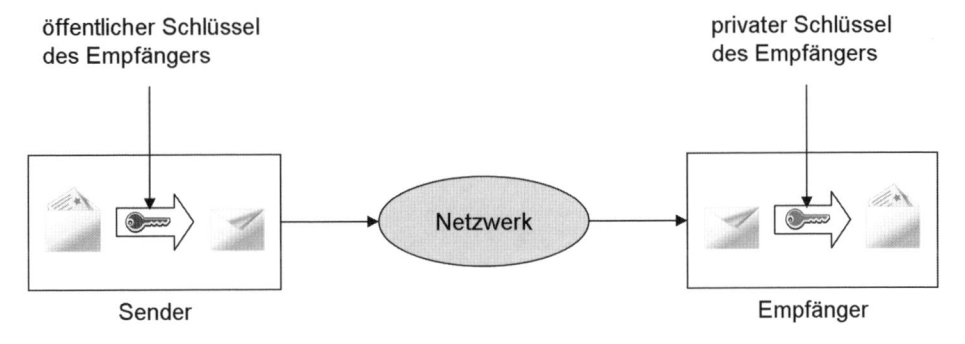

Abbildung 6.21: Asymmetrische Verschlüsselung

- Mit dem **öffentlichen Schlüssel (Public Key)** können die Daten verschlüsselt werden. Dieser muss allen Kommunikationspartnern zur Verfügung gestellt werden.
- Nachrichten, die mit dem öffentlichen Schlüssel chiffriert wurden, können nur noch mit dem dazugehörigen **privaten Schlüssel (Private Key)** entschlüsselt werden. Dieser muss sicher aufbewahrt werden.
- Vorteile:
  - Öffentliche Schlüssel können beliebig zur Verfügung gestellt werden
  - Die Anzahl an Schlüsseln steigt linear zur Teilnehmerzahl
  - Nachrichten können mit dem privaten Schlüssel signiert werden
  - Zusammen mit Zertifikaten kann die Herkunft des Dokuments überprüft werden
  - Da die Signatur normalerweise über den Hash der Nachricht erstellt wird, kann sogar die Integrität des Dokuments sichergestellt werden
- Nachteile:
  - Hohe Rechenleistung bei großen Datenmengen
  - Nachweis der Identität des Besitzers (kann durch Zertifikate gelöst werden)

Die Vorteile beider Verschlüsselungsmethoden können bei der **hybriden Verschlüsselung** genutzt werden. Die asymmetrische Methode ist ein sicherer Weg, um Daten über ein öffentliches Netzwerk, wie das Internet, verschlüsselt zu übertragen. Jedoch ist dies bei großen Datenmengen sehr langsam. Das asymmetrische Verfahren wird nur für die Verschlüsselung des geheimen Schlüssels der symmetrischen Methode benutzt. Anschließend kann das symmetrische Verschlüsselungsverfahren für die schnelle Chiffrierung großer Daten-Streams verwendet werden.

Digitale Signatur Mit Hilfe digitaler Signaturen kann der Urheber einer Nachricht überprüft und die Integrität der Daten sichergestellt werden. Dazu wird, wie bei der asymmetrischen Methode, ein Schlüsselpaar benötigt.

Der Urheber einer Nachricht erzeugt zunächst einen Hash über die gesamten Daten. Dieser Hash wird als Grundlage für die Signatur hergenommen. Dazu wird der private Schlüssel verwendet. Die Signatur kann mit Hilfe des öffentlichen Schlüssels des Urhebers verifiziert werden.

Rechtlich gesehen ist die digitale Signatur einer handschriftlichen Unterschrift gleichgestellt, solange keine Ausnahmen im Gesetz definiert wurden.

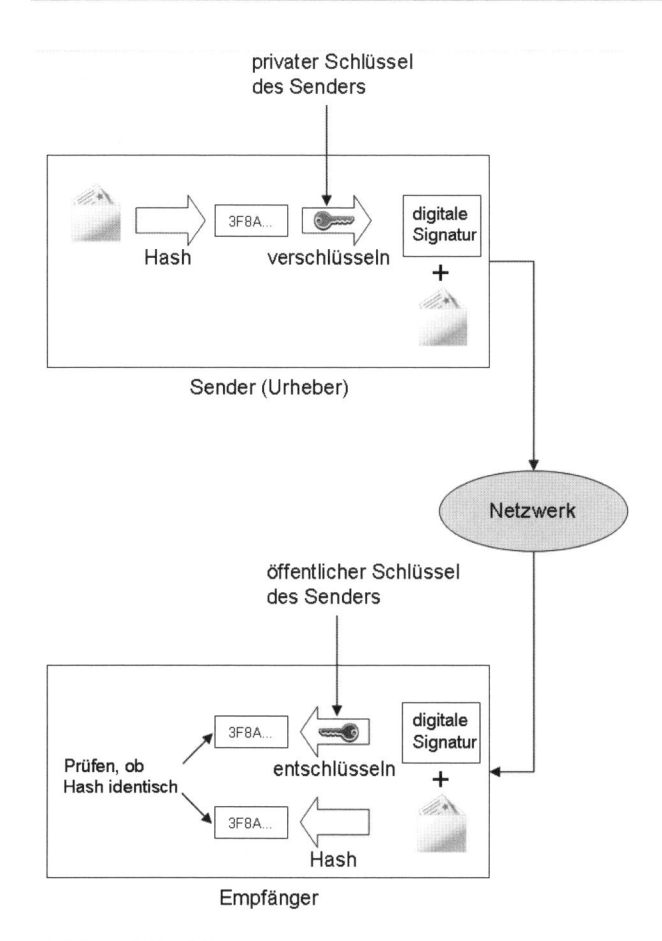

Abbildung 6.22: Digitale Signatur

Digitale Zertifikate Zertifikate dienen dazu, einen öffentlichen Schlüssel einer bestimmten Person bzw. System zuzuordnen. Dadurch kann zusammen mit der digitalen Signatur die Authentizität von Nachrichten sichergestellt werden. Es kann festgestellt werden, ob Nachrichten mit der Signatur von der entsprechenden Person erstellt wurden.

Eine vertrauenswürdige dritte Instanz (Zertifizierungsinstanz, Certification Authority oder Trust Center genannt) signiert Zertifikate. Wird einer solchen Stelle vertraut, dann ist die Identität aller Personen oder Systeme sichergestellt, die ein durch die Instanz signiertes Zertifikat besitzen. Es muss immer der Besitzer eines Zertifikats überprüft werden, damit Dritte nicht unberechtigt ein fremdes Zertifikat verwenden, um eine bestimmte Identität vorzugeben.

Es gibt generell drei verschiedene Möglichkeiten, ein solches unterschriebenes Zertifikat zu beziehen:

1. **Öffentliche Zertifizierungsinstanzen** stellen unterschriebene Zertifikate aus und kümmern sich um deren Verwaltung. Diese Stellen überprüfen die Identität der Antragsteller. Sie werden zudem von der Bundesnetzagentur überwacht, um die Sicherheit der Zertifikate zu gewährleisten. SAP bietet beispielsweise einen eigenen Trust Center Service[1] an, der kostenpflichtige Zertifikate ausstellt. Es gibt aber auch einige Zertifizierungsstellen, die kostenlos Zertifikate ausstellen.
2. **Certification Server** werden vor allem im Intranet großer Unternehmen eingesetzt. Microsoft bietet einen Certification Server an, der es Unternehmen ermöglicht, als Zertifizierungsinstanz zu fungieren. Solche Zertifikate sind nur intern gültig.
3. Zertifikate können auch **selbst signiert** werden. Dadurch ist das Zertifikat vor Manipulationen und dem Signieren durch eine zweite Instanz geschützt. Der Besitzer des Zertifikats ist in diesem Fall gleichzeitig der Aussteller.

Es gibt verschiedene Standards für Zertifikate. Der am weitesten verbreitete Standard ist **X.509**. Er wird unter anderem für SSL, TLS und SSH verwendet. X.509 wurde 1988 veröffentlicht. Es ist normalerweise an einen DNS oder eine E-Mail Adresse gebunden.

Beispiel für ein X.509-Zertifikat:

```
Certificate:
    Data:
        Version: 3
        Serial Number: 12
        Signature Algorithm: md5WithRSAEncryption
        Issuer: C=DE, ST=Bavaria, L=Nuremberg, O=TrustCenter, OU=TC1, CN=CA
        Validity
            Not Before: Jan 01 12:00:00 2008 GMT
            Not After : Jan 01 12:00:00 2010 GMT
        Subject: C=DE, ST=Bavaria, L=Nuremberg, O=Example, OU=Ex1, CN=example.com
        Subject Public Key Info:
            Public Key Algorithm: rsaEncryption
            RSA Public Key: (1024 bit)
                Modulus (1024 bit):
                    ...

                Exponent: 12345
    Signature Algorithm: md5WithRSAEncryption
        ...
```

Listing 6.10: Beispiel für ein X.509-Zertifikat

---

1. *http://service.sap.com/~form/sapnet?_SHORTKEY=01100035870000255068&_SCENARIO= 01100035870000000202&*

Wie in Listing 6.10 ersichtlich, enthält ein Zertifikat normalerweise die folgenden Informationen:

- Version des X.509 Standards
- Seriennummer
- ID des Algorithmus
- Namen und Informationen zum Aussteller (Zertifizierungsinstanz)
  - C   = Country Name   = Land
  - ST   = State or Province   = Region
  - L   = Locality   = Ort
  - O   = Organization   = Firmenname
  - OU   = Organization Unit   = Abteilung in Firma
  - CN   = Common Name   = Name des Systems oder der Person
  Ist systemweit eindeutig.
- Gültigkeitsdauer
- Name und Informationen zum Besitzer des öffentlichen Schlüssels
  - Analog aufgebaut wie die Aussteller-Informationen
- Öffentlichen Schlüssel für die asymmetrische Verschlüsselungsmethode
- Signatur des Ausstellers
  - Dadurch wird sichergestellt, dass ein Zertifikat nicht manipuliert wurde und vertrauenswürdig ist.

Seit Version 3 des X.509-Standards wurden Erweiterungen (Extensions) eingeführt. Extensions enthalten ein ID-, Flag- und Value-Attribut. Die ID dient der eindeutigen Identifizierung des Blocks. Das Flag „unkritisch" bedeutet, dass eine Erweiterung optional ist. Bei der Einstellung „kritisch" muss dieser Block jedoch verarbeitet werden. Value beinhaltet den Wert der Erweiterung.

X.509-Zertifikate können in zahlreichen unterschiedlichen Dateitypen auftreten:

- .CER
  - CER-kodiertes Zertifikat
- .DER
  - DER-kodiertes Zertifikat
- .PEM
  - Base 64-kodiertes Zertifikat
  - Kann private und öffentliche Schlüssel enthalten
  - Datei beginnt mit „-----BEGIN CERTIFICATE-----" und endet mit „-----END CERTIFICATE----- "

- .P7B und .P7C
  - Enthält Zertifikat im PKCS#7-Format
  - PKCS#7 ist ein Standard zum Verschlüsseln und Signieren von Informationen. Datei enthält nur das Zertifikat und keinen Datenblock.
- .P12 und .PFX
  - Enthält Zertifikat im PKCS#12-Format
  - PKCS#12 ist ein Standard für die Speicherung von Zertifikaten und kennwortgeschützten privaten Schlüsseln

Public-Key-Infrastruktur (PKI) Asymmetrische Verschlüsselungsverfahren bieten die Möglichkeit, Daten zu verschlüsseln und signieren. Mit Hilfe digitaler Zertifikate kann die Zugehörigkeit der Schlüssel zu Personen überprüft werden. PKI bezeichnet ein System, das Zertifikate ausstellt, kontrolliert und zur Verfügung stellt.

Eine Public-Key-Infrastruktur besteht aus den folgenden Instanzen:

- **Registrierungsstellen (Registration Authority, RA)** überprüfen die Identität der Personen, welche ein Zertifikat beantragen.
- **Zertifizierungsstellen** stellen Zertifikate aus und signieren diese.
- Durch so genannte **Zertifikatssperrlisten (Certificate Revocation List)** kann ein Zertifikat nachträglich für ungültig erklärt werden, bevor der Zeitraum der Gültigkeit des Zertifikats ausläuft.
- Ein **Verzeichnisdienst** stellt die Zertifikate zur Verfügung.
- Der **Validierungsdienst (Validation Authority, VA)** bietet die Möglichkeit an, Zertifikate zu überprüfen.

Es gibt verschiedene Modelle, um Vertrauen zu vererben. Die zwei wichtigsten Modelle werden im Folgenden kurz beschrieben.

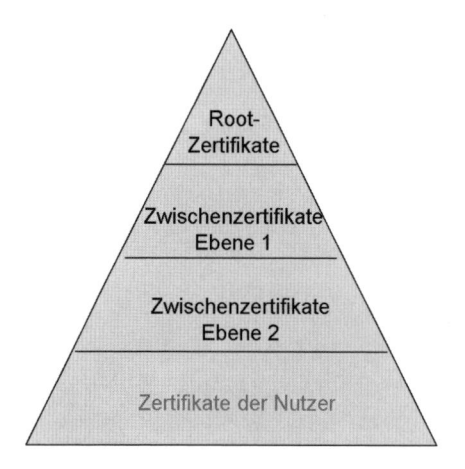

Abbildung 6.23: Hierarchische PKI

Evaluationskriterien

Beim **streng hierarchischen** Modell wird das Vertrauen ausgehend von Stammzertifikaten (Root Certificates) vererbt. Wird dem Aussteller vertraut, dann kann auch dem Besitzer des Zertifikats vertraut werden. Um die Übersicht zu behalten, werden nicht alle Zertifikate vom Stammzertifikat unterschrieben, sondern diverse Zwischenhierarchien eingeschoben, wie in Abbildung 6.23.

- Dieser Ansatz ermöglicht klare Strukturen, fordert aber einen erhöhten Organisationsaufwand durch aufwändige Überprüfungsprozesse.

- Einen ganz anderen Ansatz verfolgt das **Web of Trust**. Dabei wird ein dezentrales Vertrauensmodell eingesetzt. Jeder Teilnehmer kann Zertifikate ausstellen und selbst entscheiden, welchen Personen er vertraut und welchen nicht.

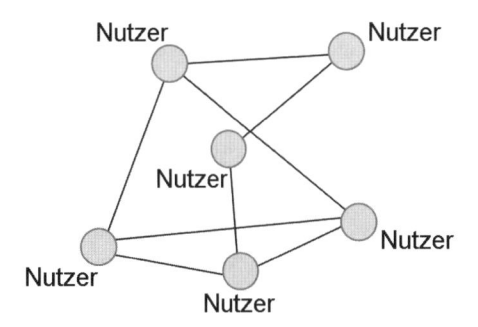

Abbildung 6.24: Web of Trust PKI

- Dieses Modell ist sehr flexibel und einfach nutzbar, jedoch ist es schwierig bei Streitfragen die Angelegenheit nachzuvollziehen.

- Das Web of Trust ist für die private Nutzung sehr vorteilhaft, da die Vergabe von Zertifikaten kostenlos ist und jeder selbst entscheiden kann, wem er vertraut. Das hierarchische Modell wird dagegen von Unternehmen bevorzugt eingesetzt, da es leichter zu verwalten und überschauen ist.

Single Sign On Unter Single Sign On wird eine Einmal-Anmeldung verstanden. Der Benutzer authentifiziert sich einmalig und hat anschließend Zugriff auf alle Systeme und Bereiche für die er berechtigt ist.

Vorteile:

- Zeitersparnis und weniger Aufwand für den Benutzer

- Benutzer muss sich nur ein Passwort merken

- Passwort muss nur an einer Stelle eingegeben werden, was es ermöglicht diesen Login-Mechanismus leichter abzusichern

- Benutzername und Passwort sind nur an einer Stelle zu pflegen

Nachteile:

- Verfügbarkeit der Anwendung hängt vom Single-Sign-On-Dienst ab
- Durch das Ausspähen eines einzigen Passworts kann der Angreifer auf alle Anwendungen zugreifen

Es gibt generell drei Arten von Single-Sign-On-Mechanismen:

- Es kann eine **Software auf dem lokalen Rechner** installiert werden, die alle Passwörter für die einzelnen Systeme abspeichert. Der Benutzer kann über das Programm die Systeme aufrufen und wird automatisch über die gespeicherten Login-Daten authentifiziert. Dieser Mechanismus ist relativ umständlich, da hierzu Software auf dem lokalen Rechner installiert werden muss. In vielen Fällen ist dies nicht möglich. Ein Beispiel für eine lokale Single-Sign-On-Lösung ist der Passwort-Manager des Mozilla Firefox.

- Der Benutzer loggt sich einmalig an einem **Portal** an. Dadurch wird ihm Zugang zu diversen anderen Webanwendungen gewährt, bei denen er sich nicht mehr separat anmelden muss. Die Authentifizierung läuft meist über HTTP-Cookies ab, wie bei MSN Passports.

- Um auf bestimmte Dienste und Systeme zugreifen zu können, wird der Benutzer zunächst an den **Ticket Server** weitergeleitet, um sich dort zu authentifizieren. Nach der erfolgreichen Eingabe der Zugangsdaten oder der Identifikation über ein Zertifikat wird dem Benutzer ein Ticket ausgestellt. Nach dieser einmaligen Anmeldung kann auf alle angebundenen Systeme zugegriffen werden. Diese Dienste überprüfen beim Aufruf nur die Gültigkeit des Tickets. Kerberos ist beispielsweise ein Ticket System.

Transport Layer Security (TLS) / Secure Sockets Layer (SSL)

TLS bzw. SSL sind hybride Verschlüsselungsprotokolle. Das bedeutet, dass asymmetrische Methoden zum Austausch der geheimen Schlüssel zwischen den Kommunikationspartnern verwendet werden. Danach kommt symmetrische Verschlüsselung zum Einsatz, um Nachrichten vor der Übertragung über das Netzwerk zu verschlüsseln. Sobald eine Nachricht beim Empfänger ankommt, kann dieser sie lesen. SSL wird zusammen mit dem HTTP-Protokoll auf der Applikationsschicht verwendet. SSL über HTTP wird Hypertext Transfer Protocol Secure (HTTPS) genannt.

Der Ablauf beim Aufbau einer SSL Verbindung wird in Abbildung 6.25 erklärt.

Evaluationskriterien

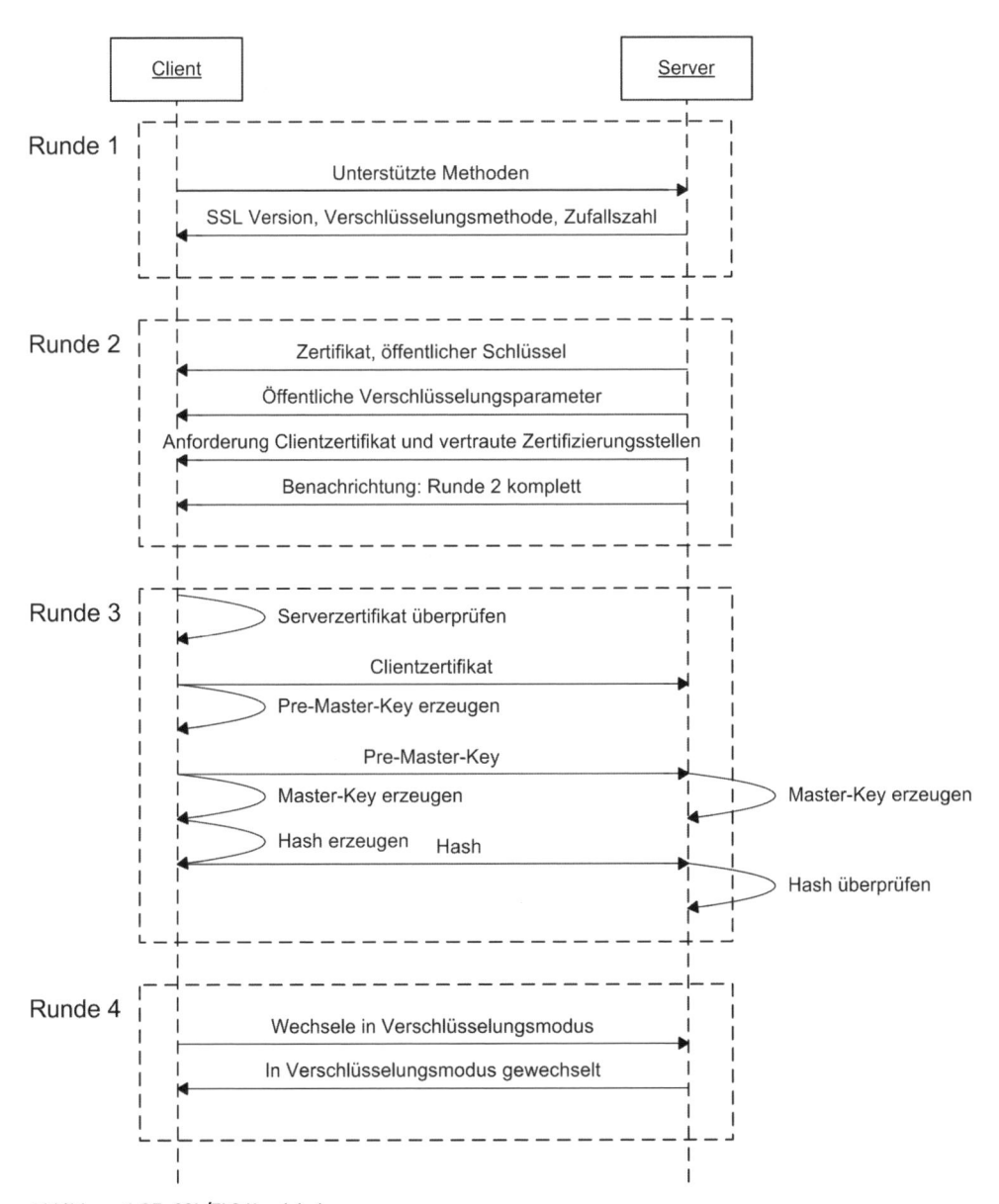

Abbildung 6.25: SSL/TLS Handshake

Beschreibung (C: Client, S: Server):

1. **Runde 1**: C → S: Client sendet einen Request an den Server, der die unterstützten Methoden enthält.

2. S → C: Server schickt einen Response, der die SSL Version und Verschlüsselungsmethode festlegt. Normalerweise wählt der Server die beste Verschlüsselungsmethode aus. Wenn Client und Server nicht dieselben Methoden unterstützen, dann bricht der Server die Verbindung ab.

3. **Runde 2**: S → C: Server sendet sein Zertifikat inklusive öffentlichen Schlüssel an den Client.
4. S → C: Abhängig von der gewählten Verschlüsselungsmethode werden die öffentlichen Parameter übertragen.
5. S → C: Falls Client-Authentifizierung aktiviert ist, dann fragt der Server nach dem Zertifikat des Clients.
6. S → C: Server sendet eine Benachrichtigung, dass die zweite Runde abgeschlossen wurde.
7. **Runde 3**: C → S: Hier überprüft der Client das Serverzertifikat und falls gewünscht sendet dieser sein Client-Zertifikat an den Server.
8. C → S: Client verschlüsselt den generierten Pre-Master-Key mit dem öffentlichen Schlüssel des Servers und sendet ihn an den Server. Jetzt generieren beide Partner aus dem Pre-Master-Key den Master-Key für die symmetrische Verschlüsselung.
9. C → S: Client generiert einen Hash-Wert über alle Nachrichten und den Master-Key. Server kann dadurch überprüfen, ob alle Nachrichten korrekt übertragen wurden.
10. **Runde 4**: C → S: Client sagt dem Server, dass jetzt in den Verschlüsselungsmodus gewechselt wird.
11. S → C: Server bestätigt den Wechsel.

→ Ein sicherer Kanal wurde erzeugt.

Mögliche Angriffe Im Folgenden werden einige mögliche Angriffsszenarien beschrieben. Bei diesen Fällen will der Client, genannt **Alice**, sicher mit dem Server **Bob** kommunizieren. **Eve** ist der Angreifer und möchte den Datenverkehr lesen bzw. die Kommunikation manipulieren.

- **Datenverkehr-Analyse** ist ein so genannter Eavesdropping-(Lausch)-Angriff. Der Angreifer Eve liest die unverschlüsselten Daten des TCP/IP- bzw. HTTP-Headers, wie z.B. IP-Adresse und Nachrichtenlänge, über ein Sniffing-Tool wie Wireshark aus. Eve bekommt so beispielsweise die Sender IP-Adresse, Empfänger IP-Adresse, den Port, die Größe der Nachricht und noch einige weitere Informationen. Daraus kann es gegebenenfalls möglich sein, Rückschlüsse auf die eigentliche Nachricht zu ziehen. Es ist sehr unwahrscheinlich, dass ein solcher Angriff Erfolg hat und Zugriff auf wichtige Informationen ermöglicht.

- IPSec ist ein Protokoll, das der Verschlüsselung der Netzwerkschicht dient und gegen solche Attacken schützt, weil die TCP/IP und HTTP-Header auch verschlüsselt übertragen werden.

- Es gibt zwei verschiedene Rollback-Angriffe, die **Versions- und Algorithmus-Rollback**-Attacken. Diese werden auch Tampering-(Sabotage-/Verfälschungs)-Angriff genannt. Die Versions-Rollback-Attacke manipuliert den SSL Handshake, damit eine ältere SSL-Version verwendet wird. Beim Angriff auf den Verschlüsselungsalgorithmus wird versucht, die Verschlüsselungsmethode zu ändern. Beide Varianten sind darauf aus, veraltete Protokolle zu verwenden, um es leichter zu machen, die SSL-Verschlüsselung zu knacken.

- SSLv3 generiert einen zusätzlichen Hash, um solche Manipulationen festzustellen.

Evaluationskriterien

- Der **Man-In-The-Middle**-Angriff ist jederzeit bei SSL/TLS möglich. Eve steht zwischen Alice und Bob und gaukelt Alice vor, dass sie Bob sei und umgekehrt. Eve handelt mit beiden Seiten ein Zertifikat aus. Wenn der Client Alice nicht Bobs Zertifikat überprüft, dann wird er nicht bemerken, dass Eve zwischen den beiden steht und die Nachrichten lesen und sogar manipulieren kann.

- Deshalb ist es wichtig, dass Alice und Bob die Besitzer der Zertifikate prüfen. Es hilft auch, wenn die Zertifikate vor dem SSL Handshake über einen sicheren Weg ausgetauscht werden.

Aufgrund der hohen Sicherheit des SSL/TLS-Protokolls basieren die meisten Angriffe auf den Verschlüsselungsmethoden oder der Mensch-Maschine-Schnittstelle. Viele Angriffe versuchen die verschiedenen Verschlüsselungsalgorithmen zu knacken, welche vom SSL-Protokoll verwendet werden. Deshalb ist es wichtig, dass sichere Algorithmen verwendet werden.

Oft ist auch die Mensch-Maschine-Schnittstelle ein Sicherheitsrisiko:

- **Framespoofing** benutzt Sicherheitslöcher in älteren Browsern. Diese weisen auf die Verwendung eines sicheren Kanals hin, obwohl nur der äußere Frame das SSL-Protokoll verwendet. Das korrekte Zertifikat von der externen Domain wird dem Benutzer angezeigt. Im inneren Frame werden aber die Daten von einem anderen Server ohne Verschlüsselung geladen.

- **Phishing** bedeutet das Ausspähen von Passwörtern über gefälschte Webseiten. Diese Seiten schauen oft genau wie die Originalseite aus, nur der Domain-Name hat vertauschte Buchstaben. Die Benutzer müssen für diesen Trick sensibilisiert werden und sollten keine Links aus E-Mails anklicken, sondern nur aus Lesezeichen.

Sicherheitsrisiko

Angriff	Risiko
Datenverkehr-Analyse	sehr niedrig
Rollback	niedrig (SSLv2), nein (SSLv3)
Man-In-The-Middle	mittel
Framespoofing	niedrig
Phishing	hoch

Tabelle 6.13: Sicherheitsrisiken beim Einsatz von SSL/TLS

Heutzutage werden SSL 3.1 bzw. TLS 1.0 als sehr sichere Protokolle angesehen. Das Risiko der meisten Angriffe wird nur als sehr gering eingestuft. Sie sind nur in wenigen Ausnahmen erfolgreich.

Normalerweise bietet die Datenverkehr-Analyse kaum eine Chance auf die verschlüsselte Nachricht Rückschlüsse zu ziehen.

Seit SSLv3 werden Modifikationen am Header erkannt. Die Rollback-Angriffe funktionieren nur mit der SSL Version 2.0 oder früheren.

Die Man-In-The-Middle-Attacke ist ein wirkliches Sicherheitsrisiko. Wenn der Client nicht die Zertifikate überprüft, dann wird er nicht merken, dass es für einen anderen Kommunikationspartner ausgestellt wurde. Client und Server sollten ihre Zertifikate über einen sicheren Weg austauschen, um diesen Angriff zu verhindern.

Framespoofing ist nur für ältere Browser ein Risiko. Alle neueren Browser haben dieses Sicherheitsloch behoben.

Phishing nahm in den letzten Jahren immer mehr zu. Es ist relativ schwierig, sich gegen solche Angriffe zu schützen. Besonders die Login-Mechanismen großer Portale, wie z.B. eBay, Amazon, Banken sind Opfer solcher E-Mail Phishing-Attacken. Der Angreifer gelangt in den Besitz der Accounts vieler Benutzer und kann in deren Namen Transaktionen durchführen.

Im Allgemeinen ist SSL/TLS ein sehr sicheres Transportverschlüsselungs-Protokoll. Das hohe Risiko der Phishing-Angriffe hat nicht direkt etwas mit SSL zu tun.

SSL am SAP Web AS ABAP aktivieren Als Erstes ist die SAP Cryptographic Library für ABAP zu installieren und die Instanzprofil-Parameter auf diese SSL-Bibliothek zu setzen. Sie müssen einen neuen Service in den ICM-Parametern hinzufügen. Als Protokoll ist HTTPS anzugeben. Der Parameter `icm/HTTPS/verify_client` spezifiziert, ob der Client die Erlaubnis hat, sich über ein Zertifikat zu authentifizieren oder ob er sogar immer ein Zertifikat verwenden muss.

Nach der Konfiguration des HTTPS Services genieren Sie die Zertifikate. Der Trust Manager[2] erzeugt Serverzertifikate und private Schlüssel. Hier ist der komplette DNS-Namen des Servers anzugeben. Optional kann das Zertifikat an eine Zertifizierungsstelle (Certificate Authority / CA) geschickt werden, um es von diesem Trust-Center zu signieren. Jeder, der dieser Zertifizierungsstelle traut, kann das Server-Zertifikat als gültig einstufen. Eine Schlüssellänge von maximal 1024 Bit kann ausgewählt werden.

Sie müssen das Server-Zertifikat den vertrauenswürdigen CAs des Servers hinzufügen. Nun können Zertifikate und private Schlüssel für die Clients vom Server erzeugt werden. Der Server oder eine vertrauenswürdige CA können die Client-Zertifikate mit ihren privaten Schlüsseln unterschreiben und es zurück zum Client schicken.

Zum Schluss ist mit der Transaktion „SM59" die HTTP-Verbindung für die Verwendung von SSL zu konfigurieren. Jeder Client authentifiziert sich über seinen privaten Schlüssel. Dieser Mechanismus wird für Single-Sign-On-(SSO)-Szenarien verwendet.

Ausführliche Informationen zur Konfiguration von SSL im SAP Web AS ABAP finden Sie unter [SapSSLAbap].

SSL am SAP Web AS Java aktivieren Analog zur Konfiguration im ABAP Stack können Sie SSL auch auf Java-Seite aktivieren. Der SAP Java Cryptographic Toolkit ist über den Software Deployment Manager (SDM) zu installieren. Der SAP Visual Administrator ermöglicht dann die Generierung von Zertifikaten und der HTTPS-Server kann aktiviert werden. [SapSSLJava]

---

2. SAP Transaktions-Code: STRUST

SSL am Microsoft BizTalk Server aktivieren Um SSL am BizTalk Server zu verwenden, muss dies im IIS konfiguriert werden. Als Erstes ist ein Server-Zertifikat in den Eigenschaften der Default Website unter „Directory Security" zu generieren. Ein Assistent hilft Ihnen dabei den kompletten DNS, die Schlüssellängen von bis zu 16384 Bit und einige zusätzliche Informationen anzugeben. Der Assistent generiert nicht das Zertifikat, sondern eine Zertifikatsanfrage an eine CA.

Jetzt kann im IIS für jedes Projekt der SSL-Kanal aktiviert oder deaktiviert werden. Sie haben die Möglichkeit einzustellen, ob Client-Zertifikate optional oder vorgeschrieben sind. Die Client-Zertifikate können auch auf Windows Benutzerkonten gemappt werden. Leider ist es nicht möglich, signierte Client-Zertifikate mit diesem Assistent zu erzeugen. Dafür sind externe Tools zu verwenden.

Im Register WEB SITE kann nun der SSL Port konfiguriert werden.

WS-Security

WS-Security ist ein Sicherheits-Protokoll für Webservices. Version 1.1 ist OASIS-Standard und wurde im Februar 2006 veröffentlicht. Es wird ein zentrales Sicherheits-Token definiert und verschiedene Authentifizierungsmechanismen werden unterstützt. Zum Verschlüsseln und Signieren von Nachrichten werden die Standards XML Encryption und XML Signature verwendet. Dadurch kann Ende-zu-Ende-Dokumentensicherheit bezüglich der Sicherheitskriterien gewährleistet werden. Die Webservice Nachricht ist somit während ihres kompletten Weges geschützt.

Die XML Signature und Encryption Syntax wurde im Jahr 2002 vom World Wide Web Consortium (W3C) definiert. Es handelt sich um Erweiterungen zum SOAP-Protokoll, so dass Integrität, Authentifizierung und Vertraulichkeit eingehalten werden. Diese Standards unterstützen verschiedene Signierungs- und Verschlüsselungsmethoden.

XML Signature Digitale Signaturen bestätigten die Integrität einer Nachricht und authentifizieren Personen mit Hilfe ihres öffentlichen Zertifikats. Der XML Signature Standard legt den Aufbau der Signatur in XML- bzw. SOAP-Nachrichten fest.

Beispiel für eine signierte SOAP-Nachricht:

```
<env:Envelope xmlns:env="http://www.w3.org/2003/05/soap-envelope">

  <env:Header>
    <wsse:Security
       xmlns:wsse="http://docs.oasis-open.org/wss/2004/01/oasis-200401-wss-wssecurity-secext-1.0.xsd">
      <ds:Signature xmlns:ds="http://www.w3.org/2000/09/xmldsig#">

        <ds:SignedInfo>
          <ds:CanonicalizationMethod
            Algorithm="http://www.w3.org/TR/2001/REC-xml-c14n-20010315" />
```

Listing 6.11: Beispiel für eine signierte SOAP-Nachricht

```xml
        <ds:SignatureMethod
          Algorithm="http://www.w3.org/2000/09/xmldsig#dsa-sha1" />
        <ds:Reference URI="#method1">
          <ds:Transforms>
            <ds:Transform
              Algorithm="http://www.w3.org/TR/2001/REC-xml-c14n-20010315" />
          </ds:Transforms>
          <ds:DigestMethod
            Algorithm="http://www.w3.org/2000/09/xmldsig#sha1" />
          <ds:DigestValue>hash value ...</ds:DigestValue>
        </ds:Reference>
      </ds:SignedInfo>

      <ds:SignatureValue>signature value ...</ds:SignatureValue>

      <ds:KeyInfo>public key ...</ds:KeyInfo>

    </ds:Signature>
  </wsse:Security>
</env:Header>

<env:Body>
  <exns:method1 xmlns:exns="http://www.example.com/namespace" ID="method1">
    <exns:parameter>parameter1</exns:parameter>
  </exns:method1>
</env:Body>

</env:Envelope>
```

Listing 6.11: Beispiel für eine signierte SOAP-Nachricht (Forts.)

Das <Signature>-Element ist der Wurzelknoten der Signatur. <SignedInfo> referenziert die signierten Daten und beinhaltet einen Hash-Wert der Daten. In diesem Beispiel referenziert er auf das Body-Element method1. <KeyInfo> besteht aus dem Zertifikat und öffentlichen Schlüssel, um die Gültigkeit der Signatur überprüfen zu können.

Drei verschiedene Arten von Signaturen sind mit XML Signature möglich:

- Der **Detached-Signature**-Algorithmus erzeugt Signaturen über externe Elemente, welche in einem extra <Reference>-Element spezifiziert werden müssen. Listing 6.11 zeigt ein Beispiel für detached Signatures.

- Die Unterelemente des <Signature>-Elements werden signiert, wenn **Enveloped Signature** ausgewählt wird. Das <Signature>-Element wird selbst nicht mit einbezogen.

- **Enveloping Signature** wird über alle <Object>-Elemente innerhalb des <Signature>-Elements erstellt. Das <Object> wird über das <Reference>-Element spezifiziert.

Damit bei XML-Dokumenten mit identischem Inhalt die Signaturen gleich sind, werden Kanonisierungsmethoden eingesetzt.

Kanonisierung XML-Dokumente können mehrdeutig sein. Es ist möglich, dass Dokumente mit dem gleichen Inhalt unterschiedliche Bytefolgen enthalten. Es gibt verschiedene Schreibarten für ein leeres Element. Es kann innerhalb des Start-Tags geschlossen werden <xmltag attr=test/> oder ein neues separates Ende-Tag wird verwendet <xmltag attr=test</xmltag>. Die Attribute haben teilweise Standard-Werte oder sind explizit definiert. Viele weitere mehrdeutige Interpretationen sind möglich.

Das ist ein Problem für die Erzeugung einer Signatur, weil diese von den Bits des Dokuments abhängt. Deshalb muss Kanonisierung eingesetzt werden. Diese konvertiert das XML-Dokument in ein eindeutig festgelegtes Format. Danach sind für die gleichen XML-Dokumente die erzeugten Signaturen identisch. Es gibt verschiedene Arten von Kanonisierungsmethoden. Die verwendete Methode muss im SOAP-Header spezifiziert werden.

XML Encryption XML Encryption verwendet hybride Verfahren, um Nachrichten zu verschlüsseln. Es werden symmetrische und asymmetrische Methoden angewendet. Die Daten werden mit einem symmetrischen Schlüssel verschlüsselt, dem Encryption-Key (EK). Der EK wird wiederum asymmetrisch mit dem öffentlichen Schlüssel des Empfängers verschlüsselt, dem so genannten Key-Encryption-Key (KEK).

Mit Hilfe von XML Encryption können ganze oder auch nur Teile von Nachrichten verschlüsselt werden. Dies sichert die Vertraulichkeit der Nachricht. Es gibt verschiedene Stufen bei der Granularität der Verschlüsselung: die ganze Nachricht, ein Element, ein Unterelement oder nur den Textwert innerhalb eines Elements. Eine höhere Granularität bedeutet, dass mehr Informationen der Nachricht sichtbar sind.

Beispiel für eine verschlüsselte SOAP-Nachricht:

```
<env:Envelope xmlns:env="http://www.w3.org/2003/05/soap-envelope"
              xmlns:xenc="http://www.w3.org/2001/04/xmlenc#">

  <env:Header>
    <wsse:Security
      xmlns:wsse="http://docs.oasis-open.org/wss/2004/01/oasis-200401-wss-wssecurity-secext-1.0.xsd">
      <xenc:ReferenceList>
        <xenc:DataReference URI="#bodyID" />
      </xenc:ReferenceList>
    </wsse:Security>
  </env:Header>

  <env:Body>
    <xenc:EncryptedData Id="bodyID">
```

Listing 6.12: Beispiel für eine verschlüsselte SOAP-Nachricht

```
        <xenc:EncryptionMethod Algorithm="algorithm"></xenc:EncryptionMethod>
        <xenc:CipherData>
            <xenc:CipherValue>encrypted data ...</xenc:CipherValue>
        </xenc:CipherData>
    </xenc:EncryptedData>
  </env:Body>

</env:Envelope>
```
Listing 6.12: Beispiel für eine verschlüsselte SOAP-Nachricht (Forts.)

In Listing 6.12 wurde der komplette Hauptteil der Nachricht verschlüsselt. Der WS-Security Header beinhaltet eine Liste von Referenzen auf die verschlüsselten Daten. <EncryptedData> definiert die verwendete Verschlüsselungsmethode und enthält die verschlüsselten Daten.

Gründe für die Verwendung von WS-Security anstatt SSL/TLS Wenn der Transport einer Nachricht abgesichert werden soll, kann SSL/TLS verwendet werden. Während der Übertragung ist es nicht möglich, dass die Nachrichten von Dritten gelesen werden. Sobald die Nachricht am Empfänger ankommt ist sie unverschlüsselt.

SSL ist normalerweise relativ leicht zu konfigurieren, kann jedoch in manchen Szenarien nicht verwendet werden. Das ist der Fall, wenn die Nachricht während ihres ganzen Weges geschützt sein soll. Abbildung 6.26 zeigt den Transport einer Nachricht vom Partner 1 zum Partner 2. Dem Partner 3 wird in diesem Fall nicht vertraut. Er soll die Nachricht nur weiterleiten, aber nicht lesen können bzw. nur Teile der Nachricht dürfen gelesen werden. Der Rest der Nachricht muss verschlüsselt sein.

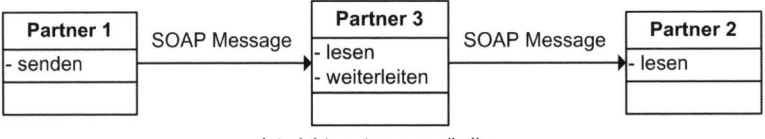

Abbildung 6.26: Anwendungsfall für XML Encryption

In diesem Fall hilft SSL/TLS nicht, weil es keine Ende-zu-Ende-Nachrichtensicherheit bietet. Dokumentenverschlüsselung hilft in diesen Szenarien, weil es auf Nachrichtenebene schützt. Sobald die Nachricht den Empfänger erreicht, muss dieser sie entschlüsseln, um sie zu lesen.

Mögliche Angriffe Der WS-Security Standard ermöglicht einfache Authentifizierung über benutzerdefinierte Claims. Normalerweise handelt es sich dabei um die Authentifizierung mittels Benutzername und Passwort bzw. Zertifikaten.

Es gibt mehrere Angriffe für diesen Mechanismus:

- **Sniffing** ist ein Eavesdropping-(Lausch)-Angriff. Dabei wird der Netzwerkverkehr angezapft und ausgelesen. Wenn die Zugangsdaten im Klartext übertragen werden, dann können diese vom Angreifer gelesen werden.

- Bei einer **Replay**-Attacke werden die Nachrichten mit den Zugangsdaten erneut gesendet. Der Angreifer späht die Message aus, welche zur Authentifizierung des Benutzers diente und sendet sie später nochmals, um sich selbst als dieser Benutzer zu authentifizieren. Dadurch hat der Angreifer alle Rechte des Benutzers. Verschlüsselung und Hashen der Passwörter sowie normale digitale Signaturen bringen in diesem Fall nichts, weil sie genauso abgehört und erneut gesendet werden können. Ein Einweg-Passwort (z.B. TAN), eine Digitale Signatur mit Zeitstempel und ein komplett verschlüsselter Kanal (z.B. SSL/TLS) können diesen Angriff verhindern.

- Bei der **Brute-Force**-Attacke probiert der Angreifer alle möglichen Werte systematisch durch. Der Angreifer möchte das Passwort oder den privaten Schlüssel des Benutzers erraten. Theoretisch können mit diesem Angriff alle Passwörter erraten werden. Wenn jedoch komplexe Schlüssel und Passwörter verwendet werden, dann kann dieser Angriff extrem lange dauern. Um dieses Risiko zu minimieren, sollten lange Passwörter mit vielen verschiedenen Zeichen verwendet werden. Sie sollten zudem keine allgemein bekannten Wörter enthalten.

WS-Security erlaubt die Verschlüsselung und Signierung von SOAP-Nachrichten, um beispielsweise Sniffing und Replay-Angriffe zu verhindern und den Inhalt der Nachrichten vor dem Zugriff Dritter zu schützen.

XML-Encryption-Angriffe:

- Die meisten Angriffe haben es auf die gewählten **Verschlüsselungsmethoden** abgesehen. Wenn eine Nachricht mit kleiner Schlüssellänge oder einem unsicheren Algorithmus verschlüsselt wird, ist es für den Angreifer leicht, die Nachricht zu dechiffrieren. Um das zu verhindern, sollten nur Verschlüsselungsmethoden verwendet werden, die aktuell als sicher eingestuft sind. Dies hängt von der Rechenleistung der Systeme und dem mathematischen Wissen ab.

XML-Signature-Angriffe:

- Der **Element-Wrapping**-Angriff ist nur durchführbar, wenn eine Signatur für Teile der Nachricht erzeugt wird. Der Angreifer ändert die Anordnung der Elemente, welche im Signature-Part referenziert werden. Dies ändert den Inhalt der Nachricht, aber nicht die Signatur.

```
<env:Envelope xmlns:env="http://www.w3.org/2003/05/soap-envelope">

  <env:Header>
    <wsse:Security
      xmlns:wsse="http://docs.oasis-open.org/wss/2004/01/oasis-200401-wss-
wssecurity-secext-1.0.xsd">
```

Listing 6.13: Element Wrapping - Original Nachricht

```xml
        <ds:Signature xmlns:ds="http://www.w3.org/2000/09/xmldsig#">

          <ds:SignedInfo>
            <ds:CanonicalizationMethod
              Algorithm="http://www.w3.org/TR/2001/REC-xml-c14n-20010315" />
            <ds:SignatureMethod
              Algorithm="http://www.w3.org/2000/09/xmldsig#dsa-sha1" />

            <ds:Reference URI="#price1">
              <ds:Transforms>
                <ds:Transform
                  Algorithm="http://www.w3.org/TR/2001/REC-xml-c14n-20010315" />
              </ds:Transforms>
              <ds:DigestMethod
                Algorithm="http://www.w3.org/2000/09/xmldsig#sha1" />
              <ds:DigestValue>hash value 1 ...</ds:DigestValue>
            </ds:Reference>

            <ds:Reference URI="#price2">
              <ds:Transforms>
                <ds:Transform
                  Algorithm="http://www.w3.org/TR/2001/REC-xml-c14n-20010315" />
              </ds:Transforms>
              <ds:DigestMethod
                Algorithm="http://www.w3.org/2000/09/xmldsig#sha1" />
              <ds:DigestValue>hash value 2 ...</ds:DigestValue>
            </ds:Reference>
          </ds:SignedInfo>

          <ds:SignatureValue>signature value ...</ds:SignatureValue>

          <ds:KeyInfo>public key ...</ds:KeyInfo>

        </ds:Signature>
      </wsse:Security>
    </env:Header>

    <env:Body>

      <exns:order xmlns:exns="http://www.example.com/namespace">
```

Listing 6.13: Element Wrapping – Original Nachricht (Forts.)

```
        <exns:product>cable</exns:product>
        <exns:price ID="price1">1.00 EUR</exns:price>
      </exns:order>

      <exns:order xmlns:exns="http://www.example.com/namespace">
        <exns:product>pc</exns:product>
        <exns:price ID="price2">1999.00 EUR</exns:price>
      </exns:order>

  </env:Body>

</env:Envelope>
```
Listing 6.13: Element Wrapping – Original Nachricht (Forts.)

In Listing 6.13 wird ein XML-Dokument gezeigt, welches zwei Signaturen enthält. Eine für jedes Price-Element. Das Kabel kosten 1 Euro und der PC 1999 Euro. Ein Angreifer könnte diese beiden Elemente einfach vertauschen, wie in Listing 6.14. Dadurch wäre es in Online-Shops möglich, PCs für 1 Euro zu beziehen.

```
<env:Envelope xmlns:env="http://www.w3.org/2003/05/soap-envelope">
  <env:Header>
    <wsse:Security
      xmlns:wsse="http://docs.oasis-open.org/wss/2004/01/oasis-200401-wss-wssecurity-secext-1.0.xsd">
      <ds:Signature xmlns:ds="http://www.w3.org/2000/09/xmldsig#">

        <ds:SignedInfo>
          <ds:CanonicalizationMethod
            Algorithm="http://www.w3.org/TR/2001/REC-xml-c14n-20010315" />
          <ds:SignatureMethod
            Algorithm="http://www.w3.org/2000/09/xmldsig#dsa-sha1" />

          <ds:Reference URI="#price1">
            <ds:Transforms>
              <ds:Transform
                Algorithm="http://www.w3.org/TR/2001/REC-xml-c14n-20010315" />
            </ds:Transforms>
            <ds:DigestMethod
              Algorithm="http://www.w3.org/2000/09/xmldsig#sha1" />
            <ds:DigestValue>hash value 1</ds:DigestValue>
          </ds:Reference>
```
Listing 6.14: Element Wrapping – Manipulierte Nachricht

```
            <ds:Reference URI="#price2">
              <ds:Transforms>
                <ds:Transform
                   Algorithm="http://www.w3.org/TR/2001/REC-xml-c14n-20010315" />
              </ds:Transforms>
              <ds:DigestMethod
                   Algorithm="http://www.w3.org/2000/09/xmldsig#sha1" />
              <ds:DigestValue>hash value 2 ...</ds:DigestValue>
            </ds:Reference>
          </ds:SignedInfo>

          <ds:SignatureValue>signature value ...</ds:SignatureValue>

          <ds:KeyInfo>public key ...</ds:KeyInfo>

      </ds:Signature>
    </wsse:Security>
  </env:Header>

  <env:Body>

    <exns:order xmlns:exns="http://www.example.com/namespace">
      <exns:product>cable</exns:product>
      <exns:price ID="price2">1999.00 EUR</exns:price>
    </exns:order>

    <exns:order xmlns:exns="http://www.example.com/namespace">
      <exns:product>pc</exns:product>
      <exns:price ID="price1">1.00 EUR</exns:price>
    </exns:order>

  </env:Body>

</env:Envelope>
```

Listing 6.14: Element Wrapping – Manipulierte Nachricht (Forts.)

Die Vertauschung der Elemente ändert die Bedeutung des Dokuments, jedoch sind die Signaturen noch immer die gleichen, weil sich das price-Element nicht geändert hat. Deshalb sollte immer die komplette Nachricht signiert werden.

- **Hash Collision** ist im Moment nur ein theoretischer Angriff. Meistens beziehen die Kanonisierungsmethoden auch Kommentare in die Berechnung des Hashes ein. Das ermöglicht dem Angreifer die Nachricht zu manipulieren und eine neue Signatur zu erzeugen, ohne den wirklichen Inhalt der Nachricht zu verändern. Es kann einige Zeichen im Kommentar ändern und eine neue Signatur erzeugen. Das kann so lange durchgeführt werden, bis eine Kollision entdeckt wird. Dann könnte die Nachricht durch die Message mit dem gleichen Hash ersetzt werden. Wenn starke Algorithmen für Signaturen verwendet werden, ist dieser Angriff nur theoretisch möglich. Trotzdem sollten Kommentare nicht bei der Kanonisierung berücksichtigt werden.

XML-Encryption- und Signature-Angriffe:

- **Transform Injection** bedeutet, dass der Angreifer Transformations-Kommandos in das XML-Dokument einfügt. Diese Anweisungen werden während der Verarbeitung der Nachricht ausgeführt und erzeugen eine große Auslastung am System oder führen einen kritischen Code aus. Die unterstützten Transformationsalgorithmen müssen verboten werden, um diesen Angriff zu verhindern. Wo immer möglich, sollten XSLT-Transformationen verboten werden, da diese ein hohes Sicherheitsrisiko darstellen. Falls sie verwendet werden müssen, dann sind XML-Schema-Validierungen essentiell.

- Der **Man-In-The-Middle**-Angriff ist auch mit XML Encryption und Signature möglich. Analog zu SSL/TLS Szenarien steht der Angreifer zwischen den beiden Seiten. Wenn das Zertifikat zur Laufzeit ausgetauscht wird, kann der Angreifer dieses mit seinem eigenen ersetzen. Normalerweise werden bei WS-Security-Szenarien die Zertifikate über einen sicheren Weg vor der Kommunikation ausgetauscht.

- **Denial-of-Service-(DoS)**-Angriffe sind darauf aus, Systeme durch viele Anforderungen und große Datenmengen so auszulasten, dass keine Anfragen anderer Benutzer mehr verarbeitet werden können. Es gibt jede Menge verschiedene Denial-of-Service-Angriffe auf den XML-Parsern und Verarbeitungs-Engines. Sie sind oft schwer zu erkennen und verhindern.

Weitere Informationen erhalten Sie unter [HiXMLSec].

Sicherheitsrisiken

Angriff	Risiko
Sniffing	niedrig
Replay	niedrig
Brute-Force	niedrig
Verschlüsselungsmethode	niedrig
Element-Wrapping	mittel
Hash Collision	sehr niedrig
Transform Injections	mittel
Man-In-The-Middle	sehr niedrig
Denial-of-Service	hoch

Tabelle 6.14: Sicherheitsrisiken beim Einsatz von WS-Security

Generell ist die Validierung der Webservice-Eingaben das Wichtigste. Die Struktur und Form jeder Eingabe muss syntaktisch validiert werden. Das ist mit Hilfe von XML Schema und regulären Ausdrücken (Regular Expressions) möglich. Zudem müssen viele Eingaben semantisch validiert werden. Das kann oft nur innerhalb der Logik geschehen und hängt stark von der Implementierung ab. Der Betrag bei einer Banküberweisung muss beispielsweise syntaktisch überprüft werden, ob es sich um eine korrekte positive Zahl handelt. Zudem ist semantisch zu überprüfen, ob der Benutzer für diese Überweisung genug Geld auf dem Konto hat.

WS-Security in SAP XI 7.0 aktivieren Erstellen Sie einen neuen Sendekanal. Der Adaptertyp bleibt auf SOAP, aber das Sicherheitsprofil WS-SECURITY ist auszuwählen. In der Sendervereinbarung der entsprechenden Szenarien muss der neue Sendekanal ausgewählt werden. Danach sind die zusätzlichen Sicherheitseinstellungen verfügbar. Der SOAP-Kommunikationskanal bietet die Auswahlmöglichkeiten Verschlüsselung und Signatur. Zudem sind die verwendeten Zertifikate anzugeben. Diese können analog zu den SSL-Zertifikaten mit dem Visual Administrator unter Key Storage erzeugt werden. Schließlich kann das XI Szenario mit den ausgewählten message-level Sicherheitsmechanismen aufgerufen werden.

WS-Security am Microsoft BizTalk Server aktivieren Als Erstes müssen Sie das Web Services Enhancement Paket installieren. Im Moment unterstützt der BizTalk-Adapter noch nicht WSE 3.0 und .NET 3.0. Es kann nur WSE Version 2.0 verwendet werden. Der „BizTalk Adapter for Web Services Enhancement 2.0" und das Service Pack 1 sind zu installieren. Dadurch ist ein neuer „BizTalk WSE Publishing Wizard" für die Veröffentlichung von Webservices im ISS verfügbar. Auf der Seite „Policy Information" ist es möglich, das Signieren und Verschlüsseln für den Request, Response und der Fault Message zu aktivieren. Als Token können entweder Benutzername und Passwort oder Zertifikate ausgewählt werden. Zum Schluss ist der Empfänger- und Sendeport zu aktivieren.

WS-Security am Client aktivieren Das .NET Framework 2.0 erlaubt nicht die Modifizierung von SOAP-Headern und die Verwendung von WS-Security. Es wird mindestens Version 2.0 des WSE-Pakets für WS-Security benötigt.

Beim .NET Framework 3.0 kann Sicherheit auf Nachrichtenebene über WS-Security aktiviert werden. Es handelt sich um ein eingebautes Feature. Das WCF Sicherheits-Binding erlaubt die Aktivierung der Verschlüsselung, dem Signieren und der Authentifizierung mittels Credentials oder Zertifikate auf Client-Seite.

Um WS-Security verwenden zu können, sind einige Vorbereitungen zu treffen. Das SAP XI- bzw. Microsoft BizTalk Server-Zertifikat muss exportiert und in den lokalen Zertifikatsspeicher des .NET Clients importiert werden.

Der Client kann das passende Zertifikat aus dem lokalen Speicher auslesen. Aus diesem Zertifikat kann ein Sicherheits-Token erstellt werden. Dieses Token wird dem Security Header der Nachricht hinzufügt. Anschließend kann die Nachricht verschlüsselt werden. Beim Signieren benötigt der Client sein eigenes Zertifikat, welches einen privaten Schlüssel beinhaltet. Der Server muss im Besitz des Client-Zertifikats sein.

Evaluationskriterien

Für BizTalk Clients: Der generierte ISS Webservice enthält eine „PolicyCache" XML-Datei. Diese muss in das Client-Projekt kopiert und der Solution hinzugefügt werden. Danach ist die Policy-Datei über die *App.Config* dem Client-Projekt kenntlich zu machen.

Analyse

Die Sicherheit auf Transportebene ist de facto Standard seit einigen Jahren. Die SSL-Version 3.1 bzw. TLS 1.0 werden im Moment als sehr sicher angesehen und können ohne Probleme im SAP Web AS ABAP- und SAP Web AS Java-Stack konfiguriert werden. In diesem Fall ist die .NET-Seite absolut kompatibel zu SAP.

Beim .NET Connector können nur SSL/TLS oder selbst implementierte Verschlüsselungsmethoden verwendet werden, weil der WS-Security Mechanismus nur im Zusammenhang mit dem SOAP-Protokoll möglich ist.

Im Moment funktioniert Message-Level-Security zwischen .NET und SAP XI nicht. SAP verspricht den Support mit XI/PI 7.1. Unter [SapWSSecWCF] wird beschrieben, wie WS-Security zwischen WCF und SAP in Zukunft funktioniert.

Die Mechanismen und Einstellungen für WS-Security sind bereits in SAP XI verfügbar, funktionieren aber nur zwischen SAP-Systemen und nicht mit Applikationen von Drittherstellern, wie .NET. Ein Beispiel für eine sichere Kommunikation zwischen XI 7.0 und Partner Connectivity Kit (PCK) wird im Sicherheits-Guide auf Nachrichtenebene von XI 7.0 beschrieben [SapMLS].

Nichtsdestotrotz ist es möglich WS-Security zwischen .NET und normalen SAP-Systemen mit Hilfe des Java EE Servers zu bewerkstelligen. Dies wird unter [SapWSSec] beschrieben.

Webservice-Sicherheit zwischen .NET Clients und Microsoft BizTalk funktioniert ohne Probleme. Es kann leicht über den „BizTalk WSE Publishing Wizard" konfiguriert werden. Die sichere Kommunikation zwischen BizTalk und SAP-Systemen funktioniert auch problemlos.

6.2.5 Komplexität / Kosten

Kommunikationsart	Komplexität	Kosten
.NET Connector - RFC	niedrig	0 € für SAP-Kunden
.NET Connector - SOAP	niedrig	0 € für SAP-Kunden
WCF Proxy	niedrig	0 €
SAP XI	sehr hoch	abhängig vom Datentransfer
BizTalk	mittel	Standard: ca. 8.000 €

Tabelle 6.15: Komplexitäts- und Kostenübersicht

Komplexität

Der .NET Connector und der Webservice-Aufruf mittels des .NET 3.0 Proxys sind sehr leicht zu verwenden. Die Fernprozeduren können analog zu normalen Funktionsaufrufen durchgeführt werden. Nur Probleme mit dem Netzwerk, wie Timeouts und Verbindungsabbrüche, können zusätzlich auftreten.

Die Komplexität von SAP XI 7.0 ist sehr hoch, wegen der schwierigen Installation und Konfiguration. Der Post-Installationsprozess kann mehrere Wochen dauern und es werden SAP-Experten für den ABAP- sowie Java-Teil benötigt. Danach sind die entsprechenden Systeme im System Landscape Directory zu konfigurieren. Nur Integration Builder-Experten können die benötigten Integrationsszenarien und -prozesse erstellen.

Im Gegensatz zu SAP XI lässt sich der BizTalk Server 2006 sehr leicht installieren. Ein Konfigurationsassistent erzeugt sehr gute Standardeinstellungen und alle weiteren Einstellungen können auch zu einem späteren Zeitpunkt angepasst werden. Ein Plug-In integriert die BizTalk Entwicklung in das Visual Studio und erleichtert es .NET Programmierern Szenarien anzulegen und Systeme zu integrieren. Das Visual Orchestration Formular erlaubt es Szenarien mittels Drag & Drop zusammenzustellen.

Kosten

Der .NET Connector ist für SAP-Kunden kostenlos. Er ist im SAP Service Marketplace verfügbar. Für den Zugang wird nur eine S-User-Benutzerkennung benötigt.

Ein normaler Webservice-Aufruf kostet ebenfalls nichts. Es wird nur ein Tool benötigt, welches einen Proxy aus einer WSDL-Datei erzeugt. Dies macht unter anderem das ServiceModel Metadata Utility Tool (Svcutil). Das Tool ist Teil des Microsoft Windows SDKs und kostenlos verfügbar.

SAP hat eine sehr schwierige und nicht transparente Preispolitik. Die Preise hängen von den entsprechenden Firmen ab und wie diese die SAP-Systeme verwenden. Der Datenverkehr zwischen SAP-Systemen ist unentgeltlich, jedoch kostet die Kommunikation mit Drittsystemen abhängig von der Datenmenge. Das kann ein Problem sein, wenn hauptsächlich große Nachrichten zwischen SAP XI- und .NET-Anwendungen übertragen werden.

Den Microsoft BizTalk Server 2006 gibt es in vier verschiedenen Editionen: Standard, Branch, Enterprise und Development. Die Enterprise-Edition ist für produktive Umgebungen, wo ein hoher Datendurchsatz bewältigt werden muss. Er verwendet automatisch alle CPUs eines Servers. Für jede CPU ist eine extra BizTalk Server Lizenz zu kaufen. Auf sehr performanten Computern mit vielen CPUs kann dies sehr teuer werden.

Analyse

Die Ergebnisse dieser Evaluation korrespondieren mit der Developer Productivity Study zwischen Microsoft BizTalk and SAP XI. Die Studie beschreibt, dass der BizTalk Server 27% - 40% produktiver ist und Lizenzen sollen im Vergleich zu SAP XI durchschnittlich 72% - 84% billiger sein. [MsBizDPS]

6.3 Vor- und Nachteile

In diesem Abschnitt werden die Vor- und Nachteile der verschiedenen Kommunikationsmöglichkeiten aufgelistet.

6.3.1 SAP .NET Connector 2.0

Der SAP .NET Connector ist ein Plug-In für das Visual Studio .NET 2003. Die Laufzeitbibliotheken des Connectors können auch innerhalb des Visual Studios .NET 2005 ausgeführt werden.

Vorteile

- Einfache und schnelle Möglichkeit Daten aus einem SAP-System auszulesen.
- Unter dem Visual Studio 2003 leicht zu verwenden und zu installieren. Es dauert nur wenige Minuten bis Aufrufe am SAP-System getätigt werden können. Mittels Drag & Drop können die benötigten Komponenten auf ein Formular gezogen und über Mausklicks eingestellt werden.
- Der generierte Proxy ist dafür konzipiert RFC- und Webservice-Aufrufe standardmäßig zu unterstützen. Es kann leicht zwischen den Aufrufmechanismen gewechselt werden.
- Der Daten-Stream des RFC-Protokolls ist binär und hat kaum Overhead. Deshalb sind Aufrufe sehr schnell und effizient.
- Ältere SAP R/3 Systeme können über das RFC-Protokoll integriert werden.

Nachteile

- Die komplette Prozesslogik ist auf .NET-Seite zu implementieren. Für jedes System muss separat ein Proxy generiert werden.
- Im Moment gibt SAP noch Support für den .NET Connector, aber in Zukunft wird dieser gestoppt. Für große Projekte ist es zwingend notwendig, dass der Support der Komponenten von Drittherstellern gewährleistet ist. Wenn Probleme oder Sicherheitslöcher während der Entwicklung oder Administration auftauchen, hat der Hersteller die Aufgabe diese zu korrigieren.
- Da diese Komponente nicht Open Source ist, können zusätzliche Anforderungen nicht selbst implementiert werden. Für die weitere Entwicklung müssen Sie sich auf SAP verlassen.
- Der Connector funktioniert im Visual Studio .NET 2005 nicht zur Entwicklungszeit. Die Binaries des Proxys sind mit dem Visual Studio .NET 2003 zu generieren und müssen dem 2005er Projekt hinzugefügt werden. Das ist sehr umständlich und es wird zudem ein installiertes Visual Studio .NET 2003 benötigt.

Zusammenfassung Generell kann gesagt werden, dass der .NET Connector nur in sehr kleinen Projekten oder bei der Integration von älteren SAP R/3 Systemen, ohne die Unterstützung von Webservices, verwendet werden sollte. Aufgrund der Einstellung des Supports in naher Zukunft und der Inkompatibilitäten mit dem Visual Studio .NET 2005 sollte der .NET Connector nicht in größeren Projekten verwendet werden.

6.3.2 Webservice-Aufruf über .NET 3.0 Proxy

Die WCF Proxys sind den .NET Connector Proxys über dem SOAP-Protokoll sehr ähnlich.

Vorteile

- Einfache Möglichkeit Daten aus einem SAP-System auszulesen.
- Unabhängig von zusätzlichen Komponenten, wie dem SAP .NET Connector.
- Standardmäßig verwenden RFC-Aufrufe den Port 33XX (XX = Systemnummer). Dies funktioniert nur, wenn der Port in der Firewall freigeschaltet wurde. Die Kommunikation mit Webservices basiert normalerweise auf HTTP. HTTP verwendet standardmäßig den Port 80, welcher bei Webservern gezwungenermaßen immer offen ist.

Nachteile

- Die komplette Prozesslogik ist auf .NET-Seite zu implementieren. Für jedes System muss separat ein Proxy generiert werden.
- Das ABC-(Address-Binding-Contract)-Konzept ist relativ komplex. Es ist schwierig, einen Webservice-Client richtig zu konfigurieren.
- Im Moment wird für die Generierung der .NET Framework 3.0 Proxys ein zusätzliches Tool benötigt. Das Visual Studio 2005 unterstützt nicht die komplette Funktionalität des .NET 3.0 Frameworks.

Zusammenfassung Wenn es geplant ist normale Webservice-Aufrufe über das SOAP-Protokoll durchzuführen, sollten die WCF Proxys des .NET Frameworks 3.0 verwendet werden. Diese Proxys haben die gleiche Funktionalität wie die des .NET Connectors und werden auch in Zukunft noch weiter unterstützt. Der .NET Connector sollte nur verwendet werden, wenn das RFC-Protokoll benötigt wird.

6.3.3 SAP Exchange Infrastructure 7.0

XI/PI ist eine message-orientierte Middleware von SAP. Spezielle Adapter konvertieren die eingehenden Daten in das XI Format. Auf Basis des Inhalts dieser Nachrichten werden spezielle Mappings und Transformationen durchgeführt, sowie der Empfänger festgestellt. Der ausgehende Adapter konvertiert die interne XI-Nachricht in das passende Format und sendet diese an den Empfänger.

Vorteile

- Erlaubt die Integration von mehreren SAP- und nicht-SAP-Systemen. Es ist möglich, Prozesse zu definieren, welche Daten von verschiedenen Systemen abholen und diese beispielsweise in ein einheitliches Format konvertieren.
- Der Prozess kann zentral innerhalb der SAP Exchange Infrastructure definiert werden. Die Clients müssen nicht angepasst werden, so lange keine Änderungen an den Schnittstellendefinitionen vorgenommen werden.
- Komplexe und flexible Mapping-Engine.
- Unterstützt den WS-Reliable-Messaging-Standard.

Nachteile

- Schwierige Installation und Konfiguration des Systems. Es kann bis zu mehreren Wochen dauern bis ein SAP XI-System zum ersten Mal funktioniert.
- ABAP und Java Experten werden für beide Web Applikationsserver Stacks benötigt.
- Unterstützt im Moment noch nicht den WS-Security Standard.
- Die Entwicklung von Szenarien ist nur mit einer existierenden Serververbindung möglich.
- Die XI ist neu und hat im Moment noch einige Probleme. XI ist technisch noch nicht voll ausgereift.
- Ist im Vergleich zu direkten Verbindungen sehr langsam.

Zusammenfassung Die Installation, Konfiguration und Wartung von SAP XI gestaltet sich schwierig. XI sollte nur ausgewählt werden, wenn in der Firma SAP-Experten im ABAP und im Java Bereich tätig sind. SAP XI ist technisch noch nicht 100-prozentig ausgereift und unterstützt zurzeit nicht alle gängigen Sicherheitsstandards. Während der Konfiguration ist das System oft abgestürzt und musste neu gestartet werden.

6.3.4 Microsoft BizTalk Server 2006

BizTalk ist das Gegenstück zu SAPs Exchange Infrastructure auf Microsoft-Seite. Middleware-Komponenten, wie Microsoft BizTalk und SAP XI, ermöglichen es, Nachrichten abzuspeichern und zu einem späteren Zeitpunkt einem System zuzustellen, falls dieses während des Aufrufs nicht zur Verfügung gestanden hat.

Vorteile

- Leichte Installation und gute Standardeinstellungen machen es out-of-the-box benutzbar.
- Der mySAP BizTalk RFC-Adapter unterstützt Aufrufe über das RFC-Protokoll. Das ist wichtig, wenn hochperformante Aufrufe durchgeführt und der Overhead des SOAP-Protokolls verhindert bzw. ältere SAP R/3 Systeme integriert werden sollen.
- Die Entwicklung von Szenarien ist ohne eine existierende Serververbindung möglich.
- Gute Benutzeroberfläche für die Entwicklung.
- Sehr stabile Version. Keine Abstürze während der Konfiguration und Stabilitätstests.
- Basiert auf dem .NET Framework und unterstützt dadurch WS-Security und WS-Reliable-Messaging.

Nachteile

- Enterprise-Edition ist in Serversystemen mit vielen CPUs sehr teuer.
- Funktioniert nur unter Microsoft Windows Betriebssystemen.

- Mapping-Engine hat wenig eingebaute Features. Komplexe Transformationen müssen manuell programmiert werden.
- Unterstützt nur MS-SQL Datenbanken und ein Oracle-Adapter ist extra zu lizenzieren.
- Der mySAP BizTalk Adapter hat sich im Test als fehleranfällig erwiesen.
- Ist sogar einen Tick langsamer als SAP XI.

Zusammenfassung Der Microsoft BizTalk Server 2006 kann leicht installiert und konfiguriert werden. Dies dauert nur wenige Stunden. Im Vergleich zu seinem Vorgänger BizTalk Server 2004 wurde die Installation und Konfiguration verbessert. Die Version 2006 unterstützt die wichtigsten Sicherheits- und Zuverlässigkeits-Standards.

Dr. Harald Haller und Oliver F. Nandico geben einen Überblick der Vor- und Nachteile von SAP XI und Microsoft BizTalk. Sie vergleichen die beiden Systeme basierend auf den Erfahrungen einiger Projekte. [HaNaInt]

6.4 Übersicht der Kommunikationsarten

Im Folgenden wird eine abschließende Übersicht der fünf Kommunikationsmöglichkeiten aufgezeigt. Im nächsten Abschnitt werden die Resultate der einzelnen Evaluationskriterien zusammengefasst, um einen kurzen Überblick der Messergebnisse zu erhalten. Danach werden die einzelnen Fähigkeiten verglichen. Diese Tabellen zeigen, was im Moment möglich ist und wo Platz für Verbesserungen ist.

6.4.1 Evaluationskriterien

Tabelle 6.16 zeigt eine Übersicht der Untersuchungsergebnisse aus den vorherigen Kapiteln.

Kommunikationsart	NET Connector - RFC	.NET Connector - SOAP	WCF Proxy	SAP XI	BizTalk
Performance	+ +	+	+	+	-
Stabilität	+ +	+ +	+ +	-	+ +
Reliable Messaging	+	- -	+ +	+	-
Sicherheit	- -	+	+	-	+ +
Komplexität	+ +	+	+	- -	+
Kosten	+	+	+ +	+	- -

Tabelle 6.16: Übersicht der Ergebnisse der Evaluationskriterien

Die drei direkten Kommunikationswege auf der linken Seite sollten nicht direkt mit den Middleware-Komponenten auf der rechten Seite der Tabelle verglichen werden. Die Middlewares sind langsamer, komplexer und teurer als die direkten Aufrufe. Bieten dafür zusätzliche Möglichkeiten, wie Sie im nächsten Abschnitt sehen können.

6.4.2 Liste der Fähigkeiten

In der Tabelle 6.17 werden einige Schlüsselfunktionalitäten der Kommunikationsarten .NET Connector 2.0 via RFC oder SOAP-Protokoll und .NET 3.0 Proxys aufgelistet.

Kommunikationsart	NET Connector - RFC	.NET Connector - SOAP	WCF Proxy
Business Activity Monitoring	nein	nein	nein
Komplexität	niedrig	niedrig	niedrig
Kopplung	sehr nahe, SAP-eigenes Protokoll	lose, Interoperabilität durch offene Protokolle	lose, Interoperabilität durch offene Protokolle
Flexibilität	sehr niedrig, SAP-eigenes Protokoll	niedrig, Entwicklung abhängig von SAP	niedrig, Entwicklung abhängig von Microsoft
Zukunftssicherheit	nein, ist veraltet	nein, ist veraltet	ja, Webservices sind bereits Standard
Ausgereift	hoch, produktiv in Verwendung seit Jahren	hoch, produktiv in Verwendung seit Jahren	hoch, .NET Framework ist inzwischen ausgereift
Warteschlange	-	-	-
Überwachung	schwierig, binäres Protokoll	leicht, mit zusätzlichen Tools	leicht, mit zusätzlichen Tools
Empfänger muss verfügbar sein	ja	ja	ja
Nachrichten erneut senden	- (nur manuell)	- (nur manuell)	- (nur manuell)
WS-Reliable-Messaging	(ja), mit TRFC, QTRFC	-	ja
WS-Security	-	-	ja

Tabelle 6.17: Fähigkeiten der Kommunikationsarten – Direkte Aufrufe

Diese drei Kommunikationsarten sollten nur in kleineren und überschaubaren Umgebungen eingesetzt werden, d.h. wenn nur ein .NET Client und ein SAP ERP-System verwendet wird. Alles in allem unterscheidet sich der .NET Connector nicht großartig von den WCF Proxys des .NET Frameworks 3.0. Normalerweise ist der .NET Proxy zu bevorzugen. Der Hauptgrund hierfür ist der Punkt „Zukunftssicherheit". SAP wird höchstwahrscheinlich den Support und die Entwicklung des .NET Connectors einstellen. Der Connector wird nicht für neuere Visual Studio Versionen verfügbar sein. Er sollte nur verwendet werden, wenn unbedingt das RFC-Protokoll eingesetzt werden soll.

Tabelle 6.18 vergleicht die Features von SAP XI und Microsoft BizTalk.

Kommunikationsart	SAP XI 7.0	Microsoft BizTalk 2005
Business Activity Monitoring	nein	ja
Komplexität	sehr hoch, Wissen in ABAP und Java wird benötigt	mittel, Assistenten helfen bei den meisten Aufgaben
Kopplung	sehr lose, Interoperabilität durch verschiedene Adapter	sehr lose, Interoperabilität durch verschiedene Adapter
Flexibilität	sehr hoch, Prozesse können zentral definiert werden	sehr hoch, Prozesse können zentral definiert werden
Zukunftssicherheit	ja, Grundlage von SAP NetWeaver-Systemen	ja, Microsoft-Produkte werden häufig verwendet
Ausgereift	niedrig, einige Probleme	hoch, sehr stabile Version
Warteschlange	ja, mit JMS Adapter	ja, mit MSMQ Adapter
Überwachung	ausführlich, aber umständlich in separatem ABAP und Java Stack	ausführlich und relativ leicht
Empfänger muss verfügbar sein	nein, Nachricht kann gespeichert und später zugestellt werden	nein, Nachricht kann gespeichert und später zugestellt werden
Nachrichten erneut senden	ja	ja
WS-Reliable-Messaging	ja, mit Workarounds	ja, durch MSMQ
WS-Security	- (nur signieren, PI/XI 7.1 wird voraussichtlich WS-Security unterstützen)	ja, durch WSE Paket

Tabelle 6.18: Fähigkeiten der Kommunikationsarten - SAP XI, Microsoft BizTalk

SAP XI 7.0 und Microsoft BizTalk Server 2006 sollten nur in großen Computerlandschaften verwendet werden, wo viele verschiedene Systeme beteiligt sind. Dies kann zentral durchgeführt werden. Änderungen brauchen nur einmalig vorgenommen werden und es kann eine hohe Verfügbarkeit der Systeme gewährleistet werden. Falls das Zielsystem nicht erreichbar ist, können MOMs Nachrichten speichern und zu einem späteren Zeitpunkt zustellen. Jedoch sind Middlewares ein Single-Point-of-Failure. Wenn die MOM ausfällt, sind alle integrierten Systeme nicht verfügbar.

Beide Systeme haben ihre Vorteile. SAP XI bietet viele Konfigurationsmöglichkeiten und ist relativ schnell bei der Verarbeitung von Nachrichten. BizTalk unterstützt wichtige Standards, wie WS-Security und WS-Reliable-Messaging. Es ist zudem leicht zu installieren und konfigurieren. Es unterstützt Business Activity Monitoring (BAM), um nicht-technischen Personen eine Übersicht der Effizienz der Prozesse zu geben.

Es gibt jedoch einige Probleme und Nachteile. BizTalk hat nicht viele Konfigurations- und Tuningmöglichkeiten. Bis jetzt unterstützt SAP XI nicht alle wichtigen Security- und Reliability-Standards. Für die Konfiguration werden SAP-Experten für den ABAP und Java Stack benötigt. Der Microsoft BizTalk Server ist stabiler als SAP XI. Es besteht jedoch Hoffnung auf Verbesserung in der nächsten Version von XI. Aus diesem Grund sollte BizTalk bevorzugt eingesetzt werden. Falls firmenintern hauptsächlich SAP-Systeme eingesetzt werden, ist es von Vorteil SAP XI zu verwenden. Grund sind die noch vorhandenen Inkompatibilitäten zwischen Microsoft BizTalk und SAP-Systemen.

7 Zusammenfassung

Dieses Buch vergleicht die verschiedenen Kommunikationsmöglichkeiten, um Microsoft .NET-3.0-Anwendungen mit SAP ERP-Systemen zu verbinden. Die drei direkten Verbindungen über den SAP .NET Connector 2.0 via RFC bzw. SOAP-Protokoll und den WCF Proxys wurden untersucht. Zudem wurden die Nachrichten-orientierten Middleware-Komponenten SAP XI 7.0 und Microsoft BizTalk Server 2006 miteinander verglichen.

Es wurde gezeigt, dass die Konnektivität zwischen Microsoft .NET und SAP eine sehr schwierige Angelegenheit ist. Es war wichtig die Features auch in der Praxis zu testen. Der Teufel steckt hier nämlich im Detail. Einige Versprechen der Komponenten konnten nicht gehalten werden, da die entsprechenden Features, wie WS-Reliable-Messaging und WS-Security, aufgrund von Inkompatibilitäten in der Implementierung nicht verwendet werden konnten. Andere wichtige Funktionen sind im Moment noch nicht fertig gestellt und werden erst in einer der nächsten Versionen zur Verfügung stehen, wie beispielsweise WS-Policy und SAML.

Bei dem Gebiet der Implementierung von Webservice-Standards bietet Microsoft bessere Möglichkeiten als SAP. Das .NET Framework unterstützt bereits viele wichtige Features. Jedoch macht es Microsoft den Entwicklern von SAP nicht leicht, eine kompatible Software zu entwickeln, da sie oft eigene Erweiterungen den OASIS und W3C Standards hinzufügen. Für SAP ist es schwierig alle diese Erweiterungen zu unterstützen. Beide Seiten haben noch viel Arbeit vor sich, um diese verschiedenen Welten zu vereinen.

Aus diesem Grund wurden die Kommunikationsarten in der Praxis in den Bereichen Performance, Stabilität, Sicherheit, Komplexität und Kosten untersucht. Der erstellte .NET Client implementiert die verschiedenen Kommunikationsarten, vergleicht diese und gibt eine numerische und grafische Analyse ab. Die .NET-Anwendung ist flexibel und ermöglicht die Evaluierung von benutzerspezifischen SAP XI, Microsoft BizTalk und SAP ERP-Systemen.

Es war schwierig die Performance der Systeme objektiv festzustellen. Beim Transfer von riesigen Datenmengen kommt es nicht nur auf die Übertragungsdauer, sondern auch auf die Auslastung der Systeme während der Verarbeitung dieser Anfragen an. Bei den Ergebnissen aus diesem Kapitel ist hinzuzufügen, dass jeweils nur ein Anwendungsfall betrachtet wurde. In anderen Fällen, bei der Verwendung von anderen Systemen und Adaptern, können die Ergebnisse sehr stark abweichen. Jedoch bietet dieses Kapitel einen äußerst interessanten Einblick in die Möglichkeiten der verschiedenen Systeme.

Die positiven Eindrücke bei der Performance Messung von SAP XI waren nach den Stabilitätstests schon wieder egalisiert. Keine der Kommunikationsarten hatte Probleme mit diesen Tests, mit Ausnahme der SAP XI. Meiner Meinung nach ist es bei Middleware-Komponenten von höchster Priorität, dass diese stabil und zuverlässig laufen. Sie werden häufig in großen Projekten eingesetzt, wo Ausfälle sehr teuer für die Firmen sein können. SAP muss das System noch verbessern, um ihren Kunden eine wirklich stabile Version liefern zu können. Erst dann wird XI eine wirklich sehr starke Middleware-Komponente sein.

Beim Thema Reliable Messaging wurde erkannt, dass es noch Probleme mit diesem sehr neuen Standard gibt. Nichtsdestotrotz konnte hier das SAP XI-System überzeugen. Auf .NET-Seite ist es dank WCF mit ein paar kleinen Einstellungen problemlos möglich Reliable Messaging zu aktivieren und zu verwenden.

Sicherheit ist wichtig und wurde aufgrund der komplexen Standards häufig vernachlässigt. Hoffentlich werden die neuen Releases mehr Sicherheitsstandards unterstützen und untereinander eine bessere Kompatibilität bieten. Transportverschlüsselung kann sehr leicht aktiviert werden, aber die Sicherheit auf Nachrichtenebene funktioniert im Moment noch nicht.

Die direkten Verbindungen sind generell kostenlos und leicht zu verwenden. Die Middleware-Komponenten sind relativ teuer und benötigen erheblich mehr Aufwand für die Einrichtung und Verwendung.

Alles in allem kann man sagen, dass diese Evaluation der Kommunikationsarten ein guter Indikator für die Wahl der geeigneten Kommunikationsart ist. Die Vor- und Nachteile sollten jedoch abhängig von dem vorliegenden Projekt abgewogen werden, um das passende System einzusetzen.

A Literaturverzeichnis

[GuHaDaBizPerf]	Atul Gupta, Vikrant Haldavnekar und Hriday Daga: BizTalk Server 2006 with SQL Server 2006 Takes Performance to a New High, *http://www.infosys.com/microsoft/resource-center/technology-showcase/biztalk-2006-performance-benchmarking-Report.pdf*, 2006
[HaNaInt]	Dr. Harald Haller und Oliver F. Nandico: SAP NetWeaver oder Microsoft .NET - Was ist die richtige Basis für die unternehmensweite Integration?, *http://www.sdm.de/web4archiv/objects/download/pdf/1/sdm_haller_nandico.pdf*, 2006
[HiXMLSec]	Brad Hill: A Taxonomy of Attacks against XML Digital Signatures & Encryption, *https://www.isecpartners.com/files/iSEC_HILL_AttackingXMLSecurity_Handout.pdf*, 2002
[MsBizDPS]	Microsoft Cooperation: BizTalk Server 2006 Developer Productivity Study, *http://download.microsoft.com/download/3/5/e/35e58dae-e92e-4983-9566-e06bafa07776/BizTalkServer2006DeveloperProductivityStudy.doc*, 2007
[MsConMgm]	Microsoft Cooperation: <connectionManagement>-Element (Netzwerkeinstellungen), *http://msdn2.microsoft.com/de-de/library/fb6y0fyc.aspx*, 2007
[NiFuNiHe06]	Nicolescu, Funk, Niemeyer und Heiler: Entwicklerbuch SAP Exchange Infrastructure, 2006, Galileo Press Bonn, 3-89842-810-9
[RoMeFi06]	Andreas Rohr, Thomas Meigen und André Fischer: Integration von SAP NetWeaver und Microsoft .NET, 2006, Galileo Press Bonn, 3-89842-719-6
[Sap571530]	SAP AG: SAP Note 571530, *https://service.sap.com/sap/support/notes/571530*, 2006
[Sap943349]	SAP AG: SAP Note 943349, *https://service.sap.com/sap/support/notes/943349*, 2006
[SapCon]	SAP AG: SAP .NET Connector, *http://www.microsoft-sap.com/pdf/dotnetconnector.nov02.pdf*, 2002
[SapESW]	SAP AG: Access the Enterprise Services Workplace Systems, *https://www.sdn.sap.com/irj/sdn/explore-es?rid=/webcontent/uuid/49e5ebd6-0d01-0010-86bd-e86cfe03c9a2*, 2002
[SapMLS]	SAP AG: How To... Configure Message Level Security in SAP XI 7.0, *https://www.sdn.sap.com/irj/sdn/go/portal/prtroot/docs/library/uuid/d024ca8e-e76e-2910-c183-8ea4ba681c51*, 2006
[SapMsRMXIBiz]	SAP AG, Microsoft Cooperation: Reliable Messaging between SAP XI 3.0 and Microsoft BizTalk Server 2004 Using SOAP-Compliant Communication, *https://www.sdn.sap.com/irj/sdn/go/portal/prtroot/docs/library/uuid/7521a237-0701-0010-499b-b3285b789c0d*, 2005
[SapNWInst]	SAP AG: SAP Netweaver 2004s - Installation Guides, *https://service.sap.com/installnw70*, 2004
[SapRfc]	SAP AG: RFCSDK Guide SAP Release 6.20, *https://www.sdn.sap.com/irj/servlet/prt/portal/prtroot/docs/library/uuid/7528b890-0201-0010-3782-86bf53fcf345*, 2002

[SapSSLAbap]	SAP AG: SAP Web AS für SSL-Unterstützung konfigurieren, *http://help.sap.com/saphelp_nw70/helpdata/de/65/6a563cef658a06e10000000a11405a/frameset.htm*, 2007
[SapSSLJava]	SAP AG: Configuring the Use of SSL on the SAP J2EE Engine, *http://help.sap.com/saphelp_nw70/helpdata/de/f1/2de3be0382df45a398d3f9fb86a36a/frameset.htm*, 2007
[SapWSSec]	SAP AG: Web Services Security Interoperability with SAP NetWeaver and Microsoft .NET (Part I), *https://www.sdn.sap.com/irj/servlet/prt/portal/prtroot/docs/library/uuid/8af02871-0601-0010-9898-e9ba9d130ca6*, 2005
[SapWSSecWCF]	SAP AG: WS-Security Interoperability with Microsoft WCF, *https://www.sdn.sap.com/irj/sdn/weblogs?blog=/pub/wlg/7744*, 2007
[SapXITun]	SAP AG: SAP Exchange Infrastructure Tuning Guide, *http://help.sap.com/bp_bpmv130/Documentation/Operation/TuningGuide.pdf*, 2004
[TaDoConVS05]	Anne Tarnoruder und Reiner Hille-Doering (SAP AG): Using SAP Connector for MS .NET (NCO) in Microsoft Visual Studio 2005, *https://www.sdn.sap.com/irj/servlet/prt/portal/prtroot/docs/library/uuid/92333e6b-0b01-0010-9cbf-fecd62d6c895*, 2006

Stichwortverzeichnis

Symbole
.NET-SAP-Tool 131
.NET Framework 3.0 15, 76, 136, 229
.NET–SAP–Tool
    Endurance Test 137
    Konfiguration 142
    Mass data 137
    Optimal Message Size 137
    Parallel Access 137
    Single Events 137

A
ABAP 151
ABC 50, 224
Anforderungsantwort 114
Angriffe 208, 215
Asynchrone Aufrufe 46, 126, 163
Aufwand 166
Authentifizierung 152, 198
Autorisierung 198

B
BAPI 61
Basic Authentication 119, 122
Benutzerkonto 162
BOR 65
Buch 10, 229
Business Application Programming Interfaces Siehe BAPI
Business-Objekt 61

C
CD 10
Computer Usage Rate Monitoring Webservice 140
Connection String 67, 94
CPU-Auslastung 176

D
Data Contract 161
Datenbank 76, 162, 196
Diagramme Siehe Graph
Digitale Signatur 198, 200, 211
Document Object Model Siehe DOM
Dokumenten-Stil 43, 161
DOM 26
DTD 27
Duplikate 183

E
Eindeutige ID Siehe GUID
Enterprise Service Workplace 76
Evaluationskriterien 226
Extensible Markup Language Siehe XML

F
Fähigkeiten 227

G
Global Unique Identifier Siehe GUID
Graph 168, 174, 177, 179
GUID 184

H
Hardware 165
Hash 198, 200, 219
HTML 19
HTTP 39, 42, 45
    Hypertext Transfer Protokoll 39
HTTPS 206, 210

I
IDoc 60
IIS 120, 149, 163
    Application Pools 120
in-order 190

Installation Master 79
Integrität 198
Internet Information Services Siehe IIS

J

Java Network Launching Protocol Siehe JNLP
JNLP 99

K

Kanonisierung 213
Kanonisierungsmethoden 198
Kommunikationsarten 64, 165, 230
Komplexität 222
Kosten 166, 222, 230

L

Legende 169, 174, 177

M

Message Contract 161
Message-Header 160
message-orientierte Middleware
  Siehe MOM
Message-Part 160
Message-Servlet 191–192
Messpunkte 167, 173
Messwerte 176, 181, 183
Microsoft
  Fiddler 132
  SOAP Toolkit 3.0 132
  SOAP Trace 152
Microsoft BizTalk Server 71, 83, 193, 225, 229
  Bereitstellung 118
  Branch Edition 71, 83
  Deployment 118
  Designphase 110
  Developer Edition 71, 83
  Empfangsport 118
  Empfangsspeicherort 118
  Enterprise Edition 71, 83, 225
  Import 147
  Installation 83
  Konfiguration 88
  Konfigurationsphase 118
  Mappings 117
  Orchestrierungsdatei 111, 116
  PassThruReceive 118, 124
  PassThruTransmit 118, 124
  Physische Ports 119
  Pipelines 118, 124
  Portkonfigurations-Assistenten 113
  RFC-Adapter 161, 194, 225
  RFC-Adapter Installation 84, 90
  RFC-Adapter SP1 Installation 91
  Send Ports 123
  Standard Edition 71, 83
  starker Name Assemblyschlüssel-
    datei 117
  Strong Name Key 117
  Szenario erstellen 110
  Verwaltungskonsole 123–124, 147
  Web Service Publishing Wizard 118, 121
  XMLReceive 124
  XMLTransmit 124
Microsoft Message Queuing Siehe MSMQ
Microsoft SQL Server 2005 85
MOM 56, 167
  Mappings 57
MSMQ 16, 194

N

Nachrichtengröße 153
Nachrichten-orientierte Middleware
  Siehe MOM

O

Overhead 45, 172

P

Parallele Verbindungen 181
Performance 136, 166, 229
PKI 204
  hierarchisch 205
  Registrierungsstellen 204
  Validierungsdienst 204
  Verzeichnisdienst 204
  Web of Trust 205
  Zertifikatssperrlisten 204
  Zertifizierungsstellen 204
Portal Development Kit 59
Proxy 43, 137
Proxy Generator 152
Public-Key-Infrastruktur Siehe PKI

Stichwortverzeichnis

Q
QTRFC 67, 185–186, 194
Quality-of-Service 191
Query String 70, 191
Queued Transactional RFC Siehe QTRFC

R
Remote Function Call Siehe RFC
Request-Reponse Pattern 39
RFC 61, 66
RPC-Stil 43, 161

S
SAP .NET Connector 65, 75, 151, 185, 223
    Installation 75
SAP Business Connector 59
SAP ERP-System 18, 143, 229
SAP Exchange Infrastructure Siehe SAP XI
SAP NetWeaver 17, 62, 66, 77
    Administrationskonsole 82
SAP PI Siehe SAP XI
SAP XI 69, 76, 154, 190, 224, 229
    Änderungsliste 105
    Business-Service 108
    Business-System 108
    Designphase 99
    Empfängerermittlung 109
    Empfängervereinbarung 109
    Externe Definitionen 99
    Import 146
    Inbound-Interface 101
    Inside-Out 69
    Installation 76
    Integration Directory 106
    Integration Repository 99
    Interface-Ermittlung 109
    Interface-Mapping 104
    Konfiguration 82
    Konfigurationsphase 105
    Message-Interfaces 101
    Message-Mappings 102
    Namensraum anlegen 99
    Outbound-Interface 101
    Outside-In 69
    Sendervereinbarung 108
    Szenario erstellen 96
    Tools 83, 96
SAX 27
Secure Sockets Layer Siehe SSL
Serialisierungsmethoden 53
    Data Contract Serializer 53
    XML Serializer 53
ServiceModel Metadata Utility Tool
    Siehe Svcutil
Service-orientierte Architektur Siehe SOA
Session 141, 163
Sicherheit 166, 197, 230
Signatur Siehe Digitale Signatur
Single Sign On 119, 205, 210
Single-Point-of-Failure 56
SLD 80
    Business Landscape 99
    Komponente 97
    Produkt 97
    Technical Landscape 99
Smartline ActivePorts 132
SOA 18, 45
SOAP 41
    Body 42
    Header 42, 191
Speicher-Auslastung 178
SSL 197, 206, 214
Stabilität 136, 166, 181, 229
Stresstest 182
Svcutil 68, 76, 95, 126, 132
synchrone Aufrufe 46
System Landscape Directory Siehe SLD

T
TCP 42
Timeout 163
TLS 197, 206, 214
Transactional RFC Siehe TRFC
Transaktions-ID 185
Transport Layer Security Siehe TLS
Transport Management System 143
Transportauftrag 144
Transportverschlüsselung 197
TRFC 67, 185–186, 194

U
Unidirektional 114

V
Validierung 161
Verschlüsselung 198–199
    asymmetrisch 199, 204
    hybrid 200, 213

Öffentlicher Schlüssel 200
Privater Schlüssel 200
symmetrisch 199
Visual Studio .NET 2003 65, 75, 91, 132, 223
Visual Studio .NET 2005 65, 110, 132, 136, 150, 223

W

Warteschlange 163, 187, 227
WCF 16, 47, 188
   Data Contract 47
   Message Contract 48
   Proxy 153
   Service Contract 49
WCS 16
Webservice 41, 45, 62, 68, 197, 229
   Code-First 46
   Contract-First 46
Webservice-Browser 62, 111
WF 16
Windows SDK 76, 150
Windows Software Development Kit
   Siehe Windows SDK
Wireshark 132, 161
Workflows 16
WPF 16
WS-Addressing 54
WSDL 42
WSDL-Datei 109
WS-Policy 56
WS-Protokolle 54
WS-Reliable Messaging 55, 183, 224–225, 227, 229
   at-least-once 55, 184
   at-most-once 55, 184
   exactly-once 55, 184–185, 190
   in-order 55, 184
WS-Secure-Conversation 55
WS-Security 55–56, 211, 214, 220, 225, 227, 229
WS-Security-Policy 56
WS-Trust 56

X

XAML 16
xApps 64
XML 19
   Attribut 21
   CDATA-Blöcke 23
   Element 20
   Entitäten 22
   Kommentare 22
   Namensraum 24
   Prolog 20
   qualifiziert 25, 154
   wohlgeformt 23
   Zeichenreferenzen 23
XML Encryption 213
XML Schema 20, 27, 154
   ComplexType 28
   Default-Werte 158
   Inhaltsmodelle 28
   Modellierungsstile 34
   Namensraum 30, 39
   Restriction 159
   Russian Doll 34
   Sequenz 33, 155
   SimpleType 28
   Validierung 27
   Venetian Blinds 35–36
XML Signature 211
XSLT Transformationen 102

Z

ZedGraph 136
Zertifikate 201
   X.509 202
Zertifizierungsinstanz 202
Zugangsdaten 152
Zugriffseinschränkung 114
Zustellungsgarantie 184, 190
Zuverlässige Nachrichtenübermittlung 166